Gruppenpädagogik · Gruppendynamik

Schriftenreihe der International Society
for Group Activity in Education

Herausgegeben von Ernst Meyer

W0228405

Gruppenpsychologie für Erzieher, Lehrer und Gruppenleiter

Von Arne Sjølund

Nach einer Übersetzung
von Fritz Nothardt bearbeitet
Mit einem Anhang
von Ernst Meyer und Bernd Fittkau

3., unveränderte Auflage

Quelle & Meyer Heidelberg

CIP-Kurztitelaufnahme der Deutschen Bibliothek

Sjølund, Arne:
Gruppenpsychologie für Erzieher, Lehrer und
Gruppenleiter / von Arne Sjølund. Nach e. Übers.
von Fritz Nothardt bearb. Mit e. Anh. von Ernst Meyer
u. Bernd Fittkau. – 3., unveränd. Aufl. –
Heidelberg : Quelle und Meyer, 1981.
  (Gruppenpädagogik, Gruppendynamik ; 7)
  Einheitssacht.: Gruppepsykologi ⟨dt.⟩
  ISBN 3-494-00765-9
NE: GT

© 1965 by Gyldendalske Boghandel, Nordisk Forlag A. S. Copenhagen.
10. Auflage 1973
Originaltitel: Gruppepsykologi

Druck: Schwetzinger Verlagsdruckerei GmbH, 6830 Schwetzingen
Umschlagmotiv: J. Keil-Brinkmann, Bergen-Enkheim.
ISBN 3-494-00765-9

INHALT

VORWORT

Pädagogischer Umgang mit Menschen kommt heute ohne Kenntnisse
der sozialpsychologischen Forschungen kaum noch aus. Wir müssen die Gesetzmäßigkeiten kennen, denen wir alle im Kontakt
mit anderen unterworfen sind. Nur so kann eine Pädagogik entwickelt werden, die gleichermaßen die Entfaltung des Individuums *und* die Verbesserung der wechselseitigen Beziehungen im
Auge hat.

Das Verhältnis des einzelnen zur Gruppe prägt das individuelle Verhalten in solchem Maße, daß sich bei einer pädagogischen oder wie auch immer gearteten Lenkung kaum viel *gegen*
die Einstellung der Gruppe erreichen läßt. Wesentlich bessere
Resultate können erzielt werden, wenn jede Maßnahme in Übereinstimmung *mit* der Gruppe erfolgt. Gegenstand des vorliegenden
Werkes ist daher die *Gruppe* und deren Gesetzmäßigkeiten. Das
Hauptgewicht wurde darauf gelegt, die Untersuchungen darzustellen, die besonders wichtig für die Arbeit von Erziehern und
Lehrern sind. Ausgewählt wurden dabei die Ergebnisse, die unmittelbar in der praktischen pädagogischen Arbeit angewandt
werden können.

Ich will hier gern die Gelegenheit benützen, all den vielen
zu danken, die auf mancherlei Art und Weise zum Entstehen dieses Buches beigetragen haben. Besonders möchte ich Direktor
ERIK THOMSEN vom Pädagogischen Institut Dänemarks für seine
sehr kritische Überprüfung des Manuskriptes danken; ebenso dem
Professor für Didaktik an der Lehrhochschule Dänemarks,CARL
AGE LARSEN, und dem Professor für Pädagogik an der Universität
Kopenhagen, Dr. phil. GRUE- SØRENSEN, für die Durchsicht und
seine Vorschläge für die Terminologie, sowie dem Abteilungslei-
ter am Pädagogischen Institut Dänemarks, mag. art. JESPER JENSEN,
für viele Stunden sehr ergiebiger Diskussionen über die theo-
retischen Probleme des Werkes.

Ein besonderer Dank gilt den vielen Teilnehmern an Studien-
kreisen, die durch Diskussioen und Gruppenarbeit dazu beigetragen haben, daß dieses Werk eine Synthese theoretischer Problemstellungen und praktisch- pädagogischer Erfahrungen werden
konnte. Hierbei sollen besonders die Kreise des sozialpädago-
gischen Vereins, des dänischen Kindergartenrates und des dänischen Jugendklubseminars genannt werden.

Arne Sjølund

7

Bemerkungen zur deutschsprachigen Ausgabe

Die hier vorgelegte "Gruppenpsychologie" von ARNE SJØLUND aus
Kopenhagen ist durch Übersetzungen in vielen Ländern der Erde
zu einem *Standardwerk* für Studierende der Pädagogik und Psychologie, für Lehrer aller Schularten, für Erzieher und Gruppenleiter geworden. Der Herausgeber hat sich aus folgenden
Gründen zu einer deutschsprachigen Ausgabe entschlossen:
  Es gibt bis heute kein Werk in deutscher Sprache, das in
ähnlicher Weise knapp und anschaulich über *die klassischen
gruppenpsychologischen Experimente* berichtet, die als Original-
literatur nur noch schwer zugänglich sind.
  Es gibt bis heute kein Werk in deutscher Sprache, das ge-
zielt die Untersuchungsergebnisse auswählt, die *speziell für
die pädagogische Praxis* von größter Bedeutung sind.
Der mögliche Einwand, das dänische Originalwerk sei bereits
vor acht Jahren abgeschlossen worden, läßt sich mit den gleichen Gründen entkräften. Darüber hinaus: Die Forschungen des
letzten Jahrzehnts fußen im wesentlichen auf dem dargestellten Basismaterial und sind - im Blick auf die pädagogische
Praxis - zu keinen einschneidend neuen Erkenntnissen gelangt.
  Die Arbeit von ARNE SJØLUND schien dennoch in drei Punkten
ergänzungsbedürftig. Sie betreffen

  1. die Spezialforschungen - insbesondere der letzten Jahre
  - die sich auf die *Kleingruppe im Schulunterricht* beziehen,
  2. die praktischen Hilfen, die - auch in den letzten Jahren -
  andere Gruppenpsychologen für das *Training zur Gruppenfähigkeit* entwickelt haben,
  3. die Hinweise auf *die neueste sozial- bzw. gruppenpsychologische Literatur.*

In einem *Nachtrag* wurde versucht, dieses Defizit auszugleichen,
und damit den Leser mit gegenwärtigen Tendenzen gruppenpsycho-
logischer Arbeit bekanntzumachen

Heidelberg, im Sommer 1973   *Ernst Meyer*

EINLEITUNG

1. Die Bedeutung der Gruppe für das Verhalten des Individuums

Gesetzmäßigkeiten des sozialen Verhaltens

Jeder hat schon beobachtet, daß sich ein Kind in einer Schar anderer Kinder anders verhält, als wenn es allein ist oder als wenn es mit einem Erwachsenen zusammen ist. Ganz deutlich sieht man es bei Pubertanden, aber auch bei Kleinkindern läßt sich ein solches unterschiedliches Verhalten schon recht früh beobachten.

Es kann hier nicht von einer früh angelernten Fertigkeit, sich zu verstellen, gesprochen werden. Es handelt sich auch nicht um etwas Doppelschichtiges im Wesen des Kindes, mit dem erst die Erziehung fertig werden könne.

Das Verhalten der meisten Kinder Erwachsenen gegenüber ist genau so ehrlich und natürlich wie das völlig andere Betragen, das sie ihresgleichen gegenüber zeigen. Auch wir Erwachsenen wissen uns sehr wohl unterschiedlich zu betragen. Es kommt darauf an, mit wem wir zusammen sind. Anderes Verhalten kann deshalb nicht gleich als Heuchelei bezeichnet werden. Es handelt sich um eine Reihe besonderer Gesetzmäßigkeiten, die sich im sozialen Verkehr der Menschen geltend machen. Das Verhalten eines Menschen wird nicht nur durch seine psychische Eigenart bestimmt, sondern weitgehend auch von seinem Verhältnis zu anderen Menschen.

Mit dem Studium dieser Gesetzmäßigkeiten beschäftigt sich die Sozialpsychologie, besonders jener Zweig, der als Gruppenpsychologie bezeichnet werden kann.

Nach einer raschen Entwicklung um die Jahrhundertwende hat diese Wissenschaft einige Generationen lang stagniert, weil man in metaphysische Erklärungen hineingeraten war, die in einer "Gruppenseele" oder einem "Gruppenbewußtsein" die Ursache dafür sehen wollten, daß sich Menschen in Gesellschaft anders verhalten, als wenn sie allein sind.

Nachdem man sich jetzt darüber klar geworden ist, daß diese Tatsache allein aufgrund sozialer Gesetzmäßigkeiten erklärt werden kann, die teils durch allgemeine Beobachtungen festgestellt, teils experimentell nachgeprüft werden können, hat sich die Erforschung der Gruppenpsychologie in der letzten Generation sowohl quantitativ als auch qualitativ ausgedehnt.

Besonders in den USA hat man in den letzten Jahren zahlreiche Untersuchungen über die Gruppenbildung und die damit verbundenen Probleme durchgeführt. Es ist jedoch immer noch nicht gesichert, wieweit sich die Ergebnisse dieser Untersuchungen auf dänische (oder deutsche - der Übersetzer) Verhältnisse übertragen lassen. Die ganze Struktur des gesellschaftlichen Lebens mit seinen vielfältigen Werten und Normen greift auch in die Bildung von Kleingruppen hinein und spiegelt sich in deren sozialen Bereichen. Man kann daher nicht ohne weiteres die Forschungsergebnisse des einen Landes auf ein anderes übertragen.

Es scheint vor allem gewisse Gesetzmäßigkeiten zu geben, die generell für die Dynamik in kleinen Gruppen, den sogenannten Primärgruppen, gelten. Untersuchungen von und Experimente mit Gruppenbildungen verschiedener Art wie Kinderspielgruppen, Studiengruppen, Arbeitsgruppen und Militärgruppen im Kampf, weisen eine Anzahl von bestimmbaren Strukturen auf, ganz gleich, ob die Untersuchungen in den USA , in Deutschland, England, Schweden oder in anderen Ländern durchgeführt worden sind.

Die Existenz gewisser gruppendynamischer Faktoren kann demnach als gegeben betrachtet werden. Übrig bleibt nur, deren Bedeutung unter anderen gesellschaftlichen Verhältnissen zu untersuchen. Hierbei gilt es besonders herauszufinden, welche Bedeutung sie für die Arbeit der Schule haben.

Im Verhalten der Kinder gibt es auch eine Reihe von Faktoren, die regulierend wirken und für das Gruppenleben bestimmend sind, gleichgültig ob es sich dabei um kleinere Gruppen handelt, die Kinder spontan gebildet haben, oder ob es größere Gruppen sind, die mehr formell zusammengesetzt sind wie z.B. Schulklassen.

Trotz des offenkundigen pädagogischen Interesses, diese Verhältnisse näher kennenzulernen ist bisher verhältnismäßig wenig erforscht. Folglich ist das Wissen darüber sehr gering. Es gibt natürlich viele Pädagogen, die das Problem kennen und sich mit ihm beschäftigen.

Sie haben erkannt, wie notwendig es ist, über die Persönlichkeitspsychologie hinaus auch einiges über die Gruppendynamik zu erfahren, da man es in der Schule häufiger mit einer Gruppe von Kindern zu tun hat als mit einem einzelnen Kind. Damit ist natürlich nicht gesagt, daß man die Individualität der Kinder nicht ebensogut zu kennen brauche.

11

Einer der Faktoren, die das Verhalten des Kindes am stärksten
bestimmt, ist die soziale Stellung, die es innerhalb der Gruppe einnimmt oder die soziale Rolle, die es darin spielt. Kinder schätzen einander nicht immer gleich hoch ein. Die einen
können eine ziemlich zentrale Stellung haben, andere eine mehr
periphere, ab und zu sind einige in der Gruppe völlig isoliert.
In der Regel gibt es eine Art Rangordnung, eine Hierarchie.
Der eine hat viel zu sagen, andere äußern sich nur wenig.

Schon 1922 wies der Psychologe SCHJELDERUP-EBBE nach, daß
es in einer Hühnerschar eine bestimmte Rangordnung gibt. Dort
komme es nach und nach zu einer ziemlich feststehenden "Hackordnung", die besonders für die Reihenfolge Bedeutung habe, in
der die einzelnen Hühner die Körner picken dürfen. Sei erst
einmal so eine Hackordnung etabliert, werde sie während langer
Perioden von den Mitgliedern der Gruppe respektiert. Die Hackordnungen können von unterschiedlicher Beschaffenheit sein.
Sie können z.B. linear oder triangular sein. Bei der linearen
Hackornung sind die Tiere A, B, C, D, u.s.w. in der Reihenfolge 1,2,3,4, u.s.w. untereinander plaziert. Bei der triangula-
ren Hackordnung steht A gegenüber B, B gegenüber C, aber C
steht gegenüber A. Die Existenz einer dreieckigen Hackordnung
ist für SCHJELDERUP-EBBE ein Beweis dafür, daß nicht nur ein
bestimmter Faktor, wie etwa physische Stärke bei der Plazierung der Individuen eine Rolle spielen kann. Bei der linearen
Hackordnung ist das am höchsten plazierte Tier dem am tiefsten
plazierten gegenüber in der Regel verhältnismäßig friedlich.
Es ist dagegen dem nächsthöher plazierten gegenüber sehr auf
der Hut, da es für seine eigene hohe Position eine Bedrohung
bedeuten kann. Je niedriger die Plazierung eines Tieres innerhalb des Rangsystems ist, desto härter und despotischer ist
dessen Auftreten noch tiefer plazierten gegenüber. Eine solche
Hackordnung konnte auch bei anderen Tieren nachgewiesen werden -
was jedoch interessanter ist - auch bei Menschen.

In Kindergruppen findet man Beispiele verschiedener Formen
einer "Hackordnung". Eine lineare Hackordnung können wir besonders dann beobachten, wenn die Gruppe stark autoritär ge-
lenkt wird. Dann wird von der Spitze aus immer weiter nach unten drangsaliert. Die triangulare Form sieht man z.B. da, wo
ein sonst niedriger rangierendes Mitglied einer Gruppe starken
Einfluß auf den Leiter der Gruppe hat.

HANFMANN (1935) hat mit Untersuchungen von Kindergartengrup-

pen nachgewiesen, daß sich bereits auf dieser Altersstufe
eine Hackordnung stark bemerkbar machen kann. Aus Abb. 1, die
das ganze Muster in einer Kindergartengruppe zeigt, werden
u.a. Beispiele linearer und triangularer Hackordnungen in Kindergartengruppen ersichtlich. Die letztere zwischen A,B und D.

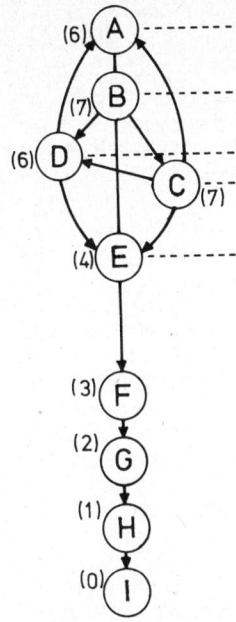

Abb. 1. Die *Zahlen in Klammern* geben die Anzahl der Kameraden
an, die von dem entsprechenden Kind dominiert werden.
Der Text gibt an, zu welchem Zweck dominiert wird.

Entscheidend für die Stellung in der Gruppe ist nicht nur die
physische Stärke; es sind auch oft kaum definierbare "persönliche" Unterschiede. Bei amerikanischen Untersuchungen von Banden Jugendlicher (WHITE, 1943) wurde beobachtet, daß physisch
stärkere Bandenmitglieder sich von schwächeren "hacken" lassen,
sobald diese in der Hierarchie höher plaziert sind.
Die psychologische Grundlage hat jedoch auch ihre Bedeutung.
Es wurde festgestellt, daß Kinder, die aus anderen Gründen mit
bestimmten Hormonpräparaten behandelt wurden, nach einer solchen Behandlung einen anderen Platz innerhalb der sozialen Beziehungen der Gruppe erhielten (CARMICHAEL, 1946). Sie konnten

sich besser zur Geltung bringen und in der Hierarchie höher
aufrücken. Es ist ja auch allgemein bekannt: je mehr man auf
dem Damm ist, desto besser kann man sich durchsetzen.

Für eine höhere oder niedrigere Einschätzung in der Gruppe kann es vielfältige Gründe geben: Der sozial- ökonomische
Hintergrund kann eine gewisse Rolle spielen; er ist jedoch
selten allein entscheidend. Intellektuelles Vermögen, Persönlichkeit, Führungseigenschaften und Tüchtigkeit beim Organisieren von Spielen u.ä. kommen dabei stark ins Spiel. Auch
physische Stärke ist selbstverständlich oft für eine Plazierung entscheidend. In gewissen Fällen kann der Held der Klasse derjenige sein, der es am besten versteht, den Lehrer zu
necken oder zu reizen. Die Ursachen wechseln außerdem mit dem
Alter der Gruppenmitglieder. GOLD (1958) fand in einer Untersuchung von Schülern aller Altersstufen 17 verschiedene Faktoren, die für die Rangordnung in der Schulsituation bestimmend
sind.

Verschiedene Untersuchungen, u.a. von ROSENTHAL (1957), zeigen einen recht engen Zusammenhang zwischen sozialer Stellung
und sprachlicher Geschicklichkeit, d.h. der Lust und der Fähigkeit, sich verbal auszudrücken. Ein Kind, dem es leicht
fällt, mit anderen ins Gespräch zu kommen, hat es im großen
ganzen auch leichter, sich mit den anderen zu vertragen. Das
sprachliche Ausdrucksvermögen von Anführern der Gruppe liegt
im Durchschnitt höher als, das anderer Gruppenmitglieder. Wo
dies nicht der Fall ist, gründet die Stellung des Anführers
eher auf äußere Macht als auf echte Führereigenschaften.
(Siehe näheres darüber Seite 104ff.)

Die Plazierung hängt allerdings nicht nur von den individuellen Eigenschaften der Gruppenmitglieder ab, sondern auch
von der Gruppe selbst, d.h. davon, welche Möglichkeiten für
eine Plazierung innerhalb der Struktur der Gruppe gegeben sind.
Wer einmal Anführer einer Gruppe gewesen ist, kann in einer
anderen Gruppe leicht eine niedrigere Plazierung erhalten. In
Examensklassen, die ja mitunter viele Schüler einschließen,
die in ihren früheren Gruppen Anführer gewesen waren, muß es
notwendigerweise mehrere geben, die nun eine niedrigere Position mit all den einer Degradierung folgenden negativen Auswirkungen einnehmen. Die Plazierung hängt auch von den Prozessen ab, zu denen es in der Gruppe kommt, so unter anderem von
der Aktivität der Gruppe, von den Regeln oder Normen, die in
ihr entwickelt sind, und vom Druck der Gruppe, den sie auf den
einzelnen ausübt.

Die Bedeutung der Plazierung eines Individuums innerhalb der Rangordnung, die sie für die Persönlichkeitsentwicklung hat, ist u.a. von dem amerikanischen Sozialpsychologen SHERIF (1955) eindeutig durch einige Versuche demonstriert, die er mit zwei Knabengruppen durchführte. Er ließ die einzelnen Mitglieder der Gruppe Ballwürfe um die Wette machen. Gleichzeitig sollte sowohl der Werfer selbst als auch die ganze Gruppe beurteilen, wie wohl das Resultat ausgefallen sei. Die Beurteilung wurde vorgenommen, nachdem der Ball geworfen, jedoch bevor das Ergebnis den Jungen mitgeteilt worden war. Es zeigte sich sowohl beim Werfer als auch bei der Gruppe eine klare Tendenz zur Überbewertung desjenigen, der einen hohen Status in der Gruppe hatte, und eine ebenso klare Tendenz zur Überbewertung desjenigen, der auf der Rangleiter am tiefsten stand.

REESE (1961) hat einen direkten Zusammenhang zwischen dem Selbstverständnis von Schülern und deren Akzeptierung durch die Gruppe nachgewiesen: Das Verhältnis zur Gruppe hat für das Selbstverständnis eines Kindes und für dessen ganze Charakterentwicklung die größte Bedeutung. Wenn ein Kind eine niedrige Plazierung in der Gruppe hat, wird es ihm schwerer fallen, sich auch auf anderen Gebieten zu behaupten. Es ist selten, daß die Redensart "allein, aber stark" auf Kinder zutrifft.

Andere Versuche haben gezeigt, daß das Leistungsniveau von Schülern davon abhängt, welche Stellung und welches Prestige sie in der Gruppe haben. Dieser Umstand hat auch Auswirkungen auf den Lernerfolg. Man hat u.a. konstatiert, daß die Leistungen der Schüler mehr von ihrer Position unter den Kameraden und ihrem ganzen Verhältnis zu diesen abhängen als von ihrer Begabung oder ihren Fähigkeiten.

SEARS (1940) hat experimentell nachgewiesen, daß der Platz in der Rangordnung für die Erwartungen entscheidend ist, die der Schüler an sich selbst und seine künftigen Leistungen stellt.

BUSWELL (1953) folgert aus einer Untersuchung des Zusammenhangs zwischen der sozialen Struktur der Klasse und den Schulleistungen: "Man kann ganz einfach feststellen, daß die Schüler, die gute Schulleistungen aufweisen, auch gute soziale Beziehungen zu den Kameraden haben. Dies gilt sowohl für die niedrigeren als auch für die höheren Klassenstufen, jedoch mit dem Unterschied, daß auf den niedrigeren Stufen der schlechte Rang in der Regel eine Folge der schlechten Schulleistungen ist, während es sich auf den höheren Stufen umgekehrt verhält. Hier sind schlechte Leistungen die Folge eines niedrigeren Ranges."

CORNWELL (EVANS, 1964) fand in einer Untersuchung mit Lehrerstudenten, daß deren Ergebnisse beim Abschlußexamen stärker von ihrer Popularität, gemessen mit Hilfe der Soziometrie, abhingen als von ihrer Intelligenz.

Eine dänische Untersuchung (JENSEN und SIGSGARD, 1961) hat gezeigt, daß es keine so großen Begabungsunterschiede zwischen denjenigen gibt, die früh von der Schule abgehen, und denjenigen, die das 8. und 9. Schuljahr noch absolvieren. Die frühzeitig Austretenden sind meist solche, die in der Beurteilung durch ihre Kameraden am tiefsten liegen. Wenn die Kameraden in der Gruppe auf ein Kind herabsehen, neigt dieses dazu, sich selbst geringer einzuschätzen. Von einer Gruppe, in der man sich nur schwer behauptet, wird man sich eher so rasch wie möglich trennen.

Der Schule kommt unter anderem die Aufgabe zu, auf die Teilnahme am späteren Gesellschaftsleben vorzubereiten, und zwar nicht allein nur durch Wissensvermittlung sondern auch durch eine Erziehung zur Gruppenfähigkeit. Der Erwachsene muß mit anderen zusammenarbeiten und sich mit anderen in einer Gruppe vertragen. Im Hinblick auf diese Anforderung erhalten die sozialen Erfahrungen der Schulzeit ein besonderes Gewicht.

KUHLEN und COLLISTER (1952) bewiesen, daß Kinder, die von ihren Kameraden nicht akzeptiert wurden, dahin tendierten, die Schule vorzeitig zu verlassen und in ihrer darauf folgenden Ausbildung schlechtere Arbeit zu leisten.

CHOWDRY und NEWCOMB (1952) haben in einer Untersuchung herausgefunden, daß Kinder, die in der Schule bestes Verständnis für Fragen der Zusammenarbeit zeigten und sich innerhalb der Gruppenarbeit als am produktivsten erwiesen, auch diejenigen waren, die später auch in der Gemeinschaft der Erwachsenen die besten sozialen Positionen und den entsprechend besseren Status erringen konnten.

Der soziale Effekt

Allein schon das Zusammensein mit anderen genügt, das Verhalten eines Individuums zu beeinflussen. ALLPORT (1924) verglich die Wirkung solcher "sozialer" Situationen (B- Situationen) mit Situationen, in denen die Versuchsperson allein war (A-Situation). Die Aufgaben, die in den B- und A- Situationen gelöst werden sollten, waren von sehr unterschiedlicher Art: auf einem Bogen Papier mußten Vokale ausgestrichen werden, Zahlen mußten multipliziert, Gewichte geschätzt, Düfte u.a. erkannt werden. In den A- Situationen war jede Versuchsperson in einem separaten Raum; in den "Beisammensein- Situationen (B- Situation) waren in einem Raum mehrere beieinander, doch so, daß jeder für sich arbeitete. Es handelte sich also nicht um eine Gruppenarbeit. Die Resultate der einzelnen durften gegenseitig nicht verglichen werden.

Das Untersuchungsergebnis war der eindeutige Nachweis größerer Leistungen in B- Situationen als in A- Situationen. Der Unterschied war bei einfachen Leistungen größer als bei mehr intellektuellen Aufgaben, jedoch wurden auch diese in B- Situationen besser bewältigt.

Gleichzeitig beobachtete man eine andere Erscheinung, der in anderen Versuchen weiter nachgeforscht wurde, und auf die später weiter eingegangen werden soll. Bei der Beurteilung von Düften kam es zu differenzierten Gesichtspunkten, wenn die Versuchsperson allein war als in B- Situationen. Die B- Situation hatte eine nivellierende Wirkung auf die Variation der Meinungen.

Selbst eine A- Situation wie die beschriebene zeigte indessen, daß auch sie einen gewissen "sozialen Effekt" hatte. Die Versuchsperson wurde schon allein dadurch beeinflußt, daß andere Personen allein in anderen Räumen saßen und an der gleichen Aufgabe arbeiteten. Dies ist durch einen Versuch von DASHIEL (1930) nachgewiesen. Er untersuchte den Grad der Eliminierung des sozialen Effekts in solchen "A- Situationen", in denen die Versuchsperson zwar allein war, aber gleichzeitig wußte, daß andere mit den gleichen Aufgaben in Räumen nebenan beschäftigt waren. Damit verglichen wurden "A- Situationen", in denen die Versuchsperson wirklich allein war. Jede kam einzeln zu den Versuchen, so daß immer nur eine in den Versuchsräumen war. Es zeigte sich, daß die erstere eher als eine "B- Situation" betrachtet werden darf. Das Bewußtsein, daß andere die gleiche Aufgabe ausführen, hat eine stimulierende Wirkung, selbst wenn die anderen Versuchspersonen physisch nicht im gleichen Raum anwesend sind.

Wie stark der "soziale Effekt" sein kann, zeigt ein Versuch CLARK'S (1916), an dem 168 Studenten teilnahmen. CLARK zeigte dem Auditorium eine Flasche mit einer Flüssigkeit und bat die Versammelten, zu sagen, wenn sie bemerkten, daß der Duft sich bis zu ihnen verbreitet hätte. Schon nach Verlauf weniger Sekunden kamen einige Meldungen aus der ersten Reihe, gleich darauf weitere aus der zweiten, und schließlich immer mehr aus allen Reihen. Nach 3 Minuten hatten 33 in der Versammlung den Duft bemerkt. Davon stammten 23 Meldungen von nahe zusammensitzenden Teilnehmern.

Tatsächlich enthielt die Flasche Wasser. Das Resultat erklärt sich als ein sozialer Effekt, der durch gewisse Erwartungen hervorgerufen worden war, die sich durch die Formulie-

rung des Experimentators eingestellt hatten. Zunächst glaubten
einige der Versuchspersonen, etwas riechen zu können, was wiederum andere dazu brachte, sich ihnen anzuschließen. In einem
frühen Versuch mit einer ähnlichen Anzahl von Versuchspersonen
waren es nur einige wenige, die etwas zu riechen glaubten. Bei
diesem Versuch war nicht erst eine soziale Situation hergestellt
worden, in der Erwartungen geweckt wurden. Versuche mit Kindergartenschülern (GREEN, 1933), die verschiedene Kleinkonstruktio-
nen ausführten, zeigten, daß bereits im Alter von 3- 4 Jahren
Spuren dieser sozialen Wirkung aufgespürt werden konnten. Bei
fünfjährigen Kindern konnte sie deutlich nachgewiesen werden.

Die Nivellierungstendenz

Noch deutlicher als in diesen "B- Situationen" sind die Wirkungen in eigentlichen "Gruppensituationen" (G- Situationen). Über
diese soll später eingehender gesprochen werden, doch hier soll
jetzt von einem Experiment berichtet werden, das eine Übergangs-
situation zwischen "B- Situation" und "G- Situation" zeigt.
(SJØLUND, 1958). Der eigentliche Zweck dieses Experimentes war,
zu untersuchen, was es für psychologische Prüfungen bedeutet,
wenn man auf die Motivation und andere Faktoren, die mitspielen,
keine Rücksicht nimmt; doch zugleich lieferte das Experiment einen Nachweis dafür, daß der äußere Druck, der in der Prüfungs-
situation lag, genügte, eine Gruppenbildung in Gang zu setzen,
die auf das Verhalten des einzelnen Teilnehmers Einfluß hatte,
selbst dann noch, wenn sie in Widerstreit mit deren individuellen Interessen geriet.
   Frühere Versuche, u.a. von ANDERSON und BRANDT (1939), haben
gezeigt, wie ein Gruppenzugehörigkeitsverhältnis auf das Leistungsniveau der Mitglieder Einfluß erhält. Wenn die Teilnehmer während der Ausführung einer Aufgabe eigene Resultate
bzw. den Gruppendurchschnitt zu erfahren bekommen, werden diejenigen, die die höchsten Resultate erzielt haben, in ihren Anstrengungen bei künftigen ähnlichen Aufgaben etwas nachlassen,
während diejenigen, die unter dem Standard liegen, sich mehr anstrengen, um das Niveau der Gruppe zu erreichen.
   Jene Versuche sind unter Bedingungen durchgeführt worden, bei
denen die Leistungen der Teilnehmer kaum große Bedeutung für sie
persönlich hatten. Diese neueren Versuche gehörten hingegen zu
einer Auswahlprozedur, weshalb vom einzelnen Teilnehmer angenommen werden durfte, daß er für die bestmögliche individuelle Leistung motiviert sei. Das individuelle Leistungsmotiv konnte so
einem eventuellen Motiv, das auf die Anpassung an die Gruppe
zielte, genau entgegenwirken.

Der Versuch wurde mit zwei Gruppen von je 10 Teilnehmern ausgeführt, einer Versuchsgruppe und einer Kontrollgruppe. Er wurde in Verbindung mit einer längeren Probe vorgenommen. Niemand
in den Gruppen wußte etwas von dem besonderen Zweck.Beide Gruppen erhielten die Aufgabe, Karten zu sortieren, wobei es galt,
Karten gemäß näheren Angaben auf jeder einzelnen Karte auf bestimmte Plätze zu legen. Das Bewertungskriterium war die Anzahl
der richtig plazierten Karten. Die Resultate lagen zwischen 60
und 114 von 120 möglichen.

Einige Zeit später wurde der Versuch mit beiden Gruppen wiederholt. Die Kontrollgruppe erhielt die gleiche Instruktion wie
früher, ebenso die Versuchsgruppe, doch diese erhielt gleichzeitig noch einige zusätzliche Angaben. Jeder einzelne Teilnehmer
in der Versuchsgruppe bekam das Resultat seiner eigenen Leistung
zu wissen, und die ganze Gruppe erfuhr den Gruppendurchschnitt.
Jeder innerhalb der Versuchsgruppe konnte also das Verhältnis
seiner eigenen Leistung zum Durchschnitt beurteilen.

Das Ergebnis dieses neuen Versuches war das, daß der Durchschnitt beider Gruppen um ca. 20% anstieg (wohl als Folge der
Übung), in der Versuchsgruppe ergaben sich jedoch einige Verschiebungen.

Bei allen denjenigen, die beim erstenmal über dem Durchschnitt lagen, sanken die Leistungen mehr oder weniger beim
zweitenmal. Diejenigen, die beim Durchschnitt lagen, behiel-
ten ihre Plazierung. Von denjenigen, die beim ersten Versuch
unter dem Durchschnitt lagen, blieb einer noch immer darunter,
zwei jedoch rückten auf, und einer von diesen erreichte sogar
den höchsten Stand.

Das Resultat, das infolge des zahlenmäßig bescheidenen Materials nur als Beispiel und nicht als ein Nachweis betrachtet
werden darf, ist die Variation einer bekannten Gesetzmäßigkeit
innerhalb der Sozialpsychologie, die durch viele Versuche erwiesen ist: das Streben nach dem Mittelpunkt oder die Nivellierungstendenz. Diejenigen, die unter dem Stand liegen, suchen
diesen zu erreichen, und diejenigen, die über ihm liegen, lassen in ihren Anstrengungen etwas nach, um sich nicht zu sehr
aus der Gruppe herauszuheben.

Spätere Versuche haben gezeigt, daß die Resultate stark davon beeinflußt werden, ob durch die Formulierung der Instruktionen der Selbstbehauptungsdrang des Individuums angesprochen wird. Ist dies der Fall, dann kommt es zu keiner Nivellierung. Außerdem ergeben sich individuelle Ausnahmen von der
Haupttendenz insoweit, als einzelne mit hohem Leistungsniveau
beim nächstenmal sich noch weiter vom Gruppenniveau distanzie-
ren, ebenso wie einzelne mit niedrigem Leistungsniveau noch

schlechter werden, wenn sie das Niveau der Gruppe kennen.

HILGARD ET. AL. (1940) haben gezeigt, wie die Nivellierungstendenz sich auch auf die Schulleistungen auswirkt. Die Kinder
bildeten Gruppen zu 2-6 und führten Rechenaufgaben aus. Nach
einem Versuch sollte jedes der Kinder für sich seine weiteren
Leistungen abschätzen. Die erreichte Leistung wurde danach der
ganzen Gruppe mitgeteilt. Bei der Weiterführung des Versuches
zeigte sich eine starke Tendenz dahingehend, die eigene weitere Leistung in Übereinstimmung mit dem Durchschnitt der Gruppe zu veranschlagen. Die Tüchtigsten sagten ein Nachlassen im
Tempo voraus und die Schlechtesten dessen Steigerung. Das verhielt sich so, ob man nun den Schwierigkeitsgrad der Aufgaben
variierte oder ob man nur das Tempo in Betracht zog.

Die Versuche machen deutlich, daß hier ein pädagogisch wichtiges Feld liegt, das es genauer zu erforschen gilt. Unter welchen Bedingungen kann man die Motivation des Individuums für
den bestmöglichen persönlichen Einsatz aktivieren, wenn die
Gruppe einen negativen Einfluß ausübt? Unter welchen Bedingungen kann man die Gruppe dazu bringen, daß sie auf negativ abweichende Mitglieder einen Einfluß in positiver Richtung ausübt? Die Komplementarität zwischen dem Selbstbehauptungsdrang
des Individuums und der sozialen Forderung nach Konformität
ist vielleicht das größte pädagogische und sozialpsychologische
Problem der Gegenwart.

Der Gruppendruck

In den besprochenen Beispielen war es das Individuum, daß sein
Verhalten nach der Norm der Gruppe einrichtete. In anderen Fällen ist es die Gruppe, die auf ein Mitglied einen Druck ausübt,
damit dieses den Standard der Gruppe einhält. Dieser Gruppendruck hat für die praktische Pädagogik sicher größere Bedeutung,
als man bisher angenommen hat. Wie sich der Gruppendruck auswirkt, wird im Abschnitt über Gruppenprozesse näher ausgeführt.
(S. 52ff.)

Wie eine stark in sich geschlossene Gruppe Druck auf die Gruppenmitglieder ausüben kann, geht aus dem Fall hervor, der von
STRANG (1957) berichtet wird.

John hatte zu den Tüchtigsten und Geschicktesten in der Schule gehört. Er ließ jedoch plötzlich in seinen Leistungen nach.
Als ihn der Lehrer schließlich bat, ihm eine Erklärung für seine schlechte Arbeit und sein schlechtes Verhalten zu geben, wurde er erst verlegen, sagte dann aber: "Ich kann nichts dafür.
Es fällt mir leicht, die Arbeit und alles andere zu machen, und

ich w i l l das auch gerne tun, aber die anderen hänseln mich, wenn ich gute Zeugnisse erhalte oder eine Ånerkennung wegen guten Verhaltens bekomme. Man wird von den anderen nicht angenommen, wenn man nicht tut, was sie tun, und wenn man nicht Schritt mit ihnen hält. Ich weiß, daß ich mich nicht nach ihnen richten sollte, und ich habe auch gar keine Lust dazu - aber was soll ich machen?"

GOLD (1958) folgerte: Es kann nicht geleugnet werden, daß die Kameradengruppe einen beträchtlichen Einfluß auf das einzelne Kind ausübt und entscheidend dafür ist, wie sehr oder wie wenig dieser für eine pädagogische Beeinflussung zugänglich ist.

MC. KEACHIE (1954) schließt aus einer anderen Untersuchung: Selbst bei Studenten tritt die Tendenz zu Konformität zwischen der individuellen Einstellung und der Auffassung der Gruppe so stark hervor, daß man sich fragen muß, ob ein individueller Lehrerfolg *gegen* die Einstellung der Gruppe überhaupt möglich ist. Man muß eher von der Superiorität der Gruppe über die Motivation des einzelnen sprechen.

Nicht erst auf höheren Schulstufen zeigt sich bei einem Kind, daß die Einflüsse der Gruppe größer sind als die des Lehrers, wenn diese Einflüsse denen der Gruppe entgegenstehen.

Die Konsequenz daraus ist die, daß der pädagogische Einfluß sich *mit* der Gruppe und nicht *gegen* die Gruppe vollziehen muß.

Für den Pädagogen, der sich mit der Gruppenpsychologie vertraut gemacht hat, kann jedoch eine starke Versuchung darin liegen, den Gruppendruck teils als ein besonders effektives Disziplinierungsmittel, teils als eine besonders effektive Indoktrinierungsmethode zu gebrauchen. Ein Pädagoge, der mit Gruppenmethoden arbeitet, muß noch weit mehr als jeder andere, eine echte demokratische Einstellung haben.

Das Problem ist andererseits damit nicht gelöst, daß man Gruppenpsychologie einfach als Weg in eine "Brave New World" (Titel eines Romanes von Aldous Huxley, 1932)[1]abtut. Die gruppenpsychologischen Gesetzmäßigkeiten funktionieren selbst dann, wenn man ihnen keine Beachtung schenkt, nur dann eben mit negativen Wirkungen. Daher kann es nur richtig sein, daß man diese Gesetzmäßigkeiten kennenlernt und sie kontrollieren kann, damit sich positive Wirkungen erzielen lassen.

Der Gruppendruck kann jedoch kaum vermieden werden. Er kann jedoch so verändert werden, daß er positive Formen annimmt und für positive Ziele genutzt werden kann. Dieses Problem wird im Abschnitt über "Die soziale Kontrolle" weiter vertieft (Seite 59).

---

[1] Der Übersetzer

2. Die Wirkung äußerer Faktoren auf das Gruppenleben

Die Bedeutung der Lenkungsform

In dem auf Seite 15 mitgeteilten Versuch von SHERIF ET AL. (1955) über die Einschätzung von Gruppenmitgliedern mit hohem und niedrigem Status gab es zwischen den beiden Gruppen einen wichtigen Unterschied. Die eine Gruppe hatte für ihre Mitglieder eine fest etablierte Rangordnung, während die andere Gruppe diese eindeutige Rangordnung nicht hatte. Und in dieser Gruppe trat auch keine so starke Tendenz zur Überschätzung bzw. Unterschätzung auf wie in der Gruppe mit der ausgeprägten Rangordnung.

Diese Unterschiede in sonst gleichen Gruppen zeigen, daß es besondere Verhältnisse geben muß, die die Dynamik einer Gruppe mitbestimmen, Verhältnisse, die vielleicht einer pädagogischen Beeinflussung zugänglich sind.

Selbst wenn die Ursachen dieser Unterschiede nicht so einfach zu erkennen sind, gibt es doch eine Reihe von Faktoren, von denen nachgewiesen werden kann, daß sie mit dieser Frage zusammenhängen. Sie lassen sich auf die äußere soziale Umgebung zurückführen, in der die Gruppe fungiert, also teils auf das eigentliche soziale Milieu und teils auf die umfassendere soziale Ordnung. Die Wirkung dieser Faktoren auf die Gruppe wird oft unter der Bezeichnung "psychologisches Klima" zusammengefaßt.

Eine lange Reihe von Experimenten und Beobachtungen hat gezeigt, daß das "psychologische Klima" einer Gruppe u.a. abhängig ist von der Form der Lenkung, durch die die Gruppe von außen beeinflußt wird. Man hat in Experimenten und Beobachtungen in der Regel 3 Arten von Lenkung unterschieden, die in etwa den ersten Versuchen entsprechen, die KURT LEWIN und seine Mitarbeiter ausführten (LEWIN ET AL., 1939, LIPPITT 1940, WHITE 1940).

Unter einer *autoritären* Leitung, bei der der Leiter alles bestimmt und den Mitgliedern der Gruppe diktiert, was sie zu machen haben, wird sich unter den Gruppenmitgliedern eine fest etablierte Rangordnung entwickeln. Das hängt mit dem Wesen der Diktatur zusammen, die eben fest abgegrenzte Positionen in der sozialen Ordnung voraussetzt. Die Sicherheit der einzelnen Gruppenmitglieder hängt davon ab, ob sie dem Leiter oder dem, der eine höhere Position einnimmt, gefallen. Das verstärkt die Tendenz, auf diejenigen herabzusehen, die niedriger stehen als man selbst. Oft konzentriert sich diese Tendenz bei den Mitgliedern auf höchstens einen oder einige wenige, die dann als "Sündenböcke" herhalten müssen.

Das Gegenteil streng autoritärer Lenkung ist das Fehlen jeglicher Lenkung, ein *laissez - faire* , bei dem die Aktivitäten der

Gruppe sich ganz aus dem freien Spiel der Kräfte ergeben. Es gibt
dabei keinerlei organisierte Form der Lenkung; das Resultat ist,
daß die Mitglieder der Gruppe mehr oder weniger unsicher sind und
fast anarchistische Zustände herrschen. Diese Freiheit bar aller
Lenkung - Mangel an Eingreifen - kann auch die Folge einer bewußten Einstellung sein, die dahin geht, daß Kinder ihre Konflikte
selbst lösen sollen. Diese Lenkungsform hat jedoch leicht etwas
zur Folge, was man vielleicht als "Dschungelgesetz" bezeichnen
könnte. In einem solchen Fall gilt das Recht des Stärkeren. Kleinere Kinder werden mit einer solchen Form der Freiheit allein nicht
fertig. Größere oft auch nicht. Dies kann man z.B. bei einem Paar
kampfbereiter Schulbuben sehen, die einander gegenüber stehen und
sich mehr und mehr in ihre Aggressionen hineinsteigern. Obwohl sie
in Wirklichkeit erleichtert wären, wenn ein Erwachsener käme und
eingriffe.
   Die dritte Lenkungsform kann man als die demokratische oder besser als die *gruppenorientierte* bezeichnen. Bei ihr gibt es weder
die. streng autoritäre Lenkung, noch das unkontrollierte Gewähren-
lassen. Leiter und Mitglieder der Gruppe besprechen gemeinsam, was
zu tun ist, wobei man versucht, bei jedem einzelnen Verständnis für
eine gemeinsame Aufgabe zu wecken. Die Entscheidung wird gemeinsam
und in voller Einmütigkeit getroffen. In einer solchen Gruppe betrachten die Mitglieder einander weitgehend als gleichrangig, und
es herrscht unter ihnen ein ausgeprägtes Gefühl der Gemeinsamkeit
oder ein Wir- Gefühl im Gegensatz zu "individualistischen" Gruppen
und autoritär gelenkten Gruppen, bei denen das vorherrschende Gefühl das Ich- Gefühl ist.
   Der Zusammenhang zwischen autoritärer Lenkungsform und der "Hackordnung" der Gruppe geht aus Untersuchungen hervor. die gezeigt haben,
daß sich in autoritär gelenkten Gruppen die größten Abstände zwischen
den Mitgliedern ergeben, und daß sich in diesen Gruppen die deut-
lichste Tendenz zeigt, "Spitzenfiguren", "Isolierte" oder "Sündenböcke" zu schaffen und damit also die strengste "Hackordnung" einzuführen. Dagegen treten in Gruppen mit "demokratischem Klima" Rang-
unterschiede zwischen den Mitgliedern nur in bescheidenem Maße auf.
Je mehr die Mitglieder einer Gruppe von Rangstreitigkeiten in Anspruch genommen sind, d.h. vom Kampf um Positionen in der Gruppe,
umso weniger tolerant ist man gegen andere, und desto mehr sieht
man auf andere herab. Je "ähnlicher"die Stellung ist, die man in
der Gruppe einnimmt, desto toleranter wird man denjenigen gegenüber, "die anders sind".
   Der Zusammenhang zwischen dem "laissez-faire"und dem "Dschungelgesetz" ist in vielen Untersuchungen nachgewiesen worden. THOMPSON
(1944) hat die Wirkung dieser Lenkungsform auf Kindergartenkinder
untersucht. Am Versuch nahmen zwei Kindergartengruppen teil, beide

mit 4- jährigen Kindern. Die Räume, die Ausstattungen und alle
anderen Versuchsbedingungen waren für beide Gruppen gleich mit
der einzigen Ausnahme des persönlichen Eingreifens der Kindergartenlehrerin in das Gruppenleben. In der einen Gruppe sollte
die Lehrerin nicht in das Gruppenleben eingreifen, sondern eine
unpersönliche Haltung einnehmen. Sie sollte einfach da sein und
zur Verfügung stehen, um auf Fragen antworten zu können, sie sollte aber nur helfen, wenn ein Kind oder die Gruppe darum baten. In
der anderen Gruppe dagegen sollte die Kindergartenlehrerin eingreifen und selbst Entscheidungen treffen, wenn sie es für nötig
fand, das Gruppenleben zu regulieren und den Kindern bei ihren
sozialen Konflikten und widerstreitenden Gefühlen zu helfen.

Nach 8 Monaten untersuchte man, welche Unterschiede sich zwischen den beiden Gruppen ergeben hatten. Es zeigte sich, daß sich
bei den Mitgliedern beider Gruppen Persönlichkeitszüge herausge-
bildet hatten, die völlig verschieden voneinander waren. In der
Gruppe, in die die Kindergartenlehrerin in größerem Ausmaß eingegriffen, Hilfe und Auskünfte gegeben hatte, mit Vorschlägen und
mit Fragen gekommen war, um die Kinder weiterzuführen, zeigten
sich diese sozial positiver. Die Kinder in dieser Gruppe neigten
viel weniger dazu, andere zurückzuweisen, z.B. mit "Du darfst
nicht mit mir spielen". Sie zeigten auch weniger Neigung, in
das Spiel anderer einzubrechen, einander zu drohen u.ä. Gleichzeitig waren sie konstruktiver, nahmen mehr am gemeinsamen Spiel
teil und waren bessere Führer für die übrigen.

Diese Auswirkungen lassen sich auch mit einer kleinen Untersuchung der Konflikte der Kinder auf einem Spielplatz hierzulande
illustrieren. Der betreffende Spielplatz war ein Teil eines öffent-
lichen Parkes, hatte jedoch direkte Verbindung zu einem Wohnviertel und wurde deshalb öfters von Kindern von dort besucht. Gleichzeitig wurde er von einem in der Nähe liegenden Kindergarten be-
nützt, der jeden Vormittag eine Schar Kinder dort hin schickte.
Die Kinder in den beiden Gruppen waren ungefähr gleich alt, alle
im Vorschulalter. In der Kindergartengruppe waren einige Kinder
mehr als in der Gruppe aus dem Wohnviertel. Das Zusammentreffen
der beiden Gruppen ermöglichte es, das Leben innerhalb einer Gruppe ohne Lenkung mit dem Leben einer Gruppe unter pädagogischer
Leitung zu vergleichen.

Den Unterschied zwischen den beiden Gruppen stellte man dadurch
fest, daß man eine Zeitlang die Anzahl der größeren Konflikte zählte, die in den beiden Gruppen vorkamen. Es zeigte sich, daß es
im Durchschnitt täglich zu drei größeren Konflikten in der Kindergartengruppe kam, während es in der Wohnviertelgruppe durchschnittlich 11 solcher Konflikte täglich gab. Die Lösung der Konflikte in
der Wohnviertelgruppe wies gleichzeitig sehr stark die Merkmale
des "Rechtes des Stärkeren" auf, während in der Kindergartengruppe

die Konflikte auf eine friedlichere Art geregelt wurden.

Die Wirkung dieser 3 Lenkungsformen auf das Gruppenleben und dadurch auf das einzelne Kind geht aus Abb. 2 hervor.

Eine autoritäre Lenkung, gekennzeichnet durch viele Eingriffe und große Anforderungen, verursacht einen Druck auf die Gruppe, den die Mitglieder gegenseitig durch hierarchische Streitigkeiten abreagieren. Die Mitglieder sind dauernd davon in Anspruch genommen, herauszukriegen, wer mehr oder wer weniger, wer besser oder wer schlechter ist. Das führt zu einer härteren "Hackordnung" und vielleicht geradezu zu einem "Sündenbocksystem" (siehe Näheres darüber Seite 39).

Der laissez-faire-Zustand, was einem Zustand ohne jede Lenkung gleichkommt, ist dadurch gekennzeichnet, daß weder Eingriffe in das Gruppenleben vorgenommen, noch Anforderungen gestellt werden.

Daraus ergeben sich jedoch eher Unsicherheit und anarchistische Zustände in der Gruppe. Es ist das Recht des Stärkeren, das im Gruppenleben dominieren wird. Unter dieser Lenkungsform ist es also eher das "Dschungelgesetz", das verwirklicht wird.

Unter beiden Lenkungsformen wird bei den einzelnen Gruppenmitgliedern ein größerer Grad von Selbstständigkeit und damit eine geringere Gemeinschaft in der Gruppe herbeigeführt.

Je mehr Druck auf die Gruppe gelegt wird, je stärker Rangordnung und "Hackerei" herrschen, desto weniger tolerant kann man anderen gegenüber sein.

Je mehr Anarchie die Lenkung kennzeichnet, je größere Unsicherheit in der Gruppe herrscht, desto weniger tolerant wird man anderen gegenüber.

Die demokratische Lenkungsform, die weder zu autoritär noch zu passiv ist, ist teils gekennzeichnet durch gruppenorientierte Eingriffe, d.h. solche, die gemeinsam und in Zusammenarbeit vorgenommen werden, teils durch entwicklungsorientierte Anforderungen, d.h. solche, die in Übereinstimmung mit den Entwicklungsstufen der Gruppe gestellt werden. Eine solche Lenkung schafft in der Gruppe keinen Druck, sondern im Gegenteil, durch die Mitbestimmung der Gruppenmitglieder in dem, was gemacht werden soll, ein Gefühl der Freiheit. Andererseits erzeugt sie in der Gruppe auch keine Unsicherheit, sondern im Gegenteil Sicherheit, weil miteinander geplant wird, was geschehen soll.

Unter den Mitgliedern wird eher ein Zustand der Gleichberechtigung und das Gefühl dafür erweckt, man sei "ebenso gut" wie die anderen. Die einzelnen Mitglieder haben es nicht nötig, sich durch die Bekämpfung anderer unbedingt behaupten zu müssen. Umso mehr können sie sich dagegen Toleranz leisten.

Lenkungsform:	Autoritär	Demokratisch	Laissez-faire
Kennzeichen:	Zu viele Eingriffe Zu viele Anforderungen	Gruppenorientierte Eingriffe Entwicklungsorientierte Forderungen	Keine Eingriffe Keine Anforderungen
Psychologische Atmosphäre in der Gruppe:	Erzeugt Druck	Erzeugt Sicherheit und das Erlebnis der Freiheit	Erzeugt Unsicherheit
Wirkung auf das Gruppenleben:	Verursacht Tendenz zur "Hackordnung"	Verursacht Gleichberechtigung und Gemeinschaft	Verursacht die Tendenz zum "Dschungelgesetz"
Wirkung auf das einzelne Kind:	Bedürfnis nach Selbstbehauptung und dadurch Intoleranz gegen andere	Das Erlebnis "ebenso gut" zu sein, mitbestimmend und damit anderen gegenüber tolerant zu sein	Bedürfnis nach Selbstbehauptung und damit Intoleranz gegenüber anderen

Abb. 2. Lenkungsformen, deren Wirkung auf das Gruppenleben und deren Bedeutung für die soziale Entwicklung des Kindes.

Je toleranter nach innen und nach außen die Gruppenmitglieder sind, desto mehr Spielraum ergibt sich für die Individualität. Daraus folgt: Gruppenorientierte Lenkungsformen muß derjenige wählen, der einen weiten Rahmen für die Entfaltung des einzelnen schaffen möchte.

HARTLEY & HARTLEY (1946) haben erforscht, wodurch einerseits tolerante und andererseits intolerante Personen besonders gekennzeichnet sind. Unter einer größeren Anzahl von Studenten wurden auf der Grundlage ihrer Stellungnahme zu einer langen Reihe von Fragen teils die tolerantesten, teils die intolerantesten für eine eingehendere Untersuchung ausgewählt. Diese beiden Gruppen wurden mithilfe von Persönlichkeitsprüfungen untersucht und darauf im Hinblick auf eine Reihe besonderer Persönlichkeitszüge verglichen.

Die toleranten unterschieden sich von den weniger toleranten durch folgende Züge:

Eine größere Forderung nach Selbständigkeit, verbunden mit dem geringen Bedürfnis danach, andere zu beherrschen.

Ein größeres Bedürfnis danach, Freundlichkeit zu erweisen, und ein geringeres Bedürfnis danach, Aggressivität zu zeigen.

Ein größeres Bedürfnis danach, der Gemeinschaft zu nützen.

Einer Persönlichkeit, die anderen gegenüber wohlwollend aufgeschlossen ist, fällt es leichter, den Einsatz anderer anzuerkennen. Eine solche Persönlichkeit ist sich ständig bewußt, daß die Menschen einander mehr oder weniger gleichen. Sie zeigt auch eher eine beschützende als eine beherrschende Haltung dem jüngeren gegenüber.

Der Einfluß anderer Faktoren

Den Einfluß des äußeren Rahmens auf die Gruppentätigkeiten zeigen die Untersuchungen der Ursachen, die innerhalb von Kindergartengruppen zur Entstehung von Konflikten führen. Man kann geradezu nachweisen, wie die Anzahl der Konflikte zwischen Kindern abnimmt, je mehr Quadratmeter Platz sie zu ihrer Verfügung haben. (MURPHY, 1937).

Andere Untersuchungen zeigen, daß hierarchische Streitigkeiten in Gruppen leichter entstehen, wenn sie einem starken "psychologischen Druck" ausgesetzt ist. Sobald eine Gruppe durch äußeren Druck daran gehindert wird auf ihr Ziel hin zu wirken, oder sobald sie vor Aufgaben gestellt wird, die außerhalb ihrer Möglichkeiten liegen, so daß es ihr von vorneherein verwahrt ist, das angestrebte Ziel zu erreichen, wird es zu diesen inneren Streitigkeiten kommen. Umgekehrt verhält es sich, wenn die inneren Bedingungen für die Aktivität der Gruppe günstig sind. Wenn es einer Gruppe gut geht, werden sich die einzelnen Partner nicht streiten.

Untersuchungen über Wettstreit und Zusammenarbeit zeigen auch, daß individuelle Konkurrenzen oder gegenseitige Wettbewerbe zu hierarchischen Streitigkeiten führen. Es gilt, sich auf Kosten anderer zu behaupten. Im Gegensatz dazu scheint die Zusammenarbeit für irgendein gemeinsames Ziel in der Gruppe gerade dazu beizutragen, daß sich keine Rangstreitigkeiten entwickeln, oder wenn es solche gegeben hat, daß man dann Unterschiede im Hinblick auf die andern ausgleicht.

Regulierung von außen?

Die große Bedeutung, die die Gruppe für das Verhalten des einzelnen Menschen hat, führt zur Frage, wie es dann noch um die Selbständigkeit des Individuums steht.

Ausgehend von dem "Dschungelzustand" mit seinem Gesetz vom Recht des Stärkeren, der oft die kleinen geschlossenen Gruppen kennzeichnet, ist man auch der Frage nachgegangen, wie weit man überhaupt zu einer wirklichen demokratischen Einstellung erziehen kann. Die "Hackordnung", von der schon mehrfach die Rede war, sieht ja ganz danach aus, als könne sie alle pädagogischen Bestrebungen in Richtung auf eine größere Rücksichtnahme auf andere verhindern.

Aber zahlreiche gruppenpsychologische Experimente zeigen, daß es eine Möglichkeit gibt, mit den beschriebenen äußeren Verhältnissen so zu operieren, daß die pädagogischen Absichten zu ihrem Recht kommen. Wenn das Vorkommen hierarchischer Streitigkeiten von Gruppe zu Gruppe variiert, und mit den äußeren Bedingungen zusammenhängt, unter denen die Gruppe fungiert, ist es klar, daß die Dynamik der Gruppe auf pädagogischem Weg beherrscht und reguliert werden kann. Durch bewußt regulierte Gruppenarbeit ist es pädagogisch möglich, sowohl die Selbstständigkeit des Kindes wie dessen Verständnis für andere und damit die Rücksichtnahme auf diese zu entwickeln.

Wichtig ist zunächst, daß man die Gefahren einer autoritären Lenkung erkennt. Es muß vermieden werden, auf die Gruppe einen Druck auszuüben. Schädliche Formen des Wettstreites, bei denen sich jeder selbst der Nächste ist, müssen beseitigt werden. Stattdessen wird eine gruppenorientierte Lenkung - mit Zusammenarbeit und mit einem gemeinsam anzustrebenden Ziel praktiziert - die Hackordnung in der Gruppe durch einen Zustand ablösen, in dem die Mitglieder einerseits einander als gleich - in der Bedeutung von gleich gut - betrachten, und in dem sie andererseits imstande sind, die Individualität jedes einzelnen, ohne Ausübung eines Konformitätsdruckes anzuerkennen.

3. Gruppenbildungen

Von der Situation des Beisammenseins (B- Situation) zur Gruppensituation (G- Situation)

Innerhalb der Sozialpsychologie ist man sich erst nach und nach über die besondere Bedeutung der Gruppe im Unterschied zu anderem sozialen Zusammensein (B- Situation) klar geworden, wie das bereits ausgeführt wurde.

Wie so manches andere im Bereich unseres Wissens ist auch dies ziemlich zufällig geschehen und fast nur aufgrund zerstreuter Beobachtungen, bis dann die systematische Erforschung dieser Zusammenhänge vor etwa 28 Jahren einsetzte.

Wie viel die Gruppe bedeuten kann, erfuhr man zufällig durch ein inzwischen sehr berühmt gewordenes Experiment. Als man es durchführte, war man sich nicht im klaren darüber, daß es sich dabei um ein gruppenpsychologisches Experiment handelte; man hielt es für ein Rationalisierungsexperiment.

Die Experimente wurden Ende der Zwanzigerjahre von ELTON MAYO für Western Electric ausgeführt (MAYO, 1946). Aus einer größeren Anzahl junger Mädchen, die zusammen in einem Arbeitssaal saßen, wählte man eine kleinere Anzahl aus, die in einen besonderen Versuchsraum kamen, wo man teils ihre Arbeitsleistungen in jeder Hinsicht und teils die Arbeitsbedingungen kontrollieren konnte: Beleuchtung, Temperatur, Feuchtigkeitsgrad etc. Man wollte dabei untersuchen, welche Auswirkungen die Einführung einer Reihe von Arbeitsverbesserungen haben konnten.

Man veränderte die Dauer der Arbeitszeit: die Produktion stieg. Man änderte die Verteilung der Arbeitspausen: die Produktion stieg. Man wechselte Farben aus: die Produktion stieg - jede Verbesserung der Arbeitsbedingungen erhöhte die Produktion.

Das blieb 1 1/2 Jahre so. Dann unterwarf man den Versuch der traditionellen wissenschaftlichen Kontrolle. Man schaffte die eine Verbesserung nach der anderen wieder ab, um zu sehen, ob die Produktion wieder zurückgehe. Doch zur Verblüffung aller blieb die Wirkung auch weiterhin die gleiche, ja sie stieg sogar noch im Zusammenhang auch mit diesen Veränderungen, obwohl sie in "negativer" Richtung verliefen. Es waren demnach nicht die technischen Verbesserungen gewesen, die die Produktion so stark erhöht hatten.

Ohne sich dessen klar bewußt zu sein, hatten die Versuchsleiter mit ihren technischen Eingriffen das ganze Arbeitsmilieu und die Gruppeneinteilung verändert. Beim Start des Experiments begann man

mehr Rücksicht auf die Teilnehmer zu nehmen, da die Versuchsleiter
wußten, daß es darauf ankam, sich deren wohlwollendes Mitwirken
während der Durchführung des Experimentes zu sichern. Um eine gute Zusammenarbeit mit ihnen zu erreichen, holte man im voraus deren Meinung über die Veränderungen, die man vorzunehmen beabsich-
tigte, ein. Man schärfte ihnen ein, daß sie nicht härter arbeiten
sollten als zuvor. In gewissen Fällen verzichtete man auf Pläne,
von denen die Teilnehmer nichts hielten. Man brachte einen engeren
Kontakt mit ihnen zuwege. Es kam zu mehr unformellen Umgangsformen,
und häufig holte man sie in die Büros ihrer Vorgesetzten, die sie
vorher nie hatten betreten dürfen. Man erlaubte ihnen, während der
Arbeit miteinander zu sprechen, was sie vorher nie hatten tun dürfen. Ihrer Gesundheit und ihrem Wohlbefinden wurde besondere Aufmerksamkeit geschenkt.

Während des Versuches, das Experiment zu kontrollieren, hatte
man so, ohne dem besondere Bedeutung beizumessen, ihre soziale Situation verändert. Die Veränderungen, die man auf diese Weise eingeführt hatte, waren viel weitreichender als die experimentellen
Verbesserungen, da man ganz einfach alles revolutioniert hatte,
was die Lenkung, Disziplin, Überwachung der Arbeit und dem gegenseitigen Verhalten der Teilnehmer zu tun hatte. Und aus der früheren B- Situation war eine "Gruppensituation" geworden mit deutlicher Tendenz zu Rollenverteilung und einem ausgeprägten Ge-
meinschaftsgefühl; zugleich spielte sich diese Situation auch unter günstigen äußeren Verhältnissen ab. Damit wurde eine entscheidende Veränderung in der ganzen Einstellung herbeigeführt und so
die wesentliche Produktionssteigerung erreicht.

Man könnte hier fragen, ob es sich nicht auch bei vielen der
Aktionen zur "Rationalisierung" innerhalb der Schul- und Bildungs-
formen mehr darum gedreht hat, Räume, Farben, Beleuchtung, Möblie-
rung usw. zu verbessern, als darum, die sozial- psychologischen
Relationen zu verbessern.

So wie der "soziale Effekt" mit der "B- Situation" verknüpft
ist, wird auch mit der "G- Situation" ein besonderer Effekt erreicht. Es mag jedoch zweckdienlich sein, diesen Effekt als "Gruppeneffekt" zu bezeichnen, da er sich in einigen Punkten von der
Wirkung unterscheidet, von der bisher die Rede war. Eine "Gruppensituation" wird nämlich durch viele Faktoren bestimmt und nicht
nur durch das Zusammensein mit anderen Leuten in einem Haufen.

Wie sich eine nicht beliebige "B- Situation" in eine Gruppensituation verwandeln läßt, kann durch TREDGOLDS (1950) Beispiel illustriert werden:

"Stellen sie sich einen Augenblick lang ein Eisenbahnabteil der
King's Cross Nordlinie vor. Dort befinden sich 5 Passagiere, die
sich alle fremd sind. Es kann behauptet werden, daß diese 5 wenig

Gemeinsames haben, abgesehen von dem gleichen Ziel (nordwärts zu
reisen), und daß sie den Unbehaglichkeiten, die die Reise mit sich
bringen wird, in gleichem Maße ausgesetzt sein werden. Sie haben
wenig miteinander zu tun... Es existiert kein Gefühl einer Gruppenzusammengehörigkeit. Dann, bei der nächsten Station, öffnet sich
die Tür, und ein Fremder kommt herein. Wir kennen alle die Welle
von Unwillen, die sich gegen den neu Dazugekommenen bemerkbar macht.
Wir wissen ebenfalls, daß die nächste Phase davon abhängt, wie er
sich aufführt. Wenn er sich den Verhältnissen anpaßt und sich brav,
ohne bei der Platzenge viel Anstoß zu erregen, in der Bankmitte
niederläßt - selbstverständlich nicht auf dem Eckplatz! - die ihm
überlassen wird, und wenn er einige rituelle Bemerkungen über das
Wetter macht ... dann mag er als ein normaler Mensch betrachtet
und in die Gruppe aufgenommen werden. Wenn er dagegen anfängt, sich
in den Vordergrund zu schieben, wenn er den Leuten geistig - bildlich gemeint - auf die Zehen tritt, oder schlimmer noch, das Fenster
öffnet, das geschlossen ist, oder ein Fenster schließt, das offen
ist, dann ist es fraglich, ob er überhaupt in die Gruppe aufgenommen wird, auf jeden Fall wird die Aufnahme auf sich warten lassen.
Dasselbe wird sich wiederholen, wenn der Zug an der nächsten Station hält und ein neuer Fremder herein kommt. Jetzt wird die Welle des Unwillens von allen sechsen kommen. Man kann auch beobachten, daß der Fremde, selbst wenn er den Unwillen bemerkt und sich
zurückzieht, ein stärkeres Gefühl der Gruppenzusammengehörigkeit
hinterläßt als das, das vorher vorhanden war, und die ursprüngli-
chen Mitglieder werden freundlicher zueinander sein."

SHERIF & SHERIF (1956) beschreiben "G- Situationen" als soziale
Situationen, in denen die einzelnen als Mitglieder einer begrenzten Gruppe mit einer besonderen Struktur, mit einer gewissen Rollenverteilung unter den Mitgliedern, mit einem mehr oder weniger
festgelegten Status teilnehmen. Es gibt gemeinsame Formen, Standards oder Traditionen, die für die Gruppe charakteristisch und
wie die Handlungsweise der Gruppe von ihrem Ziel her bestimmt sind.
Die Teilnehmer in der Gruppe haben also eine Reihe gegenseitiger
Erwartungen etabliert, die sie aneinander binden.

"B- Situationen" haben diese Charakteristika nicht. Es gibt da
also keine gegenseitig etablierten an die Teilnehmer geknüpften
Erwartungen. Sie können sich jedoch unter gewissen Voraussetzungen
zu einer "G- Situation" entwickeln, z.B. wenn die Gruppenmitglieder eine bestimmte Zeitlang an gemeinsamen Aufgaben arbeiten, die
eine motivierende Bedeutung für sie haben.

Die Untersuchungen, die über die Wirkung einer "B- Situation"
bzw. einer "G- Situation" vorgenommen wurden, werden besonders aktuell, wenn etwa die Absicht besteht, vom Klassenunterricht oder
Abteilungsunterricht zum Gruppenunterricht überzugehen, da der
"soziale Effekt" in einem solchen Fall durch den weit stärkeren

"Gruppeneffekt" abgelöst wird. Eine Gruppe ist etwas völlig anderes als bloß die Anzahl der Individuen, die beieinander ist. Sie hat ihre eigenen pädagogischen Probleme. Es ist nicht damit getan, einfach eine Klasse in Dreier-, Vierer-, Fünfer-, oder Sechser- Abteilungen aufzugliedern. In unglücklichen Fällen können dadurch sogar negative, anstatt positive Wirkungen erzielt werden. Zum Vorteil des Gruppenunterrichts wird gesagt, er sei wirkungsvoller - und das ist auch richtig, jedoch können das sowohl Wirkungen im Guten als auch im Schlechten sein -, da sich negative Faktoren innerhalb einer Klasse in einer Gruppensituation sehr verstärken können. Verschiedene soziale Kräfte vermögen z.B. einander im Gleichgewicht zu halten, so daß die Gruppe, bildlich gesprochen, "auf der Stelle tritt".

In einer kleinen Gruppe ist das einzelne Kind viel mehr auf Gnade oder Ungnade dem Gutdünken der Gruppe ausgeliefert. Wenn die Gruppe "negativ" ist, wird es ein nur auch um ein weniges davon abweichendes Kind hier viel schlimmer haben als in einer Klasse, wo es eine gewisse Möglichkeit für Selbstschutz und Anonymität gibt.

Man ist jedoch selbst Herr darüber, was geschieht - wenn man etwas über Gruppendynamik weiß und seine Aufmerksamkeit auf das richtet, was in der Gruppe vor sich geht. Unter dieser Voraussetzung kann der starke Einfluß der Gruppe für ein positives pädagogisches Ziel genützt werden.

Der Prozess der Gruppenstrukturierung

Da die Bezeichnung Gruppe in unterschiedlicher Bedeutung verwendet wird, mag es angebracht sein, den Gebrauch des Gruppenbegriffes im sozialpsychologischen Sinne zu präzisieren.

Er darf nicht mit der klassifikatorischen Bedeutung verwechselt werden, in der er oft zur Anwendung kommt. Eine Gruppe in sozialpsychologischen Sinne ist eine Ansammlung von Individuen, zwischen denen bestimmte dynamische Beziehungen bestehen. LEWIN (1948) betont, daß nicht gemeinsame Züge der Mitglieder, sondern die gegenseitige Abhängigkeit das Essentielle einer Gruppe ausmachen.

Die meisten Sozialpsychologen sind sich darin einig, eine Gruppe als eine dynamische Einheit von einer bestimmten Dauer zu definieren; darüber hinaus gibt es jedoch noch verschiedene andere Gesichtspunkte für die Definition einer Gruppe.

Einige, so z.B. HOMANS (1950), definieren die Gruppe durch die Art und den Grad der Interaktion zwischen den Mitgliedern. Andere z.B. NEWCOMB (1950) gehen von einem gemeinsamen Normensatz und einer entsprechenden Rollenverteilung als Voraussetzung dafür aus, daß man von einer Gruppe sprechen kann, MERTON (1957) geht von den gegenseitigen Rollenerwartungen aus, und CARTEL (1951) bezieht sich auf die Bedürfnisbefriedigung, der die Gruppe dienen kann.

Ungeachtet dessen, welchen von diesen Ausgangspunkten man wählt, scheint es doch so zu sein, daß Ziel und Zweck der Gruppe zentrale Bedeutung für ihr Verständnis haben.

Um also eine Ansammlung von Individuen als eine Gruppe bezeichnen zu können, muß in irgendeiner Form Interaktion gegeben sein. In Verbindung mit dieser Interaktion entwickeln sich die Verhältnisse, die nach SHERIF (1954) das Gruppenleben kennzeichnen:

1. Die Mitglieder haben ein Motiv oder mehrere gemeinsame Motive oder Ziele, die die Richtung determinieren, in der sich die Gruppe bewegt.

2. Die Mitglieder entwickeln einen Katalog von Normen, durch die Grenzen dafür abgesteckt werden, welche gegenseitigen Verhältnisse (interpersonelle Beziehungen) etabliert werden können und welche Aktivitäten ausgeführt werden sollen.

3. Wenn das Zusammenspiel anhält, stabilisiert sich eine bestimmte Anzahl von Rollen, und die Gruppe differenziert sich mehr von anderen Gruppen.

4. Ein Netz gegenseitiger Anziehung entwickelt sich auf der Basis, wieweit die Mitglieder einander mögen oder nicht mögen.

Zunächst muß eine gewisse Strukturierung der Gruppe sich vollziehen, unter der die verschiedenen Mitglieder in verschiedene Beziehungen zueinander treten. Diese wiederum hängen von vielen unterschiedlichen Verhältnissen ab, u.a. davon, aus welchen Individuen die Gruppe sich zusammensetzt. Es kann bei diesem Strukturierungsprozess zu so großen Schwierigkeiten kommen, daß die Gruppe außerstande ist, im Hinblick auf ihr Ziel zu handeln. Verschiedene einander widerstrebende Kräfte innerhalb der Gruppe vermögen diese zu blockieren und ihre Bewegung auf das gemeinsame Ziel oder auf die gemeinsame Aufgabe hin zu hemmen. Die Gruppe tritt dann auf der Stelle. Dies geschieht besonders dann, wenn das Ziel der Gruppe als weniger bedeutungsvoll erscheint - weniger zusammenhaltend wirkt. Wenn dagegen das Ziel der Gruppe ganz eindeutig als lebensnotwendig erkannt ist, dann werden ihm alle anderen Verhältnisse untergeordnet, und die Gruppe wird von daher und unter der Leitung strukturiert, die am besten diesem Ziel dient.

Eine Gruppe hat demnach 3 Charakteristika:

1. Das Ziel der Gruppe, das eindeutig oder diffus sein und als mehr oder weniger "lebenswichtig" erscheinen kann.

2. Die Richtung der Gruppe: entweder auf das Ziel hin oder vom Ziel weg oder "auf der Stelle treten". Die Richtung wird durch die Leitung oder das Fehlen einer solchen markiert. Die Leitung kann ein Einzelner haben oder mehrere oder alle.

3.Die Struktur der Gruppe, abhängig vom Ziel und von der Richtung.
  Sie kann loser oder fester sein, kann mehrere oder nur wenige
  der notwendigen Rollen enthalten.

Primär- und Sekundärgruppen

Die Gruppen, die in der Regel einem Menschen am meisten bedeuten,
die Gruppen, die ihn am stärksten prägen, sind die kleinen Gruppen, in denen alle einander kennen, die sogenannten Primärgruppen.
   Sie sind durch mehr oder weniger kontinuierliche und direkte Kon-
takte zwischen den Mitgliedern charakterisiert. Das soziale Zusammenspiel trägt das Gepräge von Intimität und Gegenseitigkeit.
   "Unter Primärgruppen verstehe ich die Gruppen, die durch nähere
Verbindungen und intime Zusammenarbeit, von Angesicht zu Angesicht,
charakterisiert sind". (COOLEY, 1909)
   In den größeren Gruppen, den sogenannten Sekundärgruppen (Nation,
Kulturkreis, Sportvereinigung, Jugendorganisation usw.) kennen die
Gruppenmitglieder nur selten einander. "Sekundärgruppen sind durch
zufällige Beziehungen charakterisiert und sind mehr die Resultate
eines bestimmten Interesses oder einer bestimmten Aufgabe oder ähn-
lichem als die eines dauernden Bandes". (NEWCOMB, 1950). Die Gruppe Gymnasiasten (d.h. alle Gymnasiasten eines Landes) stellt z.B.
eine Sekundärgruppe dar.
Die Beeinflussungen in diesen Gruppen sind weniger stark und bedeutungsvoll als in der Primärgruppe, da die einzelnen Mitglieder
in keinem so nahen Verhältnis zueinander stehen. Dennoch kann das
Zugehörigkeitsverhältnis zu einer solchen Gruppe und nicht am wenigsten das Verhältnis dieser Gruppe zu anderen Gruppen besonders
entscheidend und bedeutungsvoll für das einzelne Gruppenmitglied
sein. Man braucht nur an Situationen wie Krieg, Arbeitskampf oder
auch bloß Fußballkampf zu denken.

Formelle und informelle Gruppen

Innerhalb der Primär- und Sekundärgruppen lassen sich formelle und
informelle Gruppen unterscheiden.
   Eine *formelle Gruppe* ist eine Gruppe, deren Existenz auf einem
sehr bestimmten Zweck beruht. In der Regel hat eine formelle Gruppe einen etwas unpersönlichen Charakter; in ihr gelten teils sorgfältig ausgedachte Regeln und Vorschriften u.a. für die Funktion
der Gruppe, die Wahl der Leiter. (NEWCOMB, 1950). Das typische Beispiel dafür ist die Arbeitsgruppe, die sich vom Zweck der Aufgabe
her bestimmt, aus Personen zusammensetzt, die nicht von vorneherein irgendetwas gemeinsam miteinander haben, und die gewöhnlich

einen formell benannten Leiter hat. Eine Schulklasse ist ebenso
eine typisch formelle Gruppe mit einem formellen Leiter, dem
Klassenlehrer, einer formellen Zielsetzung oder Zweckbestimmung
und einem formellen Katalog von Normen und Verhaltensmustern. Andere Beispiele sind Klubs, Vereine usw., bei denen die Leitung
unter mehr oder weniger detaillierten Regeln und Gesetzen etabliert ist und fungiert. Eine solche formell organisierte Gruppe
wird in der Regel auch dann noch ihre Funktion und Wirksamkeit
fortsetzen, wenn die Mitglieder infolge von Abgängen und Zugängen
wechseln. In einer solchen Gruppe zählt Individualität nicht.
"Die Gruppenmitglieder sind nichts als auswechselbare Teile der
Struktur". (NEWCOMB, 1950).

Informelle Gruppen werden unter Gruppen genannt, die sich spontan aus
zwei oder mehr Personen, aufgrund eines gemeinsamen Interesses
oder eines gegenseitigen persönlichen Zusammengehörigkeitsverhält-
nisses bilden, und in denen die Stellung des einzelnen nicht durch
Vorschriften oder Regeln bestimmt wird, sondern von seiner Individualität und dem Zusammenspiel mit den übrigen Mitgliedern.

Informelle Gruppen gibt es in der Regel unter Kindern und Jugendlichen als Freundschafts- und Kameradschaftsbindungen. Hier zählt
mehr die Individualität. Ein anderes Charakteristikum dieser Gruppe ist die ständige Veränderung ihrer Struktur, je nach den Variationen innerhalb der Gegebenheiten, die die Gruppe zusammenhalten.
Auch der Grad der Intimität im Zusammenspiel der Mitglieder kann
von unterschiedlicher und variierender Stärke sein. Dies hängt von
der Art und der Stärke der Gefühle ab, die die verschiedenen Gruppenmitglieder einander entgegenbringen.

Eine formelle und eine informelle Gruppenbildung können zusammen-
fallen, wenn man z.B. eine Arbeitsgruppe sich selbst bilden läßt,
und wenn deren Ziel und Betätigungsnormen sich gleichzeitig mit
dem formellen Ziel und Normenkatalog decken. Das kann auch bei
einer Schulklasse der Fall sein, besonders auf den frühen Stufen;
gewöhnlich entstehen jedoch mehrere informelle Gruppen, von denen
jede ihren eigenen Normenkatalog hat. Die Klasse als Ganzes kann
auch als informelle Gruppe mit Aktivität und Betätigungsnormen fungieren, die vom formellen Ziel und Normenkatalog abweichen.

Referenzgruppen und Mitgliedschaftsgruppen

Um das Verhalten eines bestimmten Gruppenmitgliedes verstehen zu
können, ist eine weitere Einteilung der Gruppen nötig. Nicht immer
ist ein Gruppenmitglied von seiner Gruppe stark geprägt. Man sieht
ab und zu ein Gruppenmitglied, dessen Verhalten anders ist oder sogar im Widerspruch steht, was die Gruppe anstrebt. Es ist die Frage , ob es sich um eine Referenzgruppe oder Mitgliedschaftsgruppe

handelt. Die Gruppe oder die Gruppen, die das Verhalten eines Menschen prägen, mit denen er sich identifiziert oder die er anstrebt, nennt man nach SHERIF (1953) seine Referenzgruppe. Das kann die Gruppe sein - und ist es auch in den meisten Fällen -, deren Mitglied man ist (Mitgliedschaftsgruppe), es braucht jedoch nicht notwendigerweise der Fall zu sein. Es kann z.B. eine Gruppe sein, nach der man strebt, deren Mitglied man gerne sein möchte, und deren Normen man deshalb beachtet oder denen man nachzuleben versucht. Es können auch Gruppen sein, mit denen man sich nur vergleicht und die man zur Richtschnur zum Referenzrahmen nimmt.Im ersteren Fall spricht man von der normativen Funktion und im andern von der komparativen Funktion der Referenzgruppe (KELLEY, 1952)

Die Bezeichnung "Referenzgruppe" wurde ursprünglich von HYMAN (1942 in seiner Untersuchung über den sozialen Status in den Dreißigerjahre eingeführt, er wurde jedoch von ihm nur in seiner komparativen Bedeutung gebraucht. Er fragte seine Versuchspersonen, mit wem sie sich verglichen, wenn sie sich ein Bild ihres eigenen sozialen Status machen wollten. Er fand, daß der Standard, den Leute für sich selbst ansetzten, bestimmt wird von dem Standard der Gruppen, zu denen sie ein Zugehörigkeitsverhältnis verspüren, ob sie nun faktisch deren Mitglieder sind oder nicht.

HYMAN (1957) wies mit einer Untersuchung nach, daß eine totale Population, z.B. eine ganze Nation oder Bevölkerungsgruppe, selten eine Referenzgruppe sei. Es sei nicht die große Gesellschaft, die die einzelnen Individuen beeinflusse. Viel wichtiger als Referenzgruppen seien die Gruppen der Freunde, der Arbeitskameraden etc.

Ein Experiment von CHAPMAN & VOLKMANN (1939) zeigt deutlich die vergleichende Funktion der Referenzgruppe. Die Versuchspersonen waren Studenten, denen einige Aufgaben aus der Literatur gestellt wurden. Sie sollten schon im voraus sagen, wie sie sie zu lösen gedachten. Da sie die Art der Aufgabe nicht kannten, hatten sie keinerlei objektiven Anhaltspunkt dafür, was sie zu lösen vermochten.

Dafür wurde ihnen gesagt, was andere Gruppen lösen zu können geglaubt hatten. Einem Teil von ihnen gab man dabei einen Gruppenstandard an, der dem von Literaturkritikern gleichkam. Einem anderen Teil wurde ein Standard genannt, der dem eines ungelernten Arbeiters entsprach. Einem dritten Teil nannte man einen Standard, der Studenten, also ihresgleichen, entsprach. Und schließlich gab es eine Kontrollgruppe, der überhaupt kein Standard gesagt wurde. Der Standard, der den drei Versuchsgruppen gegeben worden war, war jedoch jeweils derselbe. Sein Niveau war aufgrund vorausgegangener Versuche so angesetzt worden, daß man erwarten durfte, diese Studenten könnten es erreichen.

Das Experiment zeigte, daß die Gruppe, die als Vergleichsgruppe die Literaturkritiker hatte, ihr Ziel im Verhältnis zu der späteren Leistung zu niedrig ansetzte, weil sich die Versuchspersonen niedriger einschätzten als die Vergleichsgruppe. Die Gruppe, die ungelernte Arbeiter als Vergleichsgruppe hatte, setzte ihr Ziel im Verhältnis ihrer späteren Leistung zu hoch an, da die Versuchspersonen sich selbst höher einschätzten als die Vergleichsgruppe. Die Gruppe, die Studenten als Vergleichsgruppe hatte, setzte sich ein Ziel, das einigermaßen dem entsprach, was sie nachher leisteten.

Gleichzeitig ergab sich: wenn eine Versuchsgruppe vorher schon ihren eigenen Standard festgesetzt hatte, verursachte der Standard einer Vergleichsgruppe keine Veränderung in der Zielvorstellung der Gruppe. Die Mitgliedergruppe war auf diese Weise zur Referenzgruppe in der normativen Bedeutung geworden, und die anderen Gruppen hatten ihre komparative Bedeutung verloren.

GOULD & LEWIS (1940) führten später einen Versuch mit einer ähnlichen Technik durch, der zeigte, daß es sich für die Festsetzung künftiger Ziele und Leistungen genauso verhielt.

NEWCOMB (1958) gebraucht die Bezeichnung Referenzgruppe in der normativen Bedeutung. "Die Entwicklung des Verhaltens eines Individuums ist eine Funktion der Art und Weise, wie sich dieses Individuum zu der totalen Mitgliedergruppe oder zu einer oder mehreren Referenzgruppen in Relation setzt." Er fand in seiner Bennington-Untersuchung (näher besprochen Seite 177), daß ein Gruppenmitglied die in der Gruppe akzeptierte Haltung in dem Ausmaß übernimmt, wie die Gruppe für den Betreffenden als ein positiver Referenzrahmen gilt.

Wie eine Referenzgruppe außerhalb der Mitgliedergruppe einzelne Gruppenmitglieder so weit bringen kann, daß sie den übrigen in der Gruppe zuwider handeln, zeigt eine Untersuchung von WHYTE (1953). Daran waren 100 Akkordarbeiter einer Fabrik beteiligt. Die Arbeiter hatten sich für den Akkord eine Höchstgrenze festgesetzt, wonach sie nicht höher als auf 150% der Norm kommen wollten. 10 der Mitglieder der Gruppe hielten sich nicht gewissenhaft daran, sondern sprengten den Akkord und lagen zwischen 150 und 200% der Norm. Eine nähere Untersuchung des Hintergrundes dieser "Abweicher" zeigte, daß sie nicht die Gruppe der Kollegen als Referenzgruppe hatten, sondern vielmehr verschiedene andere Gruppen: religiöse, politische, gesellschaftliche etc., die andere Normen hatten, wozu nicht die Norm der Solidarität unter Arbeitskameraden gehörte.

In den Fällen, in denen bestimmte Mitglieder sich weigerten, Normen der Gruppe zu übernehmen, vielmehr eher das Gegenteil zu dem taten, was die andern Gruppen machten, spricht NEWCOMB von einer negativen Referenzgruppe. Es können jedoch nur zwingende äußere Umstände sein, die eine Mitgliedergruppe zu einer negativen Referenzgruppe werden lassen. Sind die Verhältnisse nicht so zwingend, wird man sich natürlich einfach von der Gruppe absetzen. Eine negative Referenzgruppe wird in der Regel eine Gruppe sein, die im Gegensatzverhältnis zur eigenen Gruppe steht.

KLINEBERG (1954) erwähnt u.a. als Beispiel, daß die Sowjets für die meisten Amerikaner eine solche negative Referenzgruppe sind und vice versa. Wofür die einen sich einsetzen, dagegen sind die andern, ohne dabei kaum zu berücksichtigen, um was es überhaupt geht.

Schließlich brauchen die Gruppen, auf die man sich bezieht, nirgendwo anders zu existieren als in der Phantasie. Referenzgruppen können imaginär oder fiktiv sein, ohne deshalb weniger bedeutungsvoll für das betreffende Individuum zu sein.

Eigengruppe und Fremdgruppe (In- group und Out- group)

Die Beziehungen zu anderen Gruppen beeinflussen ebenfalls ein Gruppenmitglied in seinem Verhalten. In dem Maße, wie es für Zweck und Ziel der Eigengruppe von Bedeutung ist, wird es auch zu bestimmten Normen für das Verhältnis zu diesen Fremdgruppen kommen. In solchen Fällen wird zwischen "Unserer Gruppe" und "Gruppe der andern" unterschieden oder - wie hier vorgeschlagen wird - zwischen Eigengruppe und Fremdgruppe.

In Eigengruppen und Fremdgruppen einzuteilen, hat nur bei Gruppen einen Sinn, die in irgend einer Beziehung miteinander zu tun haben, bei der sie als *wir* und *die andern* verstanden werden können. "Die andern" werden verstanden als die Fremden oder in jedem Fall als die im Verhältnis zu "uns" außerhalb stehenden. In der Regel indiziert die Einteilung ein antagonistisches Verhältnis - "Wir Weißen und die Schwarzen" oder "Wir Erlösten und die Nicht- Erlösten" oder "Wir Studierenden und die Nicht-Studierenden" -, braucht es jedoch theoretisch nicht zu tun. Die Bildung einer Eigengruppe ist eine Organisierung (freundlich oder unfreundlich) in Relation zu einer anderen Gruppe, der Fremdgruppe. In vielen Sprachen gibt es jedoch nur ein Wort für "Fremder" und "Feind".

Der Zusammenhalt innerhalb einer Gruppe wird größer, wenn eine außenstehende Gruppe vorhanden ist, mit der man sich streiten kann. Eine soziologische Theorie geht geradezu davon aus, daß die Solidarität der Eigengruppe proportional dem Fremdgruppen- Antagonismus ist.

Besonders die Politiker verstehen sich der Tatsache zu bedienen, daß man Zusammenhalt in der eigenen Gruppe auf der Grundlage eines Gegensatzverhältnisses zu einer anderen Gruppe schaffen kann. Aber auch Pädagogen und Jugendleiter haben, vielleicht ohne sich darüber im klaren zu sein, versucht, Zusammenhalt nach innen in der Schar oder der Klasse auf Kosten des Verhältnisses nach außen zu anderen Gruppen zu schaffen. Ein solches antagonistisches Verhältnis zu einer Fremdgruppe wird dahin tendieren, daß eine ganz bestimmte Gruppenhaltung zustande kommt, oft mit einer stereotypen Meinung über den Gegner und häufig mit irgendeinem Vorurteil. Die Fremdgruppe wird zu einer Art Sündenbock, dem alles Böse angelastet wird, das einem selbst widerfuhr.

Gleichzeitig ist es charakteristisch, daß Gruppen, die in Fremdgruppenantagonismen verwurzelt sind, sehr wohl eine demokratische Eigengruppenorganisation haben können. Feindseligkeiten nach außen werden oft von Sympathie von innen begleitet.

Zugleich ist es von pädagogischem Interesse zu konstatieren, daß Demokratie und Zusammenarbeit in der eigenen Gruppe nicht an und für sich schon zu demokratischem Verhalten gegenüber und Zusammenarbeit mit anderen Fremdgruppen führt, besonders dann nicht, wenn zwischen den Gruppen Interessengegensätze vorhanden sind.

Ich- Gruppen und Wir- Gruppen

Diese Einteilung will hauptsächlich den Grad des Gemeinschaftsgefühles andeuten, der zwischen den Mitgliedern der Gruppe herrscht. Nach GOTTSCHALK (1959), der sich besonders mit dieser Gruppeneinteilung beschäftigt hat, ist diese der Ausdruck für die Spannung, die zwischen der Selbstbehauptung des Individuums und der Eigenordnungsforderung der Gruppe vorhanden ist. Das Wir- Gruppen- Gefühl ist zum Teil ein Resultat der sozialen Reife der Mitglieder. Nach GOTTSCHALK findet man gewöhnlich erst vom 9. - 10. Lebensjahr ab ein eigentliches Wir- Gruppen- Gefühl. Es gibt jedoch keine Untersuchungen darüber, wie weit ein solches nicht doch schon früher entwickelt werden könnte, z.B. auf pädagogischem Weg. Gleichzeitig ist es durchaus nicht immer der Fall, daß dieses Gefühl bei Individuen dieses Alters ausreichend entwickelt ist.

Das hängt damit zusammen, daß das Wir- Gruppen- Gefühl im wesentlichen eine Funktion äußerer Bedingungen ist, z.B. der Führungsform, wie es durch LEWINS ET AL. (1939) Versuche nachgewiesen ist, auf die später näher eingegangen wird. GOTTSCHALDT hat in seinen Versuchen gefunden, daß das Wir- Gruppen- Gefühl mehr von der Art der Leitung als von der Zusammensetzung der Gruppe abhängt. Die Konkurrenz, die an den Selbstbehauptungsdrang des Individuums appelliert, wird das Wir- Gruppen- Gefühl verringern.

Die Kleingruppenforschung

Ein Begriff, der in letzter Zeit in den Vordergrund trat, ist der der Kleingruppe.
"Die Kleingruppe umfaßt alle Gruppen, die zwischen zwei und 20 Mitglieder zählt." jedoch können größere Gruppen als "klein" betrachtet werden, wenn das Zusammenspiel "von Angesicht zu Angesicht" noch möglich ist, und ein Beisammensein von 20 oder weniger braucht nicht nur eine Kleingruppe zu sein, sondern kann mehrere umfassen. (HARE, 1962)
Die am meisten gebrauchte Definition einer Kleingruppe wurde von BALES (1950) gegeben:
"Als Kleingruppe ist jede Anzahl von Personen definiert, die am gemeinsamen Zusammenspiel bei einer oder mehreren "Angesicht zu Angesicht"- Begegnungen engagiert sind, wobei das einzelne Mitglied einen bestimmten Eindruck von allen anderen empfängt, der so stark ist, daß es sofort oder später auf die anderen als Individuen reagieren kann, eventuell nur so, daß er sie wiedererkennt".
Die Kleingruppe umfaßt also mehr als die informelle Primärgruppe und müßte vielleicht eher als ein Forschungsbereich innerhalb der Sozialpsychologie als ein besonderer Gruppentyp verstanden werden. Eine Schulklasse gehört nach BALES Definition zu den "Kleingruppen", während sie nach HARES Definition in vielen Fällen dafür zu groß wäre.
Die Resultate der Kleingruppenforschung sind es, die im Folgenden das Hauptthema ausmachen, und dabei soll die Primärgruppe besonders behandelt werden, teils die formell zusammengesetzten, also die Klasse oder die Arbeitsgruppe, und teils die informellen Gruppen, die spontan unter den Mitgliedern der formellen Gruppe entstanden sind.

4. Die Gruppenstruktur

Soziometrie

Der größte Teil der sozialpsychologischen Forschung in der Schule galt dem Erfassen und Aufzeichnen der sozialen Struktur der Klasse oder der Gruppe, d.h. der Erkundung, wer in der Klasse "zusammenhielt" und wer "außerhalb" war.
Nicht zum wenigsten hat die Entwicklung einer besonderen technischen Soziometrie (MORENO, 1934) dazu beigetragen. Es soll hier nicht näher auf diese Technik eingegangen werden, sondern nur auf deren Brauchbarkeit innerhalb der Gruppenpädagogik, z.B. als Ausgangspunkt für die Bildung von Arbeitsgruppen.
Im übrigen kann auf drei norwegische Abhandlungen verwiesen werden, die deren Möglichkeiten und Mängel kritisch herausstellen:

JENSEN & SIGSGAARD (1961), JOHANNESSON (1954), und STENSÅSEN (1962).
Kurz gesagt ist die Soziometrie eine besondere Fragetechnik, mit
der man die Kinder befragt, mit wem in der Gruppe sie es am liebsten
zu tun haben möchten und wem am liebsten nicht.
Üblicherweise stellt man diese Fragen in einen Zusammenhang mit
mehreren gewöhnlich vorkommenden Aktivitäten, z.B.:
"Mit wem möchtest du (am liebsten nicht)":
    a) bei einer Gruppenaufgabe zusammenarbeiten
    b) in der Freiheit zusammensein
so daß sowohl aufgabenbetonte als auch rekreative Aspekte für die
Wahl berücksichigt sind.
Man kann ausschließlich positive Entscheidungen erfragen oder aber
sowohl positive als auch negative, und diese können dann noch eventuell graduiert werden, so wie es z.B. JENSEN & SIGSGAARD getan haben:
    Am allerliebsten, gern, gleichgültig, nicht gerade gern, über-
    haupt nicht.
Außerdem kann man die Schüler aufgrund der festgesetzten Kriterien
eine begrenzte Anzahl auswählen oder man kann sie zu allen anderen
Stellung nehmen lassen.
Darauf nimmt man eine Analyse der Wahlen vor (der Präferenzen
und der Ablehnungen), die oft ein kompliziertes Netz von Sympathie
und Antipathie und Gleichgültigkeit ergeben.
Die Stimmen, d.h. die Präferenzen und Ablehnungen, kann man in
einem Soziogramm aufzeichnen, das dann eine graphische Darstellung
des "soziometrischen Status" der Kinder in der Gruppe ist. Gewöhnlich
plaziert man in einem Kreisdiagramm (siehe Abb. 3) die am häufigsten
gewählten "Sterne" in der Mitte, während die übrigen mehr und mehr,
je geringer die Anzahl ihrer erhaltenen positiven Stimmen ist, der
Peripherie zu plaziert werden. Die Nichtgewählten oder die Abgewie-
senen, "die Außerhalbstehenden", werden außerhalb der Peripherie
plaziert. Die Wahlen ergeben oft unterschiedliche Präferenzmuster.
Über die "Sterne"hinaus, die von vielen gewählt werden, und über
die "Außerhalbstehenden" hinaus, die von niemand gewählt werden,
kommt es zu Mustern wie der "Kette", wo B von A gewählt wird, C von
B und D von C; dem "Dreieck" - A wählt B, B wählt C, C wählt A; den
"Paaren", die einander gegenseitig wählen. Pädagogischer Zweck einer
solchen Aufzeichnung der sozialen Beziehungen der Kinder ist es, eine
Grundlage für das regulierende Eingreifen zu erhalten, mit dem denen
geholfen werden kann, denen droht, von jeder Kameradschaft ausgeschlossen zu werden.
Die Soziometrie muß vornehmlich als eine Diagnostizierungstechnik
betrachtet werden, durch die sich ein Bild der sozialen Relationen
der Mitglieder der Gruppe untereinander zu einem gegebenen Zeitpunkt
in einer bestimmten Hinsicht ergibt, nämlich der der Aktivität, der
die Wahl gilt.

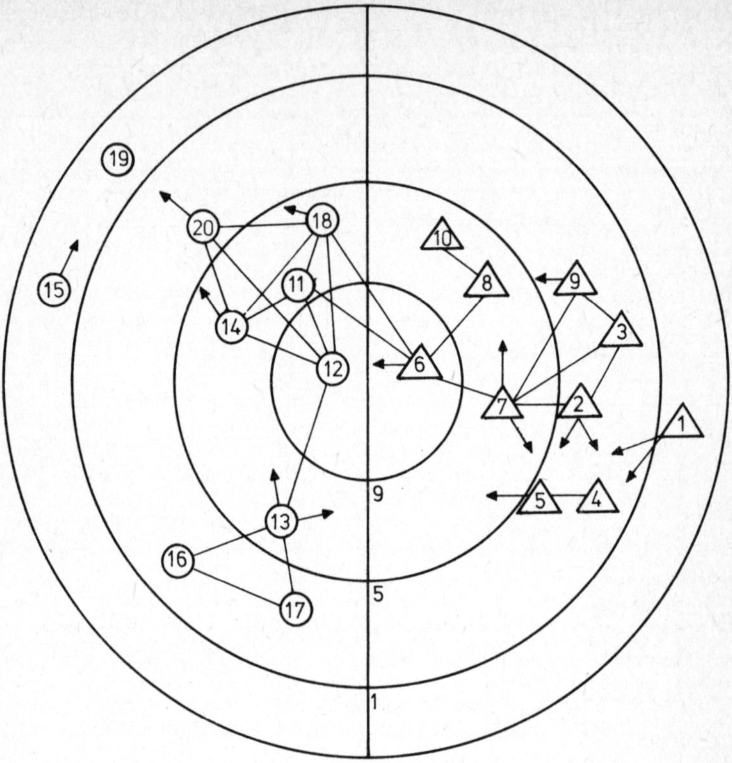

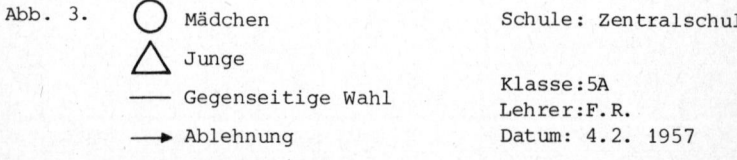

Abb. 3.

◯ Mädchen

△ Junge

— Gegenseitige Wahl

⟶ Ablehnung

Schule: Zentralschule

Klasse:5A
Lehrer:F.R.
Datum: 4.2. 1957

Durch die Anwendung dieser Technik in bestimmten Zeiträumen kann man die Veränderungen feststellen, die sich in den sozialen Beziehungen vollziehen; die Methode kann jedoch nicht zeigen, wie und weshalb diese Veränderungen eintreten, und vor allem kann sie nicht dartun, ob pädagogische Eingriffe unternommen werden können

oder müssen, oder wie diese im gegebenen Fall gemacht werden sollten. Dagegen kann das Soziogramm schon zeigen, ob zwischen den Kindern ein großer Abstand besteht und ob es irgendwelche "Außenstehenden" gibt, und es kann damit auf Verhältnisse hinweisen, von denen
man annehmen könnte, daß sie einer Abhilfe bedürfen; die Frage jedoch, wie dann eingegriffen werden soll, bleibt trotz allem offen.
Um zweckmäßig handeln zu können, muß man einiges mehr über die Prozesse wissen, die sich in der sozialen Gruppenbildung abspielen.
Auf sie wird in einem späteren Abschnitt eingegangen.

Man soll indessen vorsichtig sein, in einem Soziogramm mehr zu
sehen als eben einen Fingerzeig. Die Tatsache, daß ein Junge nicht
gewählt wurde und also ein "Außenstehender" ist, braucht nicht zu
bedeuten, daß er nicht gewählt werden könnte. Es ist vielmehr einfach derjenige, der zuletzt gewählt wird, da andere da sind, die in
der gegebenen Gruppenkonstellation "attraktiver" waren. Dieses relative Verhältnis macht sich besonders geltend, wenn man, wozu man
in der Regel aus praktischen Gründen gezwungen ist, die Anzahl derer begrenzt, die jedes einzelne Kind wählen darf, z.B. 3 oder 5.
Wenn jedes nur eines oder ein paar wählen darf, werden in einer
Gruppe mehrere als "Außenstehende" übrig bleiben. Sobald man eine
unbegrenzte Zahl wählen darf, bleibt vielleicht niemand übrig.
STENSÅSEN (1962), der diesem Problem nachgegangen ist,kommt zu
dem Schluß: "Der Grad der Isolation in der einzelnen Klasse scheint
bis zu einem gewissen Grad eine Funktion der Anzahl der Stimmen zu
sein, die in der Klasse abgegeben werden." Dies steht zum Teil im
Gegensatz zu der Auffassung, die MORENO (1947) in seinem "Gesetz
über den sozialdynamischen Effekt" formuliert hat, nach dem eine
erhöhte Anzahl von Wahlmöglichkeiten nur zur Stärkung der Position
derjenigen Schüler führt, die von vornherein schon "Über- Gewähl-
te" sind, und nicht zur Reduktion der Anzahl der "Unter- Gewählten"
oder der Außerhalbstehenden.

Dies zeigt, daß man vorsichtig sein muß, aus der *relativen* Plazierung eines Schülers im Soziogramm zu schließen, daß sie der Ausdruck für eine *absolute* Position in der Gruppe sei.

Man darf auch nicht damit rechnen, daß die "Summe" einer Reihe
persönlicher Haltungen von Individuen einem anderen gegenüber gleich-
bedeutend sei mit der Haltung der Gruppe, die diese als dynamische
Einheit gegenüber dem betreffenden einnimmt (vgl. hierzu die früher
gemachten Ausführungen darüber, daß ein Individuum ganz verschiedene
Verhalten zeigt, je nachdem es allein oder in der Gruppe ist). Aus
der Position eines einzelnen Kindes in einem Wahlmuster, zusammengesetzt aufgrund einer individuellen Stellungnahme, kann man also nicht
irgend etwas darüber ablesen, welche Interaktion zwischen Kind und
Gruppe vor sich geht.

Man kann die Muster einer gegenseitigen Wahl in der formellen Gruppe (der Klasse) auch nicht als Ausdruck einer informellen Gruppen- oder Cliquenbildung betrachten. Das mag zuweilen der Fall sein, aber weitaus nicht immer. Man kann ohne weiteres Mitglied einer Gruppe sein, deren Mitglieder man nicht gerade besonders schätzt, während derjenige, dem man den Vorzug gibt, vielleicht gar nicht deren Mitglied ist, und es kann mehrere Individuen geben, die man innerhalb einer Gruppe bevorzugt, deren Mitglied man aber selbst nicht ist. Es ist nicht die gegenseitige Sympathie, vielmehr ist es deren Zweck Etwas anderes ist es, wenn sich ein bestimmtes Zusammenspiel zwische den Gruppenmitgliedern als Folge des gemeinsamen Strebens entwickelt. In den Gruppen, in denen das gesellschaftlich- soziale Zusammensein der Hauptzweck ist, z.B. in Spielgruppen, spielt die gegenseitige Sympathie eine größere Rolle als z.B. in Gruppen, die zu gegenseitiger Verteidigung oder zur gemeinsamen Arbeit gebildet wurden.

Schließlich gibt es noch die Neigung zur "Überbewertung" der Resultate, indem man von der Anzahl der Stimmen für irgend eine Rolle innerhalb der Gruppe Folgerungen zieht, z.B., daß man glaubt, derjenige, der die meisten Stimmen erhalten hat, sei auch der Anführer der Gruppe. Dies mag wohl öfters zusammentreffen, jedoch eben nicht immer. Eine Gruppe kann sehr wohl einem tyrannischen Anführer unterworfen sein, den im Grunde niemand liebt.

GIBB (1960) wies nach, daß es in Erwachsenengruppen keinen Zusammenhang zwischen der Führerschaft und der soziometrischen Präferenz gibt, sei nun die Wahl aufgrund die Arbeit betreffender oder rekreativer Kriterien vorgenommen worden.

Dies galt unabhängig davon, ob man die soziometrische Wahl mit der Identifizierung der Anführer durch die Beobachter verglich oder mit den Angaben der Teilnehmer darüber, wer die Anführer seien.

HARVEY & RUTHERFORD (1960) fanden, daß es nur einen gewissen Zusammenhang zwischen der Popularität und dem Status gibt. Bereits von der 3. Klasse an differenzieren die Gruppenmitglieder zwischen Freunden und Anführern in Alltagssituationen genau so wie ältere Schüler.

Man muß hier zwischen dem Popularitätsverhältnis und dem Machtverhältnis unterscheiden. Bei der allgemeinen soziometrischen Technik mißt man die Reihenfolge der Popularität und den Abstand zwischen den Mitgliedern der Gruppe, die soziale Distanz. Das Machtverhältnis, die soziale Position (innerhalb der Hierarchie), kann jedoch nur durch besondere hierarchische Experimente gemessen werden, bei denen Hierarchien geschaffen werden. Die einfachste Art des Vorgehens ist es, einer Gruppe eine Gemeinschaftsaufgabe zu stellen und dabei zu beobachten, wer die Leitung übernimmt, und wem die übrigen Rollen zufallen. JOHANNESSON (1954) versteht unter sozialer Distanz, wie nahe oder wie fern die Schüler einander stehen; unter sozialer

Position versteht er die rangmäßige Plazierung innerhalb der Hierarchie der Gruppe. Man wird daraus ersehen, daß theoretisch eine Gruppe mit geringem sozialem Abstand zwischen den Mitgliedern (hoher Grad der Gleichberechtigung) kombiniert sein kann mit einer festen Struktur (Organisation) und damit mit der Effektivität der Gruppe, in der die Rollen im Hinblick auf den Zweck der Gruppe abgesteckt sind. Daß das faktisch auch vorkommt, ist früher schon dargetan worden.

Über die *Rangfolge* hinaus, die die Plazierung des einzelnen in der Popularitätsdimension bzw. Machtdimension angibt, muß auch auf die *Streuung* bei der Plazierung Rücksicht genommen werden, die angibt, ob große Unterschiede hinsichtlich der Popularität oder der Rollen zwischen den Einzelnen vorhanden sind. Außerdem muß man das *Niveau* der Präferenzen bzw. der Rollenverteilung berücksichtigen, d.h. ob es hoch oder niedrig ist.

Je geringer die Streuung in der Popularitätsdimension ist, desto mehr ist dies ein Zeichen für eine umso größere Toleranz in der Gruppe, vorausgesetzt, daß das Wahlniveau positiv ist.

Je geringer die Streuung in der Machtdimension ist, desto gleichmäßiger ist die Mitbestimmung auf die Mitglieder der Gruppe verteilt.

Soziale Distanz

In dem besprochenen Soziogramm kann sowohl die soziale Distanz der Gruppe als auch deren soziale Positionen illustriert werden. Wie weit man das Soziogramm abstufen will, kann willkürlich bestimmt werden. Für Kindergartenschüler und Schulkinder erscheint eine Fünfer- Graduierung zweckmäßig (s. Abb. 4). Persönliche Rücksichtnahme spricht dafür, negative Wahlen auszulassen: ("Mit wem möchtest du am liebsten nicht?"). Außerdem ist es zweifelhaft, ob diese zu einer erhöhten Einsicht in die Gruppenstruktur beitragen, da sie ja keine Erklärungen für das Ursachenverhältnis geben.

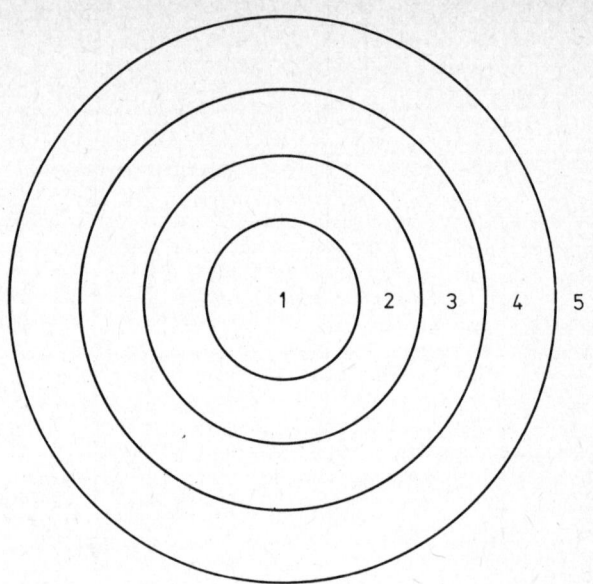

Abb. 4. *Die Popularitätsdimension* (die soziale Distanz)

1. Die Populären (die Sterne) (bevorzugt von den meisten)
2. Die Wohlgelittenen (bevorzugt von vielen)
3. Die Akzeptierten (bevorzugt von einem Teil)
4. Die Geduldeten (nur von ganz wenigen bevorzugt)
5. Die Ausgeschlossenen (von niemand bevorzugt)

  a) Die Übersehenen (die gut mit im Spiel sein könn-
     ten und es auch gerne wollen, die sich aber nicht
     bemerkbar machen können)
  b) Die Abgelehnten (die gerne mitmachen möchten, aber
     nicht dürfen)

c) Die Einzelgänger (die gern dürften, nicht aber
mitzumachen wünschen)
d) Die Isolierten (die weder wollen noch mitmachen
dürfen)

Die Machtdimension (die sozialen Positionen (die Rollen))

1. Die Anführer (Zentrumsfigur)
2. Die Helfer (die Aktiven)
3. Die Mitläufer (die Abhängigen)
4. Die Passiven
5. Die peripheren Rollen:

a) der Sündenbock (der alles, was falsch und schlecht
ist, tut)
b) das schwarze Schaf (dessen sich die Gruppe schämt)
c) der Hanswurst (über den die Gruppe lacht)
d) der Dummerjahn (den die Gruppe für dumm hält)

Aufgrund er Popularität (soziale Distanz) wird dann die Einteilung
nach der Anzahl der schiedsrichterlich festgesetzten Wahlen wie folgt
getroffen:

1. Die Populären (die Sterne) (bevorzugt von den meisten)
2. Die Wohlgelittenen (bevorzugt von vielen)
3. Die Akzeptierten (bevorzugt von einem Teil)
4. Die Geduldeten (bevorzugt von nur ganz wenigen)
5. Die Ausgeschlossenen (bevorzugt von niemand)

Die zuletzt genannten sind es, die vor allem pädagogisches Interesse verdienen. Ausgehend von den Ursachen, die dazu führen, daß sie
außerhalb stehen, was auf anderem Weg geklärt werden muß, kann man
verschiedene Typen Außerhalbstehender unterscheiden. RASMUSSEN &
ANDERSEN (1950) unterscheiden drei Typen: Die Ausgeschlossenen, die
von wenigen gewählt, dagegen von vielen verworfen werden; die Isolierten, die niemand wählt und niemand ablehnt; "die Unbeständigen",
die beim Versuch, dabeisein zu können, von Gruppe zu Gruppe wechseln.
Dieses letztere scheint jedoch mehr ein Verhaltenskriterium zu sein.
KOSKENNIEMI (1948) unterscheidet zwischen den direkt Abgelehnten
und den nur Übergangenen. GRONLUND (1959) unterscheidet zwischen
den Isolierten und den Abgelehnten. NORTHWAY (1944) fand in Untersuchungen 10- bis 11- jähriger Kinder 3 Typen Isolierter, die er
wie folgt bezeichnet: "Sozial- Uninteressierte", die persönliche Interessen hatten, jedoch keinen sozialen Kontakt wünschten, sei es,
daß sie sich genierten, oder sei es, daß sie sich in Gesellschaft
mit anderen langweilten; "sozial- Ineffektive", die Kontakt wünschten, ihn aber trotz ihres Bemühens nicht fanden und infolge ihres in-
effektiven Verhaltens nicht populär wurden, sowie "sozial- Beschränk-

te", die unbegabt und uninteressiert waren und denen es an Vitalität fehlte.

Diese Einteilungen, die auf Beobachtungen basieren, überlappen einander teilweise. Eine pädagogisch relevante Einteilung scheint von den Theorien über die Ablehnung der Gruppe und die Anziehung der Gruppe her vorgenommen werden zu können; d.h. von der Frage her, inwieweit die Gruppe wünscht, die Betreffenden mit dabeihaben zu wollen oder nicht, kombiniert damit, inwieweit die Betreffenden dabei zu sein wünschen oder nicht (s. Abb. 8). Ein Vorschlag für die "Typenbezeichnung" ist vor jeder Kombination angegeben.

Möglichkeiten für die Aufnahme in die Gruppe: *"Typen" der Außerhalbstehenden:*

Angezogen	Akzeptiert	
"wollen"	"dürfen"	
+	+	"Die Übersehenen"
+	−	"Die Abgelehnten"
−	+	"Die Einzelgänger"
−	−	"Die Isolierten"

Diese Einteilung gibt implizite auch an, wie man sich pädagogisch den 4 "Typen" gegenüber verhalten kann.

"Die Übersehenen" werden keinem Widerstand bei der Aufnahme in die Gruppe begegnen und werden auch selbst keinen Widerstand gegen das Dabeisein zeigen. Sie sollen die Möglichkeit bekommen, sich etwas mehr Geltung verschaffen zu können. Sie sind von der Gruppe nicht abgewiesen, sondern werden nur übersehen. Sie stehen außerhalb, weil sie sich nicht richtig bemerkbar machen können. Sie wollen gern am Gruppenleben teilnehmen, sind unglücklich draußen zu stehen und können keine Befriedigung durch eigene Aktivität finden, da sich das Bedürfnis nach sozialem Akzept die ganze Zeit aufdrängt. Sie wechseln von Gruppe zu Gruppe und versuchen mitzumachen, befinden sich jedoch immer an der Peripherie und begnügen sich damit, verloren danebenzustehen und zuzuschauen.

"Die Abgelehnten" sind schwierig in eine Gruppe unterzubringen. Niemand will sie haben. Niemand kann sie leiden. Die Ablehnung hat oft bewirkt, daß sie unglückliche Verhaltensformen entwickelt haben in der Hoffnung, sich "verdient" machen zu können. Manchmal damit, daß sie eine "Clownrolle" annehmen, am häufigsten jedoch bleiben sie wahrscheinlich die Aggressiven und Störer oder die Destruktiven. Durch Balgereien, Foppereien, Schimpfereien, durch das Bemühen, dem Lehrer gegenüber "aufzufallen" und durch andere Arten, die Aufmerksamkeit der Gruppe auf sich zu lenken, drücken sie ihr unerfülltes Bedürfnis nach sozialer Anerkennung aus. Dieses unsoziale Verhalten führt indessen nur zu noch stärkerer Ablehnung u.s.w. in einem "bösen Zirkel". Auch die Abgelehnten wechseln von einer Gruppe zur andern und versuchen mitzukommen, bekommen aber nur die kalte Schulter gezeigt.

"Die Einzelgänger" sind am Gruppenleben nicht interessiert, obwohl sie gern mit dabei sein dürften und sogar von der Gruppe dazu aufgefordert werden. Sie arbeiten oft besser allein. Sie sind sich selbst genug und sind am Gruppenleben nicht besonders interessiert, sondern sind mit ihren eigenen Interessen beschäftigt und sind damit zufrieden. Sie sind von den andern nicht abgelehnt, sondern werden von ihnen in Ruhe gelassen. Sie zeigen sich auch der Gruppe gegenüber nicht aggressiv oder aufdringlich.

"Die Isolierten" stehen auf der Grenze zu den psychologischen Behandlungsfällen. Sie sind nicht nur von der Gruppe isoliert, sondern isolieren sich auch selbst. Sie unterscheiden sich von den "Abgelehnten" dadurch, daß sie nicht mehr versuchen, sozialen Kontakt zu finden.

Gemeinsam ist den "Übersehenen" und den "Isolierten", daß sie sich nicht Geltung verschaffen und daß sie ein zurückgezogenes Dasein führen; im Gegensatz zu den "Einzelgängern" und den "Abgelehnten". Diesen ist gemeinsam, daß sich beide bemerkbar machen, je nachdem "ihre Person zur Geltung bringend" oder "unglücklich erscheinend".

Soziale Positionen

Aufgrund des Machtverhältnisses (soziale Position) ergibt sich folgende Einteilung der Rollen (s. Abb. 4):
1. Die Anführer
2. Die Helfer
3. Die Mitläufer
4. Die Passiven
5. Die peripheren Rollen

Unter den zuletzt genannten kann man charakteristische Rollen feststellen wie den "Sündenbock", den "Clown", den "Dummerjahn", oder "das schwarze Schaf"; sie geben an, welche Funktion die Betreffenden in der Gruppe zugewiesen bekamen. Diese Rollen verdanken sie übrigens nicht immer der Gruppe selbst, sondern im Gegenteil dem Unverstand eines erwachsenen Leiters, der durch seine Leitung, ohne es zu wissen, ein Individuum in eine solche Rolle verweist.

Die Rolle innerhalb der Machtdimension, die größtes pädagogisches Interesse verdient, ist jedoch infolge des Einflusses, der hierdurch auf die Gruppe ausgeübt wird, die Leiterrolle. Es sind zahlreiche Untersuchungen vorgenommen worden darüber, wie diese Rolle ausgeübt wird, und auf einige davon soll in einem späteren Abschnitt einge-

gangen werden. Hier soll nur von einer recht groben "Typenbestimmung"
die Rede sein, die zweckmäßig erscheint.

KOSKENNIEMI (1948) unterschied 3 Arten von Leitern: Herrscher, die
die Gruppe zu unterdrücken suchen; echte Führer, die auf den meisten
Gebieten die Überlegenen sind; zufällige Führer, deren Führung situ-
ationsbedingt ist oder nur für besondere Aktivitätsbereiche gilt.

Es sieht indessen danach aus, als handle es sich hier um zwei Dinge
die auseinander gehalten werden müssen: die Frage danach, wie die Führerrolle praktiziert werden soll, und die Frage, wann und unter welchen Voraussetzungen dies möglich ist. Die zuletzt aufgeworfene Frage darf mit der nach den Führer"Typen" nicht verquickt werden.

JOHANNESSON (1946) hat bei seinen Untersuchungen von Schulkindern
zwischen "echten Führern" unterschieden, die für die Gruppe eine positive Bedeutung haben, und "Despoten", die nur an ihrer eigenen Stel
lung interessiert sind und für die Gruppe nur negative Bedeutung habe

GERTRUD OLSSON (Manuskript) hat bei ihren Untersuchungen von Kinder
gartenschülern die gleichen Typen festgestellt. Sie bedient sich ausschließlich der Bezeichnungen "positive" und "negative" Führer. Es is
jedoch nicht ganz glücklich zu einer solchen wertbestimmten Bezeichnung überzugehen, anstatt nach einer passenden Verhaltensbezeichnung
zu suchen. Sonst wird ein positiver Führer leicht derjenige, der am
besten einem angestrebten Zweck dient, ungeachtet der Mittel, die er
dafür anwendet. Ein Führer, der mit allen Mitteln "das Gute will",
kann nicht immer als ein positiver Führer bezeichnet werden. Ebenso
sind die Bezeichnungen "guter Führer" und "schlechter Führer" zu un-
bestimmt.

Der Ausdruck "der geborene Führer" kann für den echten Führer nicht
gebraucht werden, da dies voraussetzt, daß Führereigenschaften ange-
boren sind. Diese Frage wird in einem späteren Abschnitt behandelt.
Vielleicht könnte man die Bezeichnungen "der organische Führer" und
"der unterwerfende Herrscher" anwenden, um zwischen den beiden Gegen-
sätzen in der Bewältigung der Führerrolle zu unterscheiden.

Die wesentlichsten Unterschiede bei den beiden Führertypen in Verhalten und Wirkung werden durch Abb. 5 deutlich.

Der Führer, der den Interessen der Gruppe zu dienen sucht, wirkt
anregend, organisiert Aktivitäten, sucht die Gruppe zusammenzuhalten
und arbeitet auf ein gemeinsames Ziel hin.

Der Herrscher, der eigenen Interessen gerecht werden will, sucht
die Mitglieder der Gruppe zu unterdrücken, verursacht Spaltungen, um
seine Macht dadurch zu erhalten, daß er die Mitglieder gegeneinander
aufhetzt, und hat nur sein eigenes Ziel im Auge.

Diese beiden Führertypen finden sich in den meisten Untersuchungen
über Führer, unabhängig von der Art der Gruppen, und unabhängig davon, daß ihnen in der Literatur unterschiedliche Bezeichnungen gegeben werden.

	"Der Führer"	"Der Herrscher"
Hintergrund des Leiterpostens	Organische Führung, "der am besten Geeignete"	Machtbetonte Leitung, "der Stärkste"
Motive:	Soziale; "sachliche"	Private; "Machtstreben"
Richtung:	Fungiert im Hinblick auf Ziel und Zweck der Gruppe	Fungiert im Hinblick auf seine eigenen Ziele und Zwecke
Wirkung für die Gruppe	Gemeinsame Interessen werden gefördert	Fördert eigene Interessen. Wenn es sein muß auch gegen die der Gruppe
Führerverhalten:	Schafft Zusammenhalt in der Gruppe, "schweißt zusammen"	Verursacht Spaltungen innerhalb der Gruppe, "teile und herrsche"
	Glättet Gegensätze und räumt Unstimmigkeiten aus	Spielt die Partner gegeneinander aus
	Hört auf andere, nimmt Rücksicht auf deren Meinung	dominiert und unterdrückt
	Versucht alle zu engagieren	Begünstigt
	Verteilt Lob und Tadel gleichmäßig	Schließt manche aus. Schafft Sündenböcke.

Abb. 5. *Führertypen und Herrschertypen*

NORDLAND (1955) konstatierte "Führerbegabung" in seinen Untersuchungen mit Kindergartenzöglingen, sowohl bei einigen der "sozial Positiven" (den Freundlichen) als auch bei den "sozial Negativen" (den Aggressiven).

In einer Untersuchung (SUTHERLAND & CRESSEY, 1955), durch die man die Gesellschaft eines Gefängnisses erforschte, wurde festgestellt, daß die Gefangenen unter dem Einfluß zweier Typen der Mitgefangenen standen, die die "Politiker" bzw. "die Richtigen" genannt wurden. Die "Politiker" erkämpften sich die eine oder andere Schlüsselposition in den administrativen Posten des Gefängnisses, die den Gefangenen selbst überlassen waren. Sie herrschten, indem sie die andern manipulierten und nicht selten erpreßten. Sie waren gefürchtet und nicht wohlgelitten. Das Verhalten der "gewandten Burschen" war in Übereinstimmung mit den ungeschriebenen Gesetzen der Gruppe, die geprägt sind von der Loyalität gegenüber den Mitgefangenen und der Feindschaft gegenüber den Funktionären und Behörden des Gefängnisses.

Bei militärischen Leitern hat man in amerikanischen Untersuchungen während des Krieges beobachtet, daß das, was die besten Führer vor allem anderem kennzeichnete, ihr unformeller Umgang mit der Gruppe war, während die schlechtesten durch ihr steifes und formelles Verhältnis zur Gruppe auffielen.

Bei Arbeitsleitern kann man zwischen solchen unterscheiden, die auf eigene Ressourcen zurückgreifen können, den Führern, und solchen, die auf den äußeren Machtapparat angewiesen sind, den Herrschern. Die ersteren arbeiten *mit* der Gruppe und versuchen, diese "zusammenzuschweißen"; die zweiten *gegen* die Gruppe, da sie versuchen, Gruppenbildungen entweder zu verhindern oder aufzulösen, indem sie Spaltungen verursachen.

Bei amerikanischen Untersuchungen der Führungsmethoden der Lehrer hat man zwischen "gruppen- zentrierter Führung" und "lehrerzentrierter Führung" unterschieden. Bei der ersteren wird aufgrund eines Zieles gehandelt, das auch das der Gruppe ist, bei der anderen nur aufgrund eines eigenen Zieles. Die erstere Führungsform ist organischer, die zweite mehr unterjochend.

Die Frage der beiden Führertypen werden im Abschnitt "Leitereigenschaften und Lehrerrolle" Behandelt (Seite 147).

5. Gruppenprozesse

Der Gruppendruck

Eine Gruppe hat wie bereits gezeigt, einen außerordentlich großen Einfluß auf die Mitglieder, die ihr angehören, und bestimmt weitgehend deren Verhalten. Eine wichtige Frage lautet deshalb: Wie

geht der Prozess vor sich, unter dem die Gruppe diesen Einfluß ausübt, der hier bisher ein wenig vage als "Gruppeneffekt" bezeichnet
wurde.

Die erste Untersuchung, die dieses Verhältnis näher beleuchtet,
ist von SHERIF (1935) unternommen worden, der eine Reihe von Experimenten durchführte, mit denen er den Einfluß der Gruppe auf die
Selbständigkeit des einzelnen Gruppenmitglieds in einer Beurtei-
lungssituation untersuchte. Dazu benützte er ein spezielles Phäno-
men, den autokinetischen Effekt. Wenn man einen leuchtenden Fleck
in einem sonst dunklen Raum sieht, in dem man keine anderen festen
Punkte erkennen kann, dann wird man den Eindruck haben, der Fleck
bewege sich, obwohl er sich an einem festen Punkt befindet. Eine
solche nicht eindeutige Situation eignet sich gut dazu, zu untersuchen, wie eine Versuchsperson von andern beeinflußt wird. Während
des Experimentes sollten die Versuchspersonen teils einzeln, teils
in Dreier- oder Vierergruppen beurteilen, wieviele Lichtflecke sich
hin und her bewegten. In etlichen Fällen gaben Versuchspersonen Einzelbeurteilungen ab bevor sie an Gruppenbeurteilungen teilgenommen
hatten. In den Gruppensituationen wurden die Versuchspersonen instruiert, sich nicht voneinander beeinflussen zu lassen.

Wenn man die gruppenweise vorgenommenen Beurteilungen vergleicht,
ergab sich in der Gruppensituation eine starke Tendenz dahingehend,
daß die einzelnen Versuchspersonen Urteile in Übereinstimmung mit
der Gruppe gaben.

Das Experiment zeigte indessen einen bedeutenden Unterschied in
der Tendenz einer Versuchsperson, dem Urteil der Gruppe sich anzuschließen, je nachdem sie die Beurteilung allein vorher oder nachher vorgenommen hatte.

Wenn die Versuchsperson nicht innerhalb der Gruppenbeurteilung
ihre Einzelbeurteilung vorgenommen hatte, war eine größere Tendenz
vorhanden, der Beurteilung der Gruppe zu folgen. Außerdem gab es
eine Tendenz, sich an die Norm der Gruppe auch bei den späteren
Einzelbeurteilungen zu halten.

Wenn die Versuchsperson die Einzelbeurteilung von der Gruppenbeurteilung vorgenommen hatte und sich so ihre eigene Meinung "zuerst" gebildet hatte, gab es eine geringere Tendenz, sich nach der
Gruppe zu richten. Erst nach und nach beeinflußte die Gruppensituation die Beurteilungen der einzelnen in einer gemeinsamen Richtung.

Wenn die Versuchsperson die Beurteilung zusammen mit einer anderen Gruppe vorgenommen hatte, bevor sie in eine neue Gruppe kam,
neigte ihre Meinung dazu, sich mehr abhängig von dem Einfluß zu zeigen, dem sie in der ersten Gruppe ausgesetzt gewesen war. Eine Meinung, die man sich zusammen mit anderen gebildet hat, eine Norm also, ist nicht so beeinflußbar wie eine Meinung, die man sich allein
gebildet hat.

Und schließlich wurde beobachtet, daß eine Versuchsperson von einer Gruppe nicht so leicht zu einer bestimmten Entscheidung beeinflußt werden konnte, wenn sie zuvor in zwei Gruppen gewesen war, die zu verschiedenen Resultaten gekommen waren.

SHERIF (1936) bezeichnet diese Tendenz zu gleichgerichtetem Verhalten bei den Mitgliedern einer Gruppe als "Norm", verstanden als eine gemeinsame Richtschnur (frame of reference). SHERIF meint, je unsicherer die Situation sei, in der man sich befindet, und je abhängiger man von seinem Gruppenzugehörigkeitsverhältnis sei, desto anfälliger sei man, aus diesen Umständen heraus zu handeln. Andere Versuche haben gezeigt, daß eine Gruppe auf keinen Fall erst in eine unsichere Situation gebracht zu werden braucht, um ihre Mitglieder so unter Druck setzen zu können, daß sie sich an die gemeinsame Norm halten. Man hat in späteren Versuchen klare und unzweideutige Perzeptionssituationen geschaffen, um die Wirkung des Gruppendruckes zu demonstrieren. In den Jahren nach SHERIFS Versuchen erfuhr man unter anderem, daß die Perzeption stark von inneren Faktoren des Individuums abhängt, wie z.B. von den sozialen Bedürfnissen, eventuell dem Bedürfnis, zu den anderen zu "gehören".

ASCH (1951) ließ so in einem Experiment seine Versuchspersonen, die Studenten höherer Lehranstalten waren, eine Karte, der eine Linie von gegebener Länge aufgedruckt war, vergleichen mit anderen Karten, denen 3 Linien von verschiedenen Längen aufgedruckt waren (siehe Abb. 6). Durch paarweises Vergleichen der Karten sollte die Gruppe diejenige Linie bezeichnen, die die gleiche Länge hatte, wie die Linie auf der Standardkarte. Die Versuchspersonen waren in Gruppen zu 8 eingeteilt und rund um einen Tisch plaziert. Die Urteile wurden mündlich abgegeben, hörbar für alle. In Wirklichkeit war es nur eine Person in jeder Gruppe, die achte im Kreis, die die Karten in die Hand bekam, eine echte Versuchsperson, da die sieben andern vorher instruiert worden waren, falsche Urteile abzugeben. Es sollte untersucht werden, inwieweit der Druck der Gruppe den einzelnen zum Mitgehen zwingen konnte. Im ganzen wurden 123 Versuchspersonen nacheinander auf Platz Nr. 8 untergebracht und dem "Gruppendruck" ausgesetzt. Nach dem Versuch wurde jede einzelne Versuchsperson unter 4 Augen vom Versuchsleiter interviewt.

Das Resultat des Experimentes: ein Viertel der Versuchspersonen gab unabhängige Urteile ab und erklärte während des Interviews, daß sie das taten, weil sie voll und ganz auf ihre eigene Urteilskraft vertrauten. Nicht, daß sie den Druck der Gruppe nicht gespürt hätten, doch sie bewahrten trotzdem ihr Gleichgewicht und blieben "standhaft". Gut ein Drittel gab ebenfalls unabhängige Urteile ab, erklärte aber während des Interviews, daß sie stark in Zweifel geraten seien und es ihnen ziemlich unbehaglich geworden sei, anders zu liegen als die übrigen der Gruppe.

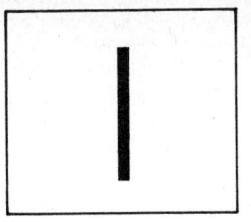
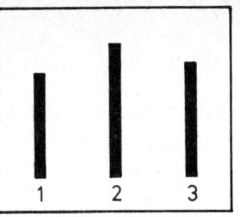

Abb. 6.   Standardlinie   Vergleichslinien

Der Rest, ein gutes Drittel, unterlag dem Gruppendruck und wählte die gleiche falsche Linie, die die fingierten Versuchspersonen als die richtige bezeichnet hatten. Aufgrund ihrer Erklärungen im Verlauf des Interviews konnte man bei diesen "Konformen" wiederum zwischen 3 Kategorien unterscheiden:

1. Personen, die so stark von der Gruppe abhängig waren, daß sie selbst glaubten, sie hätten richtig gesehen und richtig geantwortet.

2. Personen, die ihr Urteil nach dem der Gruppe richteten, indem sie unkritisch aufgrund dem "Recht der Mehrheit" den Schluß zogen, sie müßten sich getäuscht haben, wenn alle anderen etwas anderes sagten.

3. Personen, die bewußt falsch geantwortet haben, weil sie nicht "anders" sein wollten

Der Versuchleiter hatte angenommen, daß die Widerstandskraft des Individuums gegenüber dem "Gruppendruck" davon abhängen müsse, wie grob der "Fehler" der Gruppe war. Er vergrößerte deshalb den Unterschied zwischen der Standardlinie und der Linie, die die unechten Versuchspersonen wählen sollten, in der Hoffnung, an einen Punkt zu gelangen, wo die Wahl der Gruppe so offensichtlich falsch war, daß selbst die unselbständigen Versuchspersonen sich vorurteilsfrei genug fühlen mußten, das zu sagen, was sie selbst für richtig hielt, Leider sagt ASCH, glückte dies nicht. Selbst, wenn der Unterschied zu den Linien, die die Gruppe als gleich angab, so augenfällig groß war, war immer noch jemand da, der der Gruppe nicht widersprach.

Danach wurde eine Reihe weiterer Erscheinungen untersucht, die mit dem Gruppendruck zusammenhängt.

In einer neuen Versuchsreihe erhielt die Versuchsperson einen Meinungsgenossen, der ihr half, die richtige Antwort zu geben. Das bewirkte, daß die Zahl der Antworten, die mit der falschen Antwort der Gruppe übereinstimmten, auf ein Viertel der Zahl von Antworten sank, die gegeben wurden, wenn die Versuchsperson allein der "Übermacht" gegenüberstand. Im Interview erklärten die Versuchspersonen, daß sie das Gefühl gehabt hätten, vom Partner kräftig unterstützt zu sein und daß sie diesem eine inspirierende Vorurteilslosigkeit gegenüber der Gruppe zuschrieben; sie bestritten aber gleichzeitig, zu glauben, der Partner habe irgend einen Einfluß auf ihre eigene Unabhängigkeit von der Majorität gehabt.

Darauf untersuchte man, was es bedeutete, wenn der Gleichgesinnte "versagte". Dieser antwortete während der ersten sechs Male richtig. Während dieser Zeit war die echte Versuchsperson so gut wie von der Gruppe unbeeinflußt. Darauf gab der Gesinnungsgenosse das gleich falsche Urteil wie die Gruppe ab, und sofort stieg die Anzahl der Fehler der echten Versuchsperson bedeutend an. Daß er am Anfang die Stütze hatte, war für ihn später keine Hilfe. Wie aus dem Interview hervorging, führte dieses Versagen bei der Versuchsperson, die "verlassen" wurde, zu einem stark deprimierenden Gefühl. Wie man der Versuchsperson sagte, daß der oder jener Gesinnungsgenosse gezwungen sei, während eines Teils des Versuches abwesend zu sein, hielt dessen stimulierender Einfluß auf die Versuchsperson doch so an, daß sie dem Gruppendruck bis zu einem hohen Grad widerstand.

In einer anderen Variation des Versuches ließ man die Mehrzahl mit der echten Versuchsperson einig sein, beim fünften Mal jedoch äußerten immer mehr andere Meinungen. Solange wenigstens noch ein einziger Gesinnungsgenosse übrig war, bewahrte sie ihre "Selbstständigkeit". Sobald auch der letzte versagte, wuchs die Tendenz, sich der Mehrheit anzuschließen, beträchtlich.

Es ist von einer gewissen Bedeutung, wie viele sich dem einen entgegenstellen. Wenn nur zwei gegen einen sind, wird nur in ungefähr halb so vielen Fällen falsch geantwortet, wie in der früher genannten Gruppengröße von 8, doch schon wenn 3 anderer Meinung sind, ist der maximale Gruppeneffekt nahezu erreicht. Der volle Gruppeneffekt wird dann erreicht, wenn 4 dagegen sind, und er verstärkt sich nicht, auch wenn die Gruppe größer wird. Er nimmt sogar ab, wenn die Gruppe größer wird als 9 (siehe Abb. 7). Das deutet darauf, daß es gewisse Gruppengrößen gibt (von 4-5 bis 7-9), bei denen der Gruppendruck besonders stark ist.

Man hat oft später ASCHS Versuche wiederholt. Man kam zu den gleichen Resultaten, auch wenn *selbstverständlich* besondere Verhältnisse dabei eine Rolle spielen und die Wirkung verstärken oder schwächen. BERENDA (1950) führte den Versuch mit Kindern im Alter von 7-10 Jahren durch. Diese zeigten noch größere Neigung als die Studenten, "den andern" zu folgen. Außerdem regten sie sich nicht so sehr wie die Studenten in ASCHS Versuch über den Widerspruch zwischen dem, was sie selbst zu erkennen glaubten und dem was die Gruppe sagte, auf.

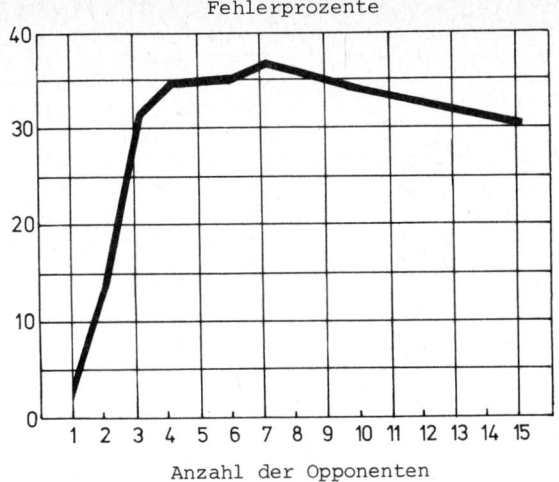

Fehlerprozente

Anzahl der Opponenten

Abb. 7. Prozentanteil der Fehler in Gruppengrößen mit von 1 bis 15
Opponenten.

In den Jugendjahren, in denen viele Heranwachsende besonders entschieden sind, findet man eine starke Tendenz vor,"zu sein wie die
andern". Eine sehr gründliche Untersuchung über die Wirkung des
Gruppendrucks während verschiedener Entwicklungsstufen fehlt noch
immer.
Verschiedene Gruppen haben nicht den gleich starken Effekt auf
die Teilnehmer. Generell kann man sagen, je mehr die Mitglieder sich
der Gruppe verbunden fühlen, desto mehr unterliegen sie deren Druck.
LINDE & PATTERSON (1964) konstatierten bei einem Vergleich von Invaliden mit Nicht- Invaliden, daß beide Kategorien mehr dem Druck
einer in dieser Hinsicht Gleichgestellter unterlagen als dem einer
Gruppe mit entgegengesetzt Gestellten.
Wie bereits durch ASCHS Experiment gezeigt, hat eine Gruppe nicht
auf alle eine gleich große Wirkung. Einige unterliegen dem Gruppendruck mehr als andere - sind konformer. ASCH wies nur nach, daß sie
konformer waren - nicht aber weshalb. Bei späteren Versuchen hat man
diesen Umstand zu beleuchten versucht, was für Pädagogen, die sich

mit der Charakterenentwicklung des Kindes zu beschäftigen haben, selbstverständlich von großem Interesse ist.

CRUTCHFIELD (1955) wiederholte ASCHS Experiment und fand ebenso, daß ungefähr ein Drittel der Antwortgebenden von der Majorität beeinflußt war, obwohl diese ganz eindeutig falsche Antworten gab. Er unternahm darauf eine Persönlichkeitsuntersuchung sowohl bei dem abhängigen Drittel als auch bei dem völlig unabhängigen Drittel und verglich diese beiden Kategorien miteinander.

"Die Konformen" zeigten nur ein geringes Selbstverständnis und wünschten stets, "das Gesicht zu wahren". Sie hatten großen Respekt vor der Autorität und waren nicht imstande, unsichere Situationen zu bestehen oder zu gedulden. Es mangelte ihnen an Selbstvertrauen. Unter Druck wurden sie verwirrt. Sie befanden sich immer in einer Verteidigungshaltung. Ihre Denkweise war starr und stark moralisch geprägt.

Die Selbständigen waren den anderen gegenüber offen und spontan, selbstsicher und verstanden sich selbst auszudrücken. Sie ließen sich leicht aus dem Gleichgewicht bringen und zeigten keine Abwehrhaltung. Sie waren aktiv, als Führer rücksichtsvoll, die anderen hatten Zutrauen zu ihnen, und sie hatten Zutrauen zu sich selbst.

LEAGUE & JACKSON (1964) haben ebenso nachgewiesen, daß die Konformen in ihrer Selbsteinschätzung tiefer liegen und geringeres Selbstvertrauen haben. Es ist demnach pädagogisch absolut wichtig, das Selbstvertrauen eines Schülers und den Glauben an sich selbst ohne Rücksicht auf sein Begabungsniveau zu stärken.

Am Pädagogischen Institut Dänemarks wird eine Untersuchung über die Anfänge der Gruppenbildung der Kinder in Kindergärten vorbereitet, die vermutlich etwas darüber wird aussagen können, weshalb die einen Kinder mehr Selbständigkeit entwickeln, während andere ein eher konformes Verhalten zeigen. In Voruntersuchungen wurde festgestellt, daß schon im Kindergartenalter sich groß individuelle Unterschiede in dieser Beziehung bemerkbar machen können. "Führertypen" und "Mitläufer" kann man deutlich schon ab dem 4. - 5. Lebensjahr unterscheiden. Die Ursachen zum "konformen Verhalten" müssen vermutlich in dem Einfluß, den Eltern und andere auf die Entwicklung des Kindes ausüben, gesucht werden.

Wie bereits früher schon angeführt, hat der Pädagoge während der Kindergartenjahre und der ersten Schuljahre einen größeren Einfluß als die Gruppe, während ab der Mitte des Schulalters und später der Gruppe ein größerer Einfluß als dem Lehrer zukommt, wohlverstanden in Angelegenheiten, bei denen es Interessengegensätze zwischen den Partnern gibt. Unter anderen Gegensatzverhältnissen braucht die Gruppe nicht den größeren Einfluß zu haben, z.B. in Situationen, in denen man eine Aufgabe zu lösen sucht. LUCHINS & LUCHINS (1961) haben mit ASCHS Untersuchungstechnik herauszufinden versucht, was sich tut, wenn eine Versuchsperson die Wahl hat, entweder der Gruppe oder einer Autorität zu folgen. "Die Gruppe" bestand aus drei Personen, deren Antworten die Versuchsperson zu hören Gelegenheit hatte, ehe sie selbst antwortete. "Die Autorität" war der Versuchsleiter, der das Urteil "richtig" oder "falsch" fällte. Gab sowohl die "Gruppe" als auch die "Autorität" falsche Beurteilungen ab, dann machte die Versuchsperson die meisten Fehler. Sonst schlug sie sich eher auf die Seite der "Autorität" als auf die der "Gruppe".

Die soziale Kontrolle

Menschen, die sich in sozialen Wechselwirkungen - Interaktion - innerhalb loserer oder festerer Gruppenbildungen befinden, entwickeln ein loseres oder festeres System gegenseitiger Anforderungen, über die sie sich mehr oder weniger einig sein können, und denen sich die Handlungen oder das Verhalten des einzelnen in größerem oder geringerem Grad anpassen.

Jede Gruppe, handle es sich dabei um eine kleine informelle Primärgruppe oder um eine Sekundärgruppe, die sogar so groß sein kann wie die gesamte Gesellschaft, stellt Anforderungen an das Verhalten der Mitglieder. Für jede Gruppe, der sich Gruppenmitglieder einordnen möchten, gibt es bestimmte Regeln, Gewohnheiten und Bestimmungen, die aussagen, was man darf und was man nicht darf, was man kann und was man nicht kann, was richtig und wertvoll ist, was falsch und wertlos ist.

Ein Prozess, der sich abspielt, wenn Mitglieder einer Gruppe sich anpassen sollen, ist von zentraler pädagogischer Bedeutung. Dieser Anpassungsprozess kann davon abhängen, in welchem Ausmaß die Gruppe oder die sie Leitenden von den einzelnen Gruppenmitgliedern Ein- oder Unterordnung fordern.

Das Individuum hat theoretisch 4 Möglichkeiten, auf die Forderungen der Gruppe zu reagieren: sich anpassen, zu versuchen, die Normen zu ändern, ein Abweicher zu werden oder die Gruppe zu verlassen.

Je wichtiger die Normen für die Gruppe sind, desto größer ist indessen der Druck auf die Mitglieder, der auf Einordnung zielt. Zu diesem Zweck kann die Gruppe verschiedene Sanktionen ausüben, die negativer oder positiver Art sein können, entweder strafend oder belohnend.

Die ganze Regulierung des Verhaltens eines Mitglieds in einem sozialen Verband, sowohl das Normensystem als auch das Sanktionssystem, bezeichnet man als "soziale Kontrolle".

Soziale Kontrolle kann entweder formell oder informell sein, je nachdem sie von einer formellen Organisation wie z.B. der Schule oder der Gesellschaft reguliert wird oder von einer informellen Gruppe wie z.B. einer Clique. Soziale Kontrolle sieht jedoch in den allermeisten Fällen wie Selbstkontrolle aus.

Besonders in der informellen Gruppe ist es nur höchst selten nötig, daß die Gruppe Sanktionen ausübt. Ein Individuum kann jedoch ab und zu in Konflikt geraten mit einem Katalog formeller Normen (z.B. Bestimmungen der Schule) und einem Katalog informeller Normen (z.B. Regeln der Kameraden und Freunde). In einem solchen Fall ist die informelle soziale Kontrolle meistens am wirkungsvollsten, weil sie häufiger als die formelle Kontrolle mit einer inneren Haltung übereinstimmt, während die formelle Kontrolle sich äußerer Maßnahmen bedienen muß.

Soziale Normen

Die Entwicklung von Regeln, Standards, Routinen, Gewohnheiten u.s.w. für das Verhalten der Gruppenmitglieder in bestimmten Situationen bezeichnet man als normative Regulierung. In informellen Gruppen sind die Normen meistens ungeschrieben und nicht besonders eindeutig formuliert. Es handelt sich dabei nur um etwas, das "man tut".

Die Normen der Gruppe werden den einzelnen Gruppenmitgliedern mehr oder weniger nachdrücklich aufgezwungen. Die Mitglieder eignen sich nach und nach diesen Normen an, so daß sie ein Bestandteil der eigenen Meinungen und Anschauungen der Mitglieder werden, die sie dann anderen gegenüber sowohl innerhalb als auch außerhalb der Gruppe vertreten. "Wenn Gruppennormen von einem Individuum angenommen (internalisiert) werden, dann benimmt sich dieses wie ein Gruppenmitglied, auch wenn es nicht mit der Gruppe zusammen ist, weil die internalisierten Gruppennormen ein Teil der Persönlichkeit des Gruppenmitglieds geworden sind". (SHERIF und CANTRILL, 1947). Die Selbstkontrolle ist in der Gruppe verankert.

Bis zu welch hohem Grad die Normen einer Gruppe internalisiert werden, hängt von zahlreichen Faktoren ab. Soweit sie das Individuum betreffen, spielen dessen Erfahrungen mit anderen gegenwärtigen und früheren Gruppen eine Rolle.

Entsprechend der Rollendifferenzierung, die sich in der Gruppe findet, sind die Normen, die für die verschiedenen Rollen innerhalb der Gruppe gelten, in etwa verschieden. Man versteht unter Rolle einfach den Normenkatalog, der für eine bestimmte Position in der Gruppe gilt. Man muß also zwischen den generellen Normen, die für alle in der Gruppe gelten, und den Normen, die für die verschiedenen Positionen innerhalb der Gruppe spezifisch sind, unterscheiden.

Zweck der Gruppe und deren Erhaltung sind entscheidend dafür, welche Normen sich für das Verhalten der Mitglieder entwickeln. Der daraus sich ergebende Bedarf an Solidarität innerhalb der Gruppe ist entscheidend dafür, wie streng auf das Einhalten der Normen gedrängt wird. Unter Solidarität wird verstanden, bis zu welchem Ausmaß die einzelnen Mitglieder die gegenseitigen Erwartungen in der Gruppe erfüllen.

Normen geben in der Regel nicht nur die Art des Betragens eines einzelnen an, sondern ein Feld für zugelassenes Verhalten bis zu einer Toleranzgrenze, die je nach der Wichtigkeit der Sache variiert. Je bedeutender eine Sache für die Gruppe ist, desto begrenzter ist dieses Feld. Bis zu welchem Grad ein Gruppenmitglied die Normen der Gruppe einhalten soll, hängt von dem Status des betreffenden Gruppenmitglieds ab. Mehr im Vordergrund stehende Mitglieder einer Gruppe können in manchen Fällen gewisse Normen übertreten, ohne daß vonseiten der Gruppe gegen diese Normverletzer etwas geschieht. In anderen Fällen wird gerade dieser verengte Spielraum noch übriggelassen, weil anders eventuell die Existenz der Gruppe oder ihr Ziel bedroht sein könnte. Die Toleranzgrenze wird für ein Verhalten, das die Gruppe bedrohen kann, immer enger.

Zweck und Ziel sind für die Festsetzung der Toleranzgrenze entscheidend. In einer "Kampfgruppe" muß jeder seinen Platz ganz genau kennen. In einer "Freizeitgruppe" ist dies nicht so notwendig. Wenn die Gruppe in offenem Konflikt mit einer anderen Gruppe ist, wird Normenverletzung zu einer Art Verrat.

So regulieren die Normen das Verhalten der Mitglieder sowohl innerhalb der Gruppe wie auch im Verhältnis zu anderen Gruppen, mit denen die Gruppe in Verbindung tritt.

Wenn die Normen nicht in Gesetzen, Vorschriften u.ä. ihren Niederschlag gefunden haben, gibt es nach FREEDMAN ET AL. (1952) drei Arten, wie der Existenz von Normen nachgeforscht werden kann.

1. Beobachtungen einer auffallenden Gleichartigkeit im Verhalten einzelner Individuen in einer Gruppe.
2. Beobachtungen, ob Individuen in neuen Situationen die Tendenz zeigen, mehr auf eine gemeinsame Art zu reagieren als auf eine individuelle.
3. Beobachtungen, ob Sanktionen, d.h. Strafen oder Belohnungen für verschiedene Formen des Verhaltens gebraucht werden.

MAYO (1945) zeigte in den Western Electric- Versuchen, behandelt Seite 29, eine Reihe von Normen, die sich für Arbeitsgruppen und viele andere Gruppen als generell erwiesen haben, und zwar da, wo es sich darum handelt, sich gegen Druck von außen zu schützen. Die wichtigsten dieser Normen können so ausgedrückt werden:

Du sollst nicht mehr tun als wir andern (schuften)
Du sollst nicht unter dem Standard bleiben (pfuschen)
Du sollst nichts sagen, was der Gruppe oder einem Kameraden schaden kann (klatschen)

Du sollst dich bei der Leitung nicht beliebt machen (katzbuckeln)
Du sollst dich nicht für mehr als wir andern halten (angeben)

Wie man sieht, dienen solche Normen weitgehend der Nivellierung.
Man soll nicht viel besser sein als andere, aber auch nicht schlechter. Wieviel abzuweichen einem erlaubt ist, hängt von der Rücksichtnahme auf Zweck und Erhaltung der Gruppe ab.

Diese oder ähnliche Normen finden sich in vielen Gruppen, u.a.
auch oft in Schülergruppen. In MAYOS Untersuchung war der Zweck der
Gruppe, die Mitglieder vor vermehrtem Arbeitsdruck zu schützen, und
die Normen dienten diesem Zweck, dem Zusammenhalt und der Einheit
der Gruppe. Der Arbeitstandard darf weder nach oben noch nach unten
zu viel abweichen. Das ist eine unantastbare Form für sozusagen alle Arbeitsplatzgruppen, natürlich aus dem Interesse der Gruppe her-
vorgegangen, einem Lohndruck zu entgehen. Die Sicherheit der Gruppe macht es auch nötig, daß nichts an Außenstehende verraten wird,
was der Gruppe oder einem ihrer Mitglieder schaden kann. Diese informelle Normen erweisen sich in Fällen, da 2 Normenkataloge kolli-
dieren, häufig stärker als die formellen Normen der Gesellschaft.
Die Gruppe toleriert dann auch nicht, daß einzelne ihrer Mitglieder sich eine Position zu verschaffen suchen, die zu einer Bedrohung
der Gruppe werden kann, z.B. dadurch, daß man dem formellen Leiter
zu viel an die Hand geht.

Sollten unter Schülern ähnliche Normen gelten, ist das ein Zeichen
dafür, daß irgend etwas im Verhältnis zwischen ihnen und der Schule
nicht in Ordnung ist. Unabänderliche Normen signalisieren auch
hier eine Bedrohung der Sicherheit. Wenn z.B. die Schüler sich auf
dem gleichen Niveau mit der Gruppe halten *sollen*, so wird in einem solchen Falle von einer Bedrohung der übrigen zu sprechen sein,
sobald ein einzelner plötzlich ein höheres Niveau anzielt. Die
Bedrohung ergibt sich für die anderen, daß nun auch von ihnen größere Leistungen gefordert werden (Vgl. "Fall John", Seite 20).

Vernünftig wäre, daß jeder entsprechend seiner Gaben so viel wie
möglich leistet, ohne im Leistungsniveau der andern eine Bedrohung
zu sehen. Dies schließt auch ein, daß die unter dem Standard Liegenden akzeptiert werden, und daß die Norm überflüssig wird, nach
der man sich nicht herausheben soll. Die Schule sollte unter allen
Umständen Forderungen und Methoden vermeiden, durch die die Schüler so unter Druck gesetzt werden, daß es zu einem informellen Normensystem kommt, das als Schutz gegen die Schule dienen soll.

"Zu gleichschaltenden Normen" kommt es zweifellos dann, wenn die
Gruppe unter äußerem Druck steht, gegen den sie Schutz sucht; dann
sollen diese Normen dazu dienen, die Solidarität zu stärken. Eine
Gruppe, die unter günstigen äußeren Verhältnissen fungiert, hat es
nicht nötig, gleichschaltende Normen zu entwickeln. In Gruppen, die

nicht unter einem äußeren Druck stehen, kommt es Abweichungen gegenüber zu einer größeren Toleranz. Bei Kindergruppen genügt es jedoch
nicht, wie breit dargestellt, nur Freiheit zu gewähren. Eine gruppenorientierte Leitung muß vielmehr der Entstehung eines inneren
Druckes entgegenwirken, der sich z.B. von den Reaktionen der einzelnen Gruppenmitglieder auf frühere Frustration oder Erfahrungen an-
derorts herleiten kann. Entweder hadert man denen, die "anders" sind,
oder erzwingt Konformität.

Über die gleichschaltenden Normen hinaus, finden sich in den meisten
informellen Gruppen, sogar in kriminellen Banden, eine Reihe "positiver Normen" für das Verhalten.

Das Gruppenmitglied soll zuerst und vor allem so sein, daß man ihm
vertrauen kann. Es gibt z.B. Normen, die den sogenannten "ewigen
Werten" gelten: nicht sündigen, nicht lügen etc.. Es gibt "Fair- play"-
Normen: nicht mit Steinen werfen, niemand schlagen, der kleiner ist,
etc.

Es gibt Normen, die so etwas wie "Männeridealen" entsprechen: kein
Muttersöhnchen sein, etc.

Außerdem gibt es in den meisten Gruppen Normen für den Umgang mit
dem anderen Geschlecht.

Wenn ein Pädagoge auf die "charakterliche" Entwicklung eines Kindes Einfluß zu nehmen wünscht, muß das vor allem über das Normensystem der Gruppe geschehen, und dabei ist oft noch die Frage offen, ob
es sich um eine direkte oder indirekte Wirkung handelt.

Soziale Sanktionen

Der Druck auf das einzelne Gruppenmitglied, Zweck und Ziel der Gruppe anzuerkennen und deren Normen einzuhalten, braucht nicht nur von
der Gruppe zu kommen, sondern kann auch aus verschiedenen Bedürfnissen und persönlichen Eigenheiten des Betreffenden selbst resultieren.
In einem solchen Fall braucht dieser keinerlei Form von Druck vonseiten der Gruppe zu erfahren (SHERIF & SHERIF, 1956). Die Eigenschaften des einzelnen Mitglieds, die es veranlassen, die Normen der Gruppe zu übernehmen, können z.B. sein: das Bedürfnis nach Selbstbehauptung, das Bedürfnis nach Unterwerfung, das Bedürfnis nach Sicherheit
und Geborgensein u.s.w.

Die Erfüllung solcher Bedürfnisse wirkt dann als Belohnung für das
an den Tag gelegte Verhalten. Innerhalb eines sozialen Lernprozesses
können solche Belohnungen direkte Ausdrucksformen haben wie "er ist
schon recht", "er gehört zu uns"; am häufigsten wirken jedoch diese
positiven Sanktionen indirekt, indem sie das Gefühl aufkommen lassen,
durch die Anpassung an die Gruppe habe man Anerkennung und Sicherheit
erreicht.

Die negativen Sanktionen, die als "Strafe" für unerwünschtes Verha
ten wirken, fallen einem Außenstehenden mehr in die Augen, jedoch
besteht selten die Notwendigkeit sie anzuwenden. Jedes Gruppenmitglied weiß, daß sie existieren, und vermeidet es, sich ihnen auszu-
setzen.

Ein Gruppenmitglied, das Normen übertritt, setzt sich der Anwendung von Sanktionen von unterschiedlicher Stärke aus, je nachdem,
wie ernst die Gruppe die Normenverletzung beurteilt und wie lange
es dauert, bis das Mitglied sein Verhalten ändert. Für unbedeutende
Normenverletzungen ist eine gutmütige Neckerei am üblichsten. Die
Neckerei kann jedoch schnell in Feindseligkeit ausarten und kann Bestrebungen aufkommen lassen, einen Sünder lächerlich zu machen-
eine besonders effektive Sanktion.

Negative Sanktionen können vonseiten der Gruppe auch mit Vorwür-
fen und Tadel beginnen, die unter den Gruppenmitgliedern schließlich in allgemeine Verärgerung über den Normverletzer übergehen.
Unter Verhältnissen, die für die Gruppe von großer Wichtigkeit sind,
beginnen die Sanktionen häufig mit ernsten Vorhalten und Verwarnun-
gen, die schließlich von Drohungen begleitet sind. Die ernstesten
Sanktionen sind Ausschluß aus der Gruppe (Ostrazismus) oder physische Bestrafung, was jeweils von den Möglichkeiten der Gruppe abhängt.

FESTINGER & THIBAUT (1951) haben ein Experiment durchgeführt, das
zeigt, wie die Gruppenmitglieder reagieren, wenn sie konstatieren,
daß einer von ihnen von der Gruppennorm abweicht. Das Experiment
wurde mit im ganzen 60 Gruppen, bestehend aus je 6- 14 Studenten,
durchgeführt. In jeder Gruppe sollten die Mitglieder ein aufgegebe-
nes Thema diskutieren. Das Experiment begann damit, daß jeder Stu-
dent auf einem Blatt Papier seinen Standpunkt angab. Danach ließ
man die Versuchspersonen ihre Standpunkte diskutieren, indem sie
ihre Notizen untereinander austauschten. Dadurch war es dem Versuchsleiter möglich, festzustellen, wer sich an wen wandte. Es zeigte
sich, daß derjenige, der Meinungen zum Ausdruck brachte, die von
denen der andern abwichen, anfangs auffallend viele Notizen zuge-
stellt bekam. Hielt er jedoch seinen Sonderstandpunkt aufrecht, dann
nahm die Anzahl der Zuschriften ab, um zuletzt ganz aufzuhören.Die
Gruppe verhält sich also dem Abweicher gegenüber nicht passiv, sondern bringt ihm bis zu einem bestimmten Zeitpunkt bedeutendes Interesse entgegen, dann aber wird er fallen gelassen; darauf wird er
entweder ganz aus der Gruppe ausgeschlossen oder bekommt für längere Zeit die Rolle eines Abweichers zugeteilt.

Gruppendruck und Gruppenzusammenhalt

Wie groß der Druck ist, den eine Gruppe auf einen Teilnehmer ausübt, hängt teils davon ab, wie wichtig ihr der Abweicher im Zusammenhang mit dem Zweck und der Erhaltung der Gruppe ist, teils davon, wie stark der Zusammenhalt ist, der bereits in der Gruppe vorhanden ist.

Diese Zusammenhänge sind durch ein Experiment von SCHACHTER (1951) über die Behandlung von Abweichern in vielerlei Diskussionsgruppen beleuchtet worden, die einen festen bzw. losen Zusammenhalt und eine relevante bzw. irrelevante Aktivität im Hinblick auf Ziel und Zweck der Gruppe aufwiesen. Am Experiment nahmen 8 Gruppen jeder Art, im ganzen 32 Gruppen mit je 5- 7 Mitgliedern teil.

Frühere Experimente (BACK, 1951; FESTINGER, SCHACHTER & Back, 1950) hatten gezeigt, daß die Anziehung der Gruppe, so bedeutend war, daß man allein schon durch deren Veränderung einen festeren oder loseren Zusammenhalt in der Gruppe schaffen konnte, und daß dies unabhängig davon galt, welchen der Anziehungsfaktoren man veränderte: die Aktivität, das Prestige oder die gegenseitige Sympathie.

Nach den Kriterien der Anziehungskraft der Aktivität auf die Mitglieder bildete SCHACHTER (1951) Gruppen mit festem und losem Zusammenhalt. Man ließ die Teilnehmer verschiedene Gruppenaktivitäten und Aufgaben auswählen oder ablehnen. Einige Gruppen wurden so zusammengesetzt, daß eine Übereinstimmung mit dem, was die Teilnehmer bevorzugt hatten, gewährleistet war, während andere Gruppen auf der Grundlage dessen, was sie abgelehnt hatten, gebildet wurden.

Ob vonseiten der Gruppe gesehen die Abweichung bedeutungsvoll oder gleichgültig war, wurde dadurch festgestellt, daß man einige Gruppen ein relevantes Thema diskutieren ließ, bei dem also auch ein Abweichen bedeutungsvoll sein würde, und andere Gruppen ein irrelevantes Thema, bei dem ein Abweichen nicht von Bedeutung war.

Auf diese Weise kam SCHACHTER zu seinen 4 Gruppentypen:

> feste oder lose Gruppen
> relevantes oder irrelevantes Thema

In diese Gruppentypen führte man dann 3 "Teilnehmertypen" ein, um zu sehen, ob zwischen den Gruppen ein Unterschied in der Art der Behandlung dieser Typen bestand:

> Den "Abweicher", der die ganze Zeit mit den übrigen in der Gruppe nicht einverstanden sein sollte;
> den "Überläufer", der anfangs nicht einverstanden war, später jedoch dem Druck nachgeben sollte;
> das "ideale Mitglied", das die ganze Zeit die Gesichtspunkte der Gruppe vertreten sollte.

Das Experiment zeigte, daß man in allen Gruppentypen sich mehr den "Abweichern" als mit den "Überläufern" und am wenigsten mit den "idealen Mitgliedern" beschäftigte.

Aber dabei gab es doch deutliche Unterschiede zwischen den Gruppen. In den "festen" Gruppen, die dauernd ein relevantes Thema diskutierten, stieg während der Sitzung die Anzahl der Mitteilungen an den "Abweicher" bis zu einem Höhepunkt, und fiel dann bis zu einem Punkt ab, der deutlich machte, daß nun der Betreffende aus der Gruppe ausgeschlossen war. Der "Überläufer" wurde so lange angegriffen, bis er nachgab, worauf ihm keine weitere Aufmerksamkeit mehr geschenkt wurde. An das "ideale Mitglied", das mit der Gruppenmehrzahl einig war, wurden nur ganz wenige Mitteilungen gerichtet.

All dies war in den loseren Gruppen weit weniger ausgeprägt, besonders in den losen Gruppen mit irrelevanten Themen. Eine soziometrische Untersuchung zeigte, daß der Abweicher in festen Gruppen mit relevantem Thema niedrig plaziert wurde, jedoch nicht in einer losen Gruppe mit irrelevantem Thema.

Das Experiment macht deutlich, wie der Druck auf einen Abweicher teils davon abhängt, ob die Abweichung für den Zweck der Gruppe wichtig ist, teils davon, ob in der Gruppe der dafür notwendige Zusammenhalt vorhanden ist.

Der Gruppenzusammenhalt ist für das Verständnis der Gruppenprozesse von großer Bedeutung. Die Analyse seiner Voraussetzungen kann erheblich zur Verbesserung des pädagogischen Handelns beitragen.

Das Zusammenhalten einer Gruppe beruht nicht allein auf der Bindung der verschiedenen Mitglieder an die Gruppe. FESTINGER, SCHACHTER & BACK (1950) verstehen unter Gruppenzusammenhalt das totale Feld von Kräften, die so auf die Mitglieder einwirken, daß sie in der Gruppe verbleiben. Dieser Zusammenhalt kann durch äußere Faktoren weiter erhöht werden, besonders durch Drohungen. Man kann in der Gruppe in einem gewissen Umfang den inneren Druck auf die Mitglieder als eine Funktion des äußeren Drucks betrachten, der auf der Gruppe liegt. Der innere Druck auf die Mitglieder kann also dahin wirken, daß ein verstärkter Zusammenhalt als Schutz gegen den äußeren Druck entsteht, oder er kann sich irrational so auswirken, daß alle auf alle "hacken".

Diese Tatsache wird ab und zu vom Leiter der Gruppe bewußt ausgenutzt. Äußere Drohungen werden zum Zweck der Stärkung des Zusammenhaltes so nachdrücklich eingesetzt, daß man geradezu vom Zusammenschweißen der Gruppe sprechen kann. Je fester eine Gruppe zusammengeschweißt ist, desto nachdrücklicher kann von den Mitgliedern Solidarität gefordert werden, d.h. der Druck, die Normen der Gruppe einzuhalten, wird größer.

Es gilt jedoch nur bis zu einer bestimmten Grenze, daß ein vermehrter Druck den Zusammenhalt verstärkt. Wenn der äußere Druck über eine gewisse Grenze hinaus erhöht wird, führt dies zur Desorganisierung der Gruppe. Verschiedene Untersuchungen deuten darauf hin, daß dies dann geschieht, sobald die Mitglieder zu der Meinung gelangen, daß sie jeder für sich allein besser weiterkämen (BETTELHEIM, 1943; FRENCH, 1944; HAMLIN, 1958).

Weshalb entzieht ein Mitglied einer Gruppe sich nicht deren Druck, indem es die Gruppe verläßt, anstatt sich ihr anzupassen?

Wieviel Druck eine Gruppe auf eine Person ausüben kann, hängt davon ab, was die Gruppe dieser Person bedeutet, d.h. ob sich der Betreffende von der Gruppe angezogen fühlt oder nicht. Wenn eine Person von einer Gruppe nicht angezogen wird, ist sie auch nicht leicht in diese einzuordnen. Die Anziehung der Gruppe beruht darauf, welche Bedürfnisse des Individuums sie befriedigen kann, z.B. ein Zugehörigkeitsbedürfnis, ein Sicherheitsbedürfnis oder ein Bedürfnis nach Anerkennung. Die Möglichkeiten dazu liegen in den Eigenschaften der Gruppe, in ihrem Zweck, ihrem Programm, ihrer Größe, ihrem Organisationstyp, ihrer Position innerhalb der Gesellschaft etc. "Je mehr eine Person von einer Gruppe angezogen wird, desto mehr Konformitätsdruck kann die Gruppe auf sie legen". (FESTINGER ET AL., 1952).

Dieser Sachverhalt wird jedoch dadurch kompliziert, daß die Gruppe ganz verschieden stark daran interessiert sein kann, den Betreffenden als Mitglied zu haben, was gewöhnlich durch den Grad der Ablehnung durch die Gruppe ausgedrückt wird. Je mehr die Gruppe an einem Mitglied interessiert ist, desto weiter wird sie in ihrem Entgegenkommen ihm gegenüber gehen.

Die Gruppenanziehung, d.h. das Maß dessen, wie gern eine Person Mitglied sein will, muß also gegen die Gruppenablehnung abgewogen werden, d.h. gegen das Maß dessen, wie gern die Gruppe den Betreffenden als Mitglied haben will. (Siehe Abb. 8)

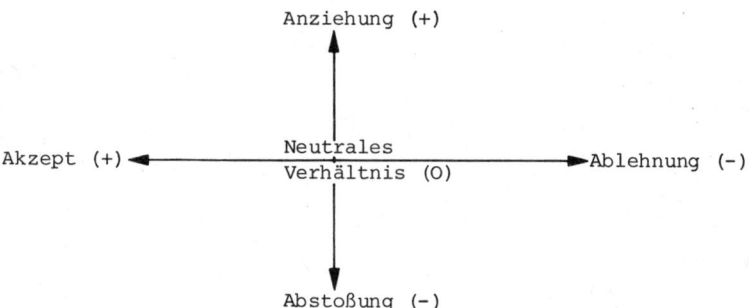

Abb. 8. Die senkrechte Achse gibt die Anziehung / Abstoßung des *Individuums* durch die Gruppe an. - Die waagerechte Achse gibt die Annahme / Ablehnung der *Gruppe* durch das Individuum an.

Die Frage nach dem Preis der Gruppenmitgliedschaft ist also eine Variation des Gesetzes von Angebot und Nachfrage. Der Preis, den man in der Form der Anpassung an die Gruppe bezahlen muß, hängt teils davon ab, welche Anziehung die Gruppe auf das Mitglied ausübt, und teils davon, wie ablehnend die Gruppe diesem gegenüber ist.

Die Aufnahme wird, wie MERTON (1957) gezeigt hat, schwieriger, je länger der Betreffende den Versuch dazu gemacht hat - und noch schwieriger, wenn er früher schon einmal Mitglied gewesen war.

Außerdem hängen die Schwierigkeiten, wie von ZILLER (1962) nachgewiesen wurde, davon ab, wie geschlossen oder wie offen die Gruppe ist.

BACK (1951) führt folgende Gründe für die Anziehung der Gruppe an:
1. Dem Prestigegewinn durch Gruppenzugehörigkeit
2. Ihre Aufgaben (Schutz, Freizeitgestaltung, Diskussion, Produktion)
3. Sympathie

Eine Gruppe hat keinen Einfluß auf ein potentielles Mitglied, wenn sie nicht durch einen oder mehrere dieser Gründe attraktiv ist.

Ein Lehrer kann die Anziehung einer Gruppe erhöhen, indem er das Zusammenwirken der Mitglieder fördert, doch nur, wenn in der Interaktion Kontaktformen erzeugt werden, die die Mitglieder befriedigen. Ein Schüler, der gezwungen wird, Gruppenarbeiten mit anderen auszuführen, die er ablehnt, wird nicht motiviert. Wenn er dagegen von den Gruppenmitgliedern akzeptiert und anerkannt wird, verstärkt sich seine Motivation.

Die gefühlsmäßige Unterstützung (Sicherheitsgefühl), die die Gruppe leistet, hat in diesen beiden Situationen eine unterschiedliche Bedeutung. Eine unfreiwillige, unbefriedigende Gruppenmitgliedschaft erzeugt Widerstand oder Zurückhaltung. Das mag die Erklärung dafür sein, daß nicht alle Versuche mit Schülerrat oder mit Gruppenarbeit gleich gut gelingen.

Wenn ein Schüler, anstatt von der Gruppe angezogen zu werden, durch äußere Kräfte in die Gruppe "hineingezwungen" wird, z.B. von einem Lehrer oder von den "Umständen", dann wird das Resultat häufig eine negativ wirkende Gruppenkonstellation sein mit einer nachfolgenden unerwünschten Gruppenaktivität. In Richtung des eigentlichen Zwecks des Gruppe eine Aufgabe zu lösen oder was immer es sein mag, geschieht nichts; die verschiedenen Kräfte wirken einander entgegen, so daß Stillstand das Resultat ist.

Außerdem muß bedacht werden, daß die Anziehung der Gruppe nicht immer die gleiche ist, bevor und nachdem man Mitglied geworden ist. Die Anziehung **vor** dem Beitritt kann auf ganz bestimmten Motiven beruhen, während es andere Motive sein können, die den Betreffenden

zum Verbleiben in der Gruppe veranlassen (SNOEK, 1962). In den frei-
willigen Jugendclubs läßt sich oft unterscheiden zwischen den Motiven der Jugendlichen für ihr Kommen und den Motiven der Jugendlichen für ihr Bleiben.Die ununterbrochene Anziehung des Clubs beruht
darauf, ob der Leiter es versteht, darauf Rücksicht zu nehmen.

Soziale Rolle und sozialer Status

Zweck und Ziel der Gruppe entscheiden über die Verteilung der Aufgaben und damit der Rollen. Diese Rollen üben nicht alle eine gleich
große Anziehung auf die Mitglieder der Gruppe aus und über kürzere
oder längere Zeit hin vollzieht sich ein Anpassungsprozess, mit dem
die einzelnen ihren Platz finden. Es entwickelt sich eine bestimmte
Rangordnung, eine Hierarchie der verschiedenen Positionen innerhalb
der Gruppe, die den Rollen der Gruppe entspricht. Es ist von Gruppe zu Gruppe verschieden, wie viele und welche Rollen es gibt; es
hängt immer vom Zweck und Ziel der Gruppe ab. Es kann Gruppen geben,
in denen kein großer Unterschied im Charakter der Rollen besteht,
die die Mitglieder übernehmen sollen, während es andere Gruppen geben kann, die eine höchst komplizierte Rollenverteilung haben.
   Die verschiedenen Rollen werden von den Mitgliedern nicht als
gleichwertig für die Gruppe angesehen, und die Rollen stellen an
die, die sie übernehmen sollen, nicht die gleichen Anforderungen.
Aufgrund dieser Unterschiede in der Wertigkeit und in den Schwierig-
keitsgraden sind die Rollen in den Gruppen mit größerem oder kleine-
rem *sozialen Prestige* verbunden. Das soziale Prestige der Rolle
ist im Prinzip unabhängig davon, welche Person die Rolle übernommen
hat. Jedoch sind nicht alle in der Ausübung ihrer Rolle gleich gut.
Diese Unterschiede in der Qualität der Ausführung bestimmter Rollen
bringen es auch mit sich, daß der Rolleninhaber eine bessere oder
eine schlechtere *soziale Beurteilung* als andere erlangt, die ähnliche Rollen innehaben.
   Der soziale Status einer Person hängt also, wie von GOLDSCHMIDT
(1962) dargelegt wurde, teils von dem sozialen Prestige ab, das mit
der Rolle verknüpft ist, und teils von der sozialen Beurteilung, die
sie aufgrund ihrer Ausübung erfährt.
   Der Begriff sozialer Status wird von den Sozialpsychologen unterschiedlich gebraucht, am häufigsten im Zusammenhang mit der Position,
die ein Individuum in einer Gruppe oder einem anderen sozialen System einnimmt (PARSONS, 1951), oder mit dem Prestige, das mit einer
solchen Position verknüpft ist (CATTELL, 1942). Es ist jedoch zu
berücksichtigen, daß die Höhe des sozialen Status einer Person mit
davon abhängt, wie sie ihre Rolle ausfüllt. Ein Gruppenmitglied
kann demnach sehr wohl eine niedrige Position in der Gruppe haben,

69

kann aber trotzdem die soziale Beurteilung "gutes Gruppenmitglied" erlangen und damit einen besseren sozialen Status bekommen.

Dies ist von großem pädagogischem Gewicht, da der Status einer Person von beträchtlicher Bedeutung für sein Verhalten ist. Da in einer gegebenen Gruppe nur eine beschränkte Anzahl von Rollen und Positionen vorhanden ist, wird es nicht für alle möglich sein, den gleichen sozialen Status zu erreichen, sofern das Prestige der Rolle am meisten dabei zählt. Wenn man den Prestigefaktor der Rollen in der Gruppe reduziert und stattdessen die Bedeutung des persönlichen Einsatzes in jeder beliebigen Rolle erhöht, wird der soziale Status, den ein Schüler erreicht, weniger auf einem "gratis" gewährten Prestige beruhen, sondern mehr auf der sozialen Beurteilung, die er durch seinen guten Einsatz erreicht.

Der soziale Status einer Person hängt jedoch nicht nur davon ab, welche Rolle sie hat und wie gut sie sie ausfüllt. Wie von LINTON (1945) ausführt, hat der gesellschaftliche Hintergrund der Person seine selbstständige Bedeutung. Es kann z.B. sein, daß der Status eines Schülers in der Schule von dessen Familienmilieu herrührt. LINTON unterscheidet zwischen "zugeschriebenem" und "errungenem" Status. Den zugeschriebenen Status erreicht man durch Faktoren wie Alter, Geschlecht, Milieu etc. während der errungene Statusaufgrund eines persönlichen Einsatzes erworben wird.

Der soziale Status, den z.B. ein Schüler in der Schule hat, hängt also zum Teil von dem Status ab, den er sich kraft seines sozialen Einsatzes erringt, d.h. durch die Rolle, die er erlangt und wie er sich in dieser bewährt, zum Teil aber auch von dem Status, der ihm zufolge seiner Geburt zuteil wurde, d.h. durch Milieu, Geschlecht etc.

Die Bedeutung des Milieufaktors für "gratis" zugeschriebenem sozialem Prestige wird durch soziometrische Prüfungen deutlich, die in manchen Gruppen ergaben, daß die Bevorzugungen (Präferenzen) mit dem höheren sozialen Status der Gewählten zusammenhängt. In Klassen, in denen die Formen der Zusammenarbeit weiter entwickelt sind, und in denen die Gruppe unter einer mehr demokratischen Leitung steht, ist dies jedoch lange nicht so häufig der Fall. Es handelt sich dabei also um ein Verhältnis, das auf pädagogischem Weg reguliert werden kann.

Statussymbole

Wer unter Schwierigkeiten eine gute soziale Beurteilung aufgrund seiner Bewährung in seiner sozialen Rolle erlangt, wird umso stärker versuchen von dem Prestige zu leben, das zu dieser Rolle gehört. Er unterstreicht seine Rolle dadurch, daß er mit den äußeren Zei-

chen, die er durch sie erlangte, angibt, z.B. mit einer besonderen
Kleidung, einem besonders großen Schreibtisch, einem Schreibtisch-
stuhl mit Armlehnen etc. Diese äußeren Kennzeichen einer sozialen
Rolle nennt man gewöhnlich Statussymbole, sie müßten jedoch richtiger, nach der Unterscheidung, die hier zwischen Prestige und sozialer Beurteilung als Faktoren des sozialen Status gemacht wird, Pre-
stigesymbole genannt werden. Solche äußeren Kennzeichen werden besonders zur Festigung des Prestiges gebraucht, wenn dieses, wie
man das ja immer wieder feststellt nicht durch die eigentlich dafür
erforderlichen Fähigkeiten erlangt wurde.

Besonders in bestimmten Freizeit- Kindergruppen haben Pädagogen
äußere Kennzeichen eingeführt, um die verschiedenen Rollen zu unterscheiden. Diese Kennzeichen wurden jedoch wohl mehr als Auszeich-
nung für verschiedene Leistungen vergeben, wodurch die Kinder jedoch
eher motiviert wurden, dieses Prestigesymbol zu gewinnen als die Arbeit auszuführen.

Status und Beeinflußbarkeit

Der soziale Status eines Individuums hat weitreichende Bedeutung
für sein Verhalten sowohl in der Gruppe als auch im größeren sozialen System.

Eine lange Reihe Untersuchungen zeigen den Zusammenhang zwischen
dem Status des Individuums im sozialen System und dem Grad der Einhaltung seiner Normen. Es besteht jedoch ein gewisser Widerspruch
in den Folgerungen, die daraus gezogen werden. Z.B. findet man, daß
sich eine Person stärker in Übereinstimmung mit den Normen der Gruppe verhält, je höher ihr Status ist. Andere Untersuchungen ergaben,
daß sich eine Person erlauben kann, umso mehr von den Normen der
Gruppe abzuweichen, je höher dieser Status ist.

DITTES & KELLEY (1956) haben dies eindeutig durch Versuche mit
Studenten in 18 Diskussionsgruppen mit je 5- 6 Teilnehmern bewiesen. Ein Teilnehmer konnte umso eher Gesichtspunkte vortragen,
die von denen der Gruppe abwichen, je höher sein Status war. Umgekehrt wurde konformes Verhalten von denen umso stärker verlangt,
die einen niedrigeren Status einnahmen. Es zeigte sich jedoch gleichzeitig: wer den allertiefsten Status erhielt, fühlte sich nicht mehr
so stark von der Gruppe angezogen, weshalb diese Personen mehr abwichen als solche mit einem nicht ganz so niedrigen Status. Dieses
Verhältnis ist auch in einer Untersuchung von HARVEY & CONSALVI
(1960) nachgewiesen, die mit 27 Gruppen ausgeführt wurde. Die Gruppen setzen sich aus kriminellen jungen Männern zusammen. Bei diesem Versuch wurden Lichtschimmer von unterschiedlicher Länge erzeugt,
die jeweils von der versammelten Gruppe beurteilt werden sollten.
Dadurch wurden die Teilnehmer dem gleichen Gruppendruck ausgesetzt,

der bereits oben geschildert wurde. Sie fanden, daß die Person mit dem höchsten Status am wenigsten mit der Gruppe konform war. unmittelbar nach ihr kam jedoch die mit dem niedrigsten Status. Am stärksten gruppenkonform waren die Personen, die den zweithöchsten Status und damit die Chance aufzurücken hatten.

Status und Einfluß

Eine Untersuchung von LEFKOWITZ ET AL. (1955) zeigt, daß Personen mit hohem Status es leichter haben können, andere zu Ungesetzmäßigkeiten zu verleiten, als Personen mit niedrigem Status. Er bediente sich des unbekannten Phänomens, daß einer Person, die bei roter Ampel über die Straße geht in der Regel mehrere Verkehrsteilnehmer folgen. Er ließ darauf einen Mitarbeiter als einen solchen "Inspirator" fungieren, das eine Mal als eine Person mit hohem Status gekleidet, d.h. "fein", das andere Mal als eine Person mit niedrigem Status, verschlampt und verdreckt. Zwischen den Resultaten der beiden Fälle gab es einen signifikanten Unterschied. Im ersten Fall folgten ihm durchschnittlich 14% der Wartenden; im andern Fall nur 4%. LEFKOWITZ meint, daß ein Normenverletzer andere leichter auf seine Seite zieht, wenn er den Eindruck macht, einen hohen Status zu haben.

HOROWITZ ET AL. (1951) haben bei Untersuchungen von Diskussionsgruppen gefunden, daß die Gruppenmitglieder, die in der Gruppe einen hohen sozialen Status haben, am leichtesten für ihre Argumente Zustimmung finden.

Auf dieselbe Weise ist belegt, daß die Gruppe weniger geneigt ist, Ideen und Vorschläge von Mitgliedern mit niedrigem Status in der Gruppe gutzuheißen. Es ist sogar nachgewiesen, daß die Meinung über die Zuverlässigkeit eines Individuums damit zusammenhängt, ob es einen hohen Status oder einen niedrigen hat. Eine norwegische soziologische Untersuchung (Aubert, 1963) deutet darauf, daß dies sogar auch für den Gerichtssaal gilt. In der Schule können sowohl Schüler als auch Lehrer sehr wohl dazu neigen, dem "schwarzen Schaf" ungerechtfertigte Schuld zuzuschieben.

HARVEY & RUTHERFORD (1960) untersuchten den Unterschied zwischen dem Einfluß des Leiter einer Gruppe und dem des am niedrigsten Plazierten auf die übrigen Gruppenmitglieder. Die Untersuchungen wurden mit Gruppen von Schulkindern verschiedener Altersstufen und verschiedenen Geschlechts zwischen dem 3.- 11. Schuljahr durchgeführt. Die Teilnehmer sollten eine Reihe Bilder beurteilen. Ihnen wurde vorher gesagt, der Leiter habe die oder die Meinung darüber geäußert, die Person mit niedrigem Status jedoch die gegenteilige Meinung. Bald hatte der eine und bald der andere von diesen beiden

"objektiv gesehen" recht. Das Resultat war die eindeutige Tendenz,
sich dem Leiter anzuschließen, unabhängig davon, ob er oder andere
wirklich recht hatte.

Dabei zeigte sich noch ein Unterschied. In der 11. Klasse wurden
die Knaben am stärksten beeinflußt, in den unteren Klassen die Mädchen.

Die Beeinflußbarkeit der Teilnehmer hing mit ihrem Status zusammen. Einen je niedrigeren Status sie hatten, desto stärker ließen
sie sich beeinflussen. Dagegen konnte kein Zusammenhang zwischen
Popularität durch Soziogramme ermittelt und der Beeinflußbarkeit
festgestellt werden. Die Beeinflußbarkeit folgt demnach in erster
Linie der Machtdimension (ausgedrückt durch den Status, d.h. durch
die Rolle und deren Ausführung) und erst an zweiter Stelle der Popularitätsdimension.

Status und Prestige

Der Status, den das Mitglied einer Gruppe hat, ist auch dafür von
Bedeutung, welche Erwartungen die Mitglieder der Gruppe an dieses
Mitglied stellen. Dies ist wiederum entscheidend für die Erwartungen, die der Betreffende an sich selbst stellt und damit auch für
sein Leistungs- und Strebensniveau. Gruppenmitglieder mit hohem
Status werden gewöhnlich von den übrigen Gruppenmitgliedern und
von sich selbst überschätzt.

HARVEY (1953) bildete auf der Grundlage von Lehrerbeschreibungen,
Beobachtungen und soziometrischen Prüfungen 10 gleiche Knabengruppen. Von jeder dieser Gruppen wurden später 3 Jungen ausgewählt,
derjenige mit dem höchsten Status, einer mit mittlerem Status und
derjenige mit dem niedrigsten Status in der Gruppe. Ihnen wurde die
Aufgabe gestellt, mit Wurfpfeilen zu werfen, worauf die Werfer selbst
und auch die übrigen Gruppenmitglieder das Ergebnis der nächsten Würfe abschätzen sollten. Es zeigte sich ein starker Zusammenhang zwischen dem Status und den Erwartungen: in der Gruppe zeigte sich die
Tendenz, die Jungen mit hohem Status zu überschätzen und die Jungen
mit niedrigem Status zu unterschätzen. Die gleiche Tendenz zeigte
sich bei den Werfern für die Beurteilung der eigenen Würfe, so daß
diejenigen mit hohem Status sich selbst überschätzten, während die
Werfer mit niedrigem Status sich selbst unterschätzten.

Ein ähnliches Experiment wurde von SHERIF ET AL. (1955) durchgeführt und erzielte die gleichen Resultate (vgl. Seite 107). Andere Untersuchungen haben belegt, daß die Gruppe auch dahin tendiert,
einem Individuum bessere persönliche Eigenschaften zuzutrauen, je
höher dessen Status ist und umgekehrt. Ebenso beurteilt ein Individuum seine eigenen Eigenschaften besser oder geringer, je nach dem
es einen höheren oder einen niedrigeren Status hat, und wird danach

auch seine Leistungen einrichten.

Es ist also eine pädagogisch wichtige Aufgabe, sich mit der Frage zu beschäftigen, welche Möglichkeiten der Schüler hat, einen geringen sozialen Status zu vermeiden. Versuche haben gezeigt, daß es entscheidend vom Lehrer abhängt, welchen Status Kinder im Kindergartenalter und während der 2. und 3. Schuljahre erreichen. Später, wenn die Gruppe ein stärkerer Faktor zu werden beginnt, ist es für den Lehrer schwieriger, direkt zu beeinflussen. Indirekt kann er jedoch viel dagegen tun, daß Prestigeprobleme das Gruppenleben mehr und mehr bestimmen.

BJERSTEDT (1956) hat einen bedeutend niedrigeren Grad der Isolation in Klassen mit Gruppenarbeit gefunden als in Klassen, die Gruppenarbeit nicht kannten.

Die Gruppenarbeit kann dadurch eine weitere Bedeutung für den ganzen sozialen Status des Kindes bekommen. KOSKENNIEMI (1950) hat nachgewiesen, daß einsame Kinder in den Spielgruppen häufiger vorkommen als in kleinen Arbeitsgruppen einer Klasse. Kleingruppenarbeit kann für diese Kinder ein Weg werden, der zur größeren Gruppenfähigkeit führt.

Man hat beobachtet, daß eine Veränderung im sozialen Status eines Schülers sich oft auf sein Verhalten und seine Leistungen auswirkt. Ob es nun die Veränderungen zum besseren oder zum schlechteren ist: die Änderungen vollziehen sich im persönlichen Wesen in der gleichen Richtung. Ein Kind sucht gewöhnlich, weit mehr als üblicherweise angenommen wird, mit seinem Verhalten die Erwartungen zu erfüllen, die seine Umgebung ihm entgegenbringt.

Systematisches Training zur Gruppenfähigkeit kann viel zum Erfolg eines Kindes beitragen (siehe auch Nachtrag "Training zur Gruppenfähigkeit", Seite 196ff.).

Prestigefaktoren

Prestigefaktoren schaffen im sozialen Leben viele Schranken und machen die Zusammenarbeit in einer Gruppe schwierig, da sie hierarchische Streitigkeiten hervorrufen.

Man muß zwischen den Prestigefaktoren unterscheiden, die durch das formelle soziale System geschaffen werden, z.B. Schulen, Büros, Arbeitsplätze oder öffentliche Betriebe, und denen, die sich im informellen sozialen System ergeben.

Formelle Prestigefaktoren werden z.B. von der Schule erzeugt, während die informellen Prestigefaktoren durch die informelle Gruppenbildung der Schüler entstehen. Ein Schüler kann im formellen System hohes Prestige erlangen (z.B. die Primusrolle) und gleichzeitig im informellen System der Klasse ein geringes Prestige (z.B. die Rolle eines Außenseiters) besitzen.

Außerdem entwickelt sich häufig ein halbformelles Prestigesystem, das teils von dem formellen System und teils von dem informellen (z.B. die Rolle des Schülerratsmitgliedes) geschaffen wird.

Für die Bildung von Lehrergruppen gilt das gleiche. Da noch keine Untersuchungen über informelle Prestigefaktoren und den Zusammenhang zwischen formellen Prestigefaktoren innerhalb der Schule vorgenommen worden sind, soll auf einige außerschulische Beispiele eingegangen werden.

Das formelle Prestigesystem ist an die offizielle Rangordnung in dem betreffenden System geknüpft. Gewöhnlich hat irgendeine Rolle, wie bereits gesagt, eine Reihe äußerer Kennzeichen, die ursprünglich durch ihre Funktion begründet waren. Unterschiede bei diesen äußeren Kennzeichen sind inzwischen zu Merkmalen der Rangordnung im sozialen System geworden und können dadurch an sich schon zum Gegenstand des sozialen Strebens werden. Dies wird in einem sozialen System oft offiziell dazu ausgenutzt, die Aktivität zu fördern, oft mit dem Resultat einer psychologischen Kriegführung. Die Bedeutung einer Stellung läßt sich z.B. ablesen an den auf die betreffende Rolle genau abgestimmten Aschenbechern oder am separaten Essen und Trinken der verschiedenen "Statusschichten". Solche Rollendiskussionen sind nicht ohne Bedeutung für den, dem sie zugute kommen. Man macht lieber einen weiteren Weg, um die Hände im richtigen Becken zu waschen, und wer einmal die Verantwortung für die Plazierung der Teilnehmer bei einer Konferenz getragen hat, weiß, wieviel Fingerspitzengefühl so etwas erfordert.

Das halbformelle Prestigesystem ist für den Außenstehenden weniger offenkundig und wird oft von den daran Beteiligten verleugnet, kann aber in der Regel doch durch Untersuchungen nachgewiesen werden. MAYO (1945) fand durch die auf Seite 29 berichtete Untersuchung bei Western Electric, daß bei der Gruppe in der Relaissammelabteilung diejenigen, die Konnektoren sammelten, höher rangierten als die, die Selektoren zusammentrugen, obwohl es dem Uneingeweihten schien, als ob sie im großen ganzen dasselbe arbeiteten. WHYTE (1949) fand bei einer Untersuchung amerikanischer Restaurants, daß die Köche einen höheren Rang einnahmen als die Servierfräulein. Wer dort mit Bohnen zu tun hatte, durfte auf keinen Fall den Salat berühren, der auf den Platten angerichtet werden sollte, und wer Kartoffeln auffüllte, durfte sich nicht so weit über seine Stellung hinauswagen, daß er sie auch zum Rösten in Stücke schnitt. Am allerniedrigsten stand der, der die Kartoffeln zu waschen hatte. In vielen Geschäften gilt das Verkaufen von Waren in der einen Abteilung als feiner als in einer anderen. Durch eine Untersuchung in einer amerikanischen Bank fand man unter den Banknotenzählern ein Prestigesystem, daß genau der Größe der Banknoten entsprach, die man bündelte.

"Fünf- Dollar - Noten" sahen auf "Ein-Dollar-Noten" hinab.

Auch diejenigen, die außerhalb der allgemeinen sozialen Ordnung stehen, haben ihre Prestigesysteme. Im Gefängnis ist der Geldschrankknacker feiner als der Taschendieb oder der Gelegenheitsdieb und verbittet es sich, mit diesen lumpigen Nur- Gesetzesübertretern gleich klassifiziert zu werden. Dies geht aus Untersuchungen von SUTHERLAND & CRESSEY (1955) hervor.

Diese formellen und halbformellen gewerbsmäßigen Hierarchien bilden ein Netz, innerhalb dessen sich das informelle Prestigesystem entfaltet. Wenn diese drei Systeme sich in ihren Feldern überlagern, dann gerät die informelle Hierarchie manchmal in Konflikt und manchmal in Übereinstimmung mit den beiden andern.

Informelles Prestige wird auf der Grundlage der Rollen zugeteilt, die die informelle Gruppe für wertvoll hält. Um welche es sich dabei handelt, wird von Ziel und Zweck der Gruppe abhängen. Soweit es um die Ausführung bestimmter Aufgaben in der Gruppe geht, wird das informelle Prestige denen zugewiesen, die produktiv und hilfsbereit sind. Wo namentlich gute Kameradschaft angestrebt wird, kommt es denen zugute, die selbst gute Kameraden sind. Soweit Interesse an Meinungen besteht, werden die, die der anerkannten Meinung Ausdruck geben, am höchsten rangieren. Es kann auch vorkommen, daß jemand, der in dem einen System hoch rangiert, aus dem gleichen Grund in einem anderen System ebenfalls einen hohen Rang erhält.

Der Einfluß der Prestigeprobleme auf die Funktionen der Gruppe

Ein Prestigesystem kann in einem sozialen System leicht unerwünschte Schranken schaffen, wodurch die Kommunikation zwischen den verschiedenen Gliedern des Systems erschwert wird, was wiederum die Aktivität beeinflußt.

KELLEY (1951) hat in einem Experiment nachgewiesen, wie die Schaffung eines Prestigesystems sich teils auf den Umfang, teils auf den Inhalt der Kommunikation zwischen den Teilnehmern auswirkt. Das Experiment wurde mit einer größeren Anzahl Studenten ausgeführt, die 8 Gruppen bildeten.

Jede der Gruppen erhielt folgende Angaben: Sie würden in zwei Untergruppen eingeteilt, von denen jede in ein besonderes Lokal eingewiesen werde. Die beiden Untergruppen sollten gemeinsam eine Aufgabe lösen. Die eine Untergruppe werde einen Plan über das erhalten, was gemacht werden sollte, und die andere Untergruppe sollte dann die Aufgabe ausführen. Die erste Untergruppe sollte berichten, was getan werden mußte, und die andere, wie die Ausführung verlief. Die Kommunikation sollte mithilfe schriftlicher Mitteilungen vor sich gehen, die vom Leiter des Experiments überbracht würden.

Es wurde nicht gesagt, welche der Untergruppen das eine und welche das andere tun sollten. In Wirklichkeit war es so, daß beide Untergruppen dasselbe tun mußten: nämlich, die Aufgabe gemäß der Mitteilungen auszuführen, die scheinbar von der Planungsgruppe kamen, woraus beide Untergruppen schlossen, jeweils die andere müsse diejenige sein, die die Nachrichten über das schickte, was zu tun sei. Stattdessen war es der Leiter des Experiments, der teils die Nachrichten schickte darüber, was nach einem im voraus zurechtgelegten Plan getan werden mußte, und teils die Nachrichten über den Gang der Arbeit empfing. Dazwischen hinein schickte er irrelevante Instruktionen. Aus dem Inhalt der Nachrichten, die er empfing, konnte er so die Wirkungen der Variationen ablesen, die Bestandteile des Experiments waren.

Zunächst wurde ein Prestigesystem folgender Art geschaffen: Einigen Untergruppen wurde mitgeteilt, ihre Arbeit sei äußerst schwierig, und es erfordere eine große Tüchtigkeit, die Instruktionen zu verstehen. Außerdem erfuhren sie, daß die andere Gruppe, die (wie sie ja glaubten) die Instruktionen schickte, eine langweilige und einförmige Aufgabe habe.

Anderen Gruppen wurde das Gegenteil mitgeteilt: daß ihre Aufgabe eine simple Routinehandlung sei, bei der es nur darauf ankomme, die Instruktionen zu befolgen. Die schwierige Aufgabe liege darin, die richtigen Instruktionen ohne direkten Kontakt mit denen zu geben, die die Aufgabe ausführten.

Schließlich gab es Kontrollgruppen, denen gesagt wurde, daß beide Aufgaben, die Arbeit auszuführen und die Instruktionen zu erteilen, gleich wichtig seien.

Die Resultate zeigten, daß die Gruppe, der gesagt wurde, wie wichtig ihre Aufgabe sei, das Gefühl hatte, sie rangiere über der anderen Gruppe, die, wie man sich ja vorstellte, die triste Aufgabe habe Nachrichten zu schicken. Die Gruppe, der gesagt wurde, ihre Aufgabe sei nur von geringer Bedeutung, kam sich geringer vor als die (fiktive) Gruppe, die die anstrengendere und interessantere Arbeit hatte, die richtigen Instruktionen auszuarbeiten. So war also auf eine ganz einfache Art ein Prestigesystem geschaffen worden.

Hernach wurde eine neue experimentelle Variation durchgeführt.

Man sagte verschiedenen Gruppen (Kontrollgruppen), daß man zu anderen Gruppen überwechseln oder nicht überwechseln sollte. Für die Gruppen, die glaubten, ihre augenblickliche Arbeit habe das größere Prestige, bedeutete dies eine Degradierung und für die anderen Gruppen eine Beförderung.

Die Gruppen, denen gesagt wurde, sie könnten nicht überwechseln, fühlten sich je nachdem, ob die augenblickliche Arbeit hohes oder niedriges Prestige hatte, entweder "sicher im Sattel" oder "ohne Aussichten".

Es gab nun folgende Gruppen:
1. Mit hohem Prestige und dem Risiko, degradiert zu werden.
2. Mit hohem Prestige, doch ohne die Gefahr der Degradierung.
3. Mit niedrigem Prestige und der Aussicht auf Beförderung.
4. Mit niedrigem Prestige und ohne Aussicht auf Beförderung.

Das Endresultat des Experiments zeigt ausgeprägte Unterschiede:
Gruppen mit niedrigem Prestige und ohne Aussicht, aufrücken zu können, sprachen von ihrer höchst unbehaglichen Situation, während die
Aussicht vorrücken zu können, sich sofort positiv bemerkbar machte.
Wenn es keine Aussicht auf Verbesserung gab, wurden besonders viele
Nachrichten an die Gruppen geschickt, die man für die wichtigeren
hielt, und sie enthielten mehr für die Aufgabe irrelevantes Material. KELLEY nimmt an, daß dies auf den Versuch zurückzuführen sei,
aus der relativ unbehaglichen Situation herauszukommen, und vielleich
auf die Neigung, darin eine Art Ersatz für fehlende reelle Aufrückung
möglichkeiten zu sehen.
   Gruppen mit hohem Prestige waren sorgfältiger darauf bedacht, ihre
eigene Arbeit nicht zu kritisieren oder der Aufgabe gegenüber Unsicherheit zu zeigen. Dies galt vor allem dann, wenn sie gleichzeitig
der Meinung waren, sie riskierten absteigen zu müssen.
   Niedriges Prestige ohne Aussicht auf Beförderung und hohes Prestige
mit dem Risiko einer Degradierung schienen was zu sein, was den Reaktionen der Gruppe am meisten das Gepräge gibt.

Prestige und Gruppenzusammenhalt

THIBAUT (1950) hat ein anderes Experiment durchgeführt, das zeigt,
wie Prestigeprobleme den Zusammenhalt der Gruppe beeinflussen. Seine Versuchspersonen waren eine Anzahl Knaben, die er in zwei Riegen
aufteilte. Er gebrauchte 3 verschiedene Spiele, die teils aktive,
teils passive Rollen enthielten. Die passiven Rollen, die von der
einen Riege übernommen wurden, hatten deutlich ein niedrigeres Prestige als die aktiven Rollen, die die andere Riege übernahm.
   Vor Beginn des Experiments wurde eine soziometrische Untersuchung
durchgeführt, bei der sich zeigte, daß einige Jungen mehr und andere weniger populär waren. Die beiden Riegen wurden so zusammengesetzt
daß beide Arten auf beide Riegen verteilt wurden. Nachdem das Experiment abgeschlossen war, wurde eine neue soziometrische Untersuchung
gemacht, um zu sehen, ob das Experiment eine Veränderung herbeigeführt hatte. Beim Vergleich der beiden soziometrischen Untersuchungen zeigte sich, daß die Riegen, die die interessantere Aufgabe ausführten, jetzt einen größeren Zusammenhalt aufwiesen als zuvor. Es
war eine stärkere Tendenz vorhanden, Mitglieder der eigenen Gruppe

gegenüber Mitgliedern der anderen Gruppe vorzuziehen. Zu diesem
Ergebnis kam es sowohl bei den mehr als auch bei den weniger Populären. Auch in den Riegen, die während der ganzen Zeit nur langweilige Aufgaben hatten, kam es im großen ganzen zu einem größeren
Zusammenhalt. bedingt durch die Frontbildung gegenüber dem äußeren
Feind der Fremdgruppe, der die anziehendere Aufgabe hatte. Hier
allerdings gab es einen Unterschied zwischen den mehr oder den weniger Populären: die letzteren hielten die Eigengruppe nicht für
anziehend. Sie waren wie zuvor geneigt, Mitgliedern der anderen
Gruppe den Vorzug zu geben. Dieser Mangel an Zusammenhalt unter den
weniger Populären Mitgliedern der Gruppen, die die ganze Zeit die
langweiligeren Aufgaben hatten, wurde der unangenehmen Situation,
in der sie sich befanden, zugeschrieben. Sie versuchten eher, das
Unangenehme loszuwerden. Ihnen wurde nicht wie den anderen durch
das Bewußtsein ihrer Popularität das Rückgrat gesteift. Auch keine
Freude an einer angenehmen Aufgabe konnte sie ermuntern. Für sie
gab es keine Grundlage für die Entwicklung einer Solidarität mit
den andern Mitgliedern. Sympathie kommt weniger auf, weil man in
einem Boot sitzt, sondern weil man einen gemeinsamen Erfolg teilt.

6. Struktur und Prozeß

Gruppengröße und Struktur

Aus dem Vorausgegangenen wird deutlich, daß die Gruppenprozesse sehr
stark von der Gruppenstruktur abhängig sind. Das gilt sowohl für
die äußere wie auch für die innere Struktur der Gruppe. Es ist experimentell nachgewiesen, daß mit steigender Gruppengröße eine Formalisierung der Leitung eintritt, solange, bis sich die Gruppe in
mehrere Gruppen aufspaltet. Nimmt man eine Schulklasse als Beispiel,
heißt das ganz praktisch: je größer die Klasse ist, desto mehr muß
der Lehrer eine formalisierte Leitung ausüben, sofern er die ganze
Gruppe "erfassen" will. Für eine Arbeitsgruppe wird eine zunehmende
Größe an irgendeinem Punkt eine Aufspaltung in Cliquen bewirken oder
eine "straffere" Leitung durch den informellen Leiter, was zu einer
entsprechend geringeren Teilnahme von immer mehr Individuen führt.
    Die Größe der Gruppe steht mit ihrer inneren Struktur in Zusammen-
hang, die durch die Rollenverteilung und der Art der Leitung entsteht. Sie ist gleichzeitig abhängig von den Gruppenprozessen, der
gegenseitigen Kommunikation und Arbeitsteilung der Mitglieder.
    Eines der gesichertsten Ergebnisse bei den Untersuchungen sozia-
ler Interaktionen z.B. in Diskussionsgruppen, ist die unterschiedliche Häufigkeit der verbalen Äußerungen. Das klingt nach einer ba-
nalen Alltagserfahrung. Da es jedoch eine pädagogische Aufgabe ist,

79

alle Gruppen zu aktivieren, darf man sich nicht damit zufrieden geben, daß sich immer wieder einzelne kaum äußern. Untersuchungen zeigen, daß dies besonders gut zu regulieren ist. Die Beteiligung eines
Individuums hängt davon ab, mit wem und mit wievielen es zusammen is
Die einen beteiligen sich relativ mehr in einem kleinen Kreis, andere beteiligen sich mehr in einem großen. Es kommt gleichermaßen auf
die "Qualität" derer an, mit denen man zusammen ist, ob diese "stärker" oder "schwächer" (in Bezug auf Argumente oder auf Stimmkraft)
sind.

Erfahrungen aus Versuchen beim Gruppentraining können wie folgt zusammengefaßt werden:
Je größer die Gruppe, desto größer die Tendenz zur Leitung. Umgekehr
je kleiner die Gruppe, desto mehr freie Diskussion. Mit zunehmender
Gruppengröße sagen immer weniger immer mehr, während immer mehr imme:
weniger sagen. Bildet man eine Gruppe mit 8, können es 2 oder 3 sein
die alles sagen, während man bei der Bildung von einer Gruppe mit 4
die Beteiligung von allen 4 erreichen kann. Je mehr man eine gleiche
Beteiligung aller in der Gruppe wünscht, desto kleiner muß die Gruppe sein.

Mit der Verminderung der Gruppengröße wird auch die Anzahl der Meinungen kleiner. Es gibt demnach 2 Umstände, die gegeneinander abgewogen werden müssen, wenn man untersuchen will, welche Gruppengröße
für ein bestimmtes Ziel zweckmäßig ist:einerseits, inwieweit man alle
aktivieren will, andererseits, wie viele Meinungen man in der Gruppe
zur Verfügung haben will. Die Erfahrung hat gezeigt, daß für Diskussionsgruppen Erwachsener häufig eine Gruppe von 6 zweckmäßig ist.

Allerdings gibt es in Gruppen mit 6 oder mehr Tendenzen zur Aufspal
tung in Untergruppen. Das wird dann geschehen, sobald eine Gruppe ei
bestimmte Größe erreicht, sofern die Leitung nicht gleicherweise an
Stärke zunimmt. Eine Gruppe, in der man die freie Beteiligung aller
ohne Leitung wünscht, darf kaum mehr als 6 oder 7 Teilnehmer haben,
ohne in 2 oder mehr Teile "auseinanderzubrechen".

Es muß bemerkt werden, daß die hier genannten Resultate sich bei
Untersuchungen mit Erwachsenengruppen ergaben. Ähnliche Gesetzmäßigkeiten, so kann angenommen werden, gelten auch für Kindergruppen,
z.B. in der Schule. Doch gibt es keine Untersuchungen darüber, welche Wirkungen Größenunterschiede teils im Hinblick auf das Alter
der Kinder, teils auf die Art der Aufgaben haben.

*Die Bedeutung der Gruppengröße für das Leistungsverhalten und das
soziale Verhalten*

Zahlreiche Experimente sind durchgeführt worden, die zum Teil die
Bedeutung der Größe für die Aktivität der Gruppe nachweisen, teils

darauf hinweisen, daß die optimale Gruppengröße je nach dem Zweck der Gruppe variiert.

GIBB (1951) verglich Gruppen aller Größen von 2- 96 Mitgliedern, von denen jede eine halbe Stunde lang ein Problem diskutierte. Er wies nach, daß die Produktivität der Gruppe mit zunahmender Gruppengröße, gemessen an ihrem erreichten Resultat, abnahm.

Wenn es sich bei der Gruppenarbeit um einen rein physischen Einsatz handelt, hat sich in bestimmten Fällen die Vierer- Gruppe als die optimale Größe für die maximale Produktion des Einzelnen erwiesen. So hat MOEDE (1927) nachgewiesen, daß für bestimmte Aufgaben der Einsatz jeden Gruppenmitglieds bei jedem neuen Mitglied, das die Gruppe über die vier hinaus vergrößerte, um 10% sank.

Versuche mit Fragespielen vom Typ "20 Fragen an den Professor" (TAYLOR & FAUST, 1952) haben gezeigt, daß Zweiergruppen besser sind als Einzelpersonen, daß sie weniger Fragen brauchten, weniger Fehler machten und rascher zu richtigen Resultaten kamen. Vierer- Gruppen waren in einem dieser Bereiche noch besser als Zweiergruppen. Sie machten noch weniger Fehler. Größere Gruppen waren nicht besser.

BALES & BORGATTA (1955) fanden in Diskussionsgruppen, daß die Häufigkeit der Beiträge von den Mitgliedern der Gruppe in dem Verhältnis nachläßt, wie die Gruppe wächst.

Auch die Verteilung auf die einzelnen Mitglieder ändert sich mit der Gruppengröße. STEPHAN & MISLER (1952) belegten, daß mit der Vergrößerung schon von 3- 7 die Zahl der Beiträge der aktivsten Mitglieder, verglichen mit den Beiträgen der übrigen, zunahm. Weniger Teilnehmer sagten immer mehr und viele sagten immer weniger.

Was die Diskussion oder den Meinungsaustausch betrifft, muß die Gruppengröße einerseits zwischen dem Wunsch, der dahin geht, dem Einzelnen so viel wie möglich Gelegenheit zum Sich - ausdrücken zu geben - also kleinere Gruppen! - und andererseits dem Wunsch, möglichst viele Meinungen für die Gruppe zur Verfügung zu haben - also größere Gruppen! - ausbalanciert werden.

THELEN (1949) folgert in seiner Diskussion über die Gruppengröße: Wenn es sich um eine Gemeinschaftsaufgabe handle, müssen genug Leute vorhanden sein, um folgenden Forderungen gerecht zu werden: erstens muß eine zureichende Fertigkeit für die Ausführung der Arbeit in der Gruppe vorhanden sein; zweitens muß genügend "soziale Fertigkeit" vorhanden sein, damit die Anstrengungen der Individuen so koordiniert werden können, daß sie einander komplettieren. Er teilte die Fertigkeiten in zwei Typen ein: "Leistungsfertigkeit" und "soziale Geschicklichkeit". Davon ausgehend formulierte er, was er das "Prinzip der kleinsten Gruppengröße" nannte: Die Gruppengröße soll die der kleinsten Gruppe sein, in der man gerade noch alle die "Leistungsfertigkeiten" und "sozialen Geschicklichkeiten" repräsentiert hat und ausnutzen kann, die für die betreffende Aktivität notwendig sind.

81

Doch dazu kommen noch eine Reihe anderer Faktoren der sozialen Interaktion, die man berücksichtigen muß.

Zum Beispiel scheint es so zu sein, daß bei der Gruppe, zu der man
aufgrund des "Prinzips der kleinsten Gruppengröße" kommt, der Gruppendruck die stärkste Wirkung hat.

Das auf Seite 54 erwähnte Experiment (ASCH, 1951) zeigte, daß die
Wirkung des Gruppendrucks mit zunehmender Gruppengröße bis zu einem
bestimmten Punkt zunahm, dann beginnt wieder abzunehmen.

Bei einer Gruppengröße von zwei bis drei stieg die Wirkung kräftig an, danach nahm sie mit jeder dazu kommenden Person zu, bis sie
das Maximum bei 6- 8 Personen erreichte, worauf sich die Wirkung
des Druckes verringerte (s. Abb. 7)

ASCH bezog in seinem Experiment Gruppen über 15 Teilnehmer nicht
mit ein, doch weiß man von anderen Untersuchungen, daß der Druck
mit zunehmender Gruppengröße ununterbrochen weiter abnimmt. So
wirkt sich in Arbeitsgruppen mit 5- 8 Teilnehmern ein viel größerer
Gruppendruck aus als in einer ganzen Klasse mit z.B. 30 Schülern, in
der es eine größere Möglichkeit für "Anonymität" gibt. Je kleiner
die Gruppe ist, desto mehr treten alle "ins Licht".

Dieser Umstand ist es, der bewirkt, das Gruppenarbeit effektiver
sein kann, doch macht er es gleichzeitig auch dringend notwendig,
daß es dabei um den sachlichen Zweck geht, von dem die Gruppe bean-
sprucht ist, und nicht um Machtstreben oder persönliche Streitigkeiten. Man muß deshalb neben der Frage nach der effektivsten Größe
auch darauf achten, welche Größe es ist, die den Mitgliedern am
dienlichsten ist, und was die Größe für das Funktionieren der Leitung in der Gruppe bedeutet.

Bedeutung der Gruppengröße für Nutzen und Gewinn der Mitglieder

Je kleiner die Gruppe ist, desto besser können die, die sich zur
Geltung bringen wollen, es auch tun, und desto mehr haben sie das
Gefühl, ihr Einsatz sei nicht ohne Bedeutung.

HARE (1952) verglich Fünfergruppen mit Zwölfergruppen, die sich
an verschiedenen Gruppendiskussionsaufgaben beteiligten. In den
großen Gruppen hatten die Mitglieder, die keine leitende Funktion
hatten, das Gefühl, ihre Meinungen seien von geringerer Bedeutung
als in den kleinen Gruppen. In den kleinen Gruppen war für sie das
Klima freier und unformeller.

GIBB (1951) fand in dem genannten Versuch mit Größen von 2- 96,
daß in dem Maße, wie die Gruppe allmählich immer größer wurde, sich
eine steigende Tendenz dahingehend zeigte, daß die Mitglieder sich

mehr gehemmt fühlten und daß bei den etwas scheuen Mitgliedern eine größere Nervosität entstand.

CARTER ET AL. (1951) fanden bei einem Vergleich von Gruppen mit 4 bzw. 6 Mitgliedern, daß diese Klimaveränderung selbst bei dieser Anzahl variierte. Diejenigen seiner Gruppe mit 4 Mitgliedern zeigten viel mehr Neigung, sich frei auszusprechen und ihre Meinungen zu sagen als die Mitglieder der Achtergruppe, bei denen nur die Stärkeren die Szene beherrschten.

Beim Gruppentraining kann man beobachten, wie in den Achtergruppen immer einige sind, die nichts şagen, Sobald man die beiden, die in jeder Gruppe am meisten sprechen, ausscheidet und sie in neuen Gruppen zusammenfaßt, kann man feststellen, daß manche Gruppenmitglieder, die vorher passiv waren, jetzt aktiv sind. Wenn man die Gruppen gar auf 4 reduziert, indem man noch einmal die beiden Aktivsten ausscheidet, wird man eine 100%ige Beteiligung erreichen.

Es kann pädagogisch von Wert sein, wenn man ein Mitglied sich in einer sehr kleinen Gruppe entfalten läßt. Die Erfahrungen während einer Zeit der Entfaltung innerhalb einer Gruppe von angemessener Größe können einem sonst zurückhaltenden Mitglied allmählich größere Sicherheit vermitteln, so daß es nach und nach lernt, sich auch in immer größeren Versammlungen zu behaupten.

Gruppengröße und Leiterverhalten

Je größer Gruppen sind, desto wahrscheinlicher ist es, daß sich in ihr ein Leiter herausbilden wird. Mit zunehmender Gruppengröße wird es immer notwendiger, jemand zu haben, der "das Ganze zusammenhält". Das gilt sogar innerhalb von ziemlich kleinen Gruppen. In CARTERS Vergleich der Vierergruppen mit Achtergruppen kam es in den Achter-Gruppen viel häufiger zu einem "Leiterverhalten".

Mit zunehmender Gruppengröße ändert indessen die Form der Leitung auch ihren Charakter. Vergleicht man das Verhalten von Leitern kleinerer Gruppen mit dem Verhalten von Leitern größerer Gruppen, so findet man, daß die letzteren eine unpersönlichere und formellere, unter Umständen autoritäre Leitung ausüben. Sofern man eine Gruppe nicht unter all zu formalisierter Leitung wissen will, sondern den Mitgliedern Gelegenheit zu einer gewissen Entfaltung zu geben wünscht, muß man die Größe der Gruppe herabsetzen.

HARE (1952) fand in dem genannten Versuch, bei dem er Fünfergruppen mit Zwölfergruppen verglich, daß bei den Fünfergruppen der Einfluß der Leiter einen mehr persönlichen Charakter hatte als der bei den Zwölfergruppen. Das galt unabhängig von der Qualität der Leiter, ob es sich nun dabei um "echte Führer" oder um "Tyrannen" handelte.

Auch die innere Struktur der kleinen Gruppe ist also relativ abhängiger von den persönlichen Charakteristiken der Leiter, als es bei den größeren Gruppen der Fall ist. D.H., daß mit der Verminderung der Gruppengröße es gleichzeitig wichtiger ist, daß die Gruppen einen positiven Leiter erhalten. In HARES Versuch zeigte sich in den großen Gruppen die Tendenz zur Bildung von Untergruppen mit Sprechern, die die Gesichtspunkte der Mitglieder vortrugen, wodurch die Kontrollfunktionen der Leiter schwieriger wurden. Mit zunehmender Gruppengröße wurde deshalb die Leitung, wie bereits früher ausgeführt, formeller und unpersönlicher, wenn man solange wie möglich die Kontrolle aufrecht zu erhalten wünscht, die ein integrierter Teil der Leiterrolle ist.

Diese hier angeführten Sachverhalte sind alle in relativ kleinen Gruppen nachgewiesen. Ähnliche Verhältnisse gelten aber auch in Gruppen von der Schulklassengröße.

HEMPHILL (1950) wählte unter einer großen Anzahl von Gruppen diejenigen aus, deren Leiter mit "gut" beurteilt waren. Die so ausgewählten Gruppen teilte er in 2 Kategorien ein. Gruppen mit mehr als 30 Teilnehmern und Gruppen mit höchstens 30 Teilnehmern. Es sollte die Meinung der Mitglieder über ihre Leiter bei unterschiedlichen Gruppengrößen verglichen werden. Unabhängig davon, ob die Leiter beider Gruppen als "gut" bezeichnet worden waren, zeigten sie dennoch Unterschiede in deren Beurteilung als Leiter, je nachdem, ob sie Leiter der größeren oder der kleineren Gruppen waren. Leiter der größeren Gruppen stellten größere Anforderungen an Stärke, Stabilität und Zuverlässigkeit. Sie nahmen weniger Rücksicht auf die einzelnen Mitglieder.

MEDALIA (1954) fand bei einer ähnlich angelegten Untersuchung, daß mit zunehmender Gruppengröße den Leitern immer weniger eine "mitmenschliche Einstellung" zuerkannt wurde.

Ein Lehrer einer zu großen Gruppe gerät also ohne eigene Schuld in den Spannungszustand, der als Folge der formalisierteren Leistungsform entsteht, zu der er aufgrund der Gruppengröße gezwungen wird. Dieses Problem kann jedoch durch Gruppenarbeit gelöst werden: die Klasse wird auf der Grundlage des "Prinzips der geringsten Gruppengröße" in kleine Arbeitsgruppen eingeteilt. Die Leitung, die der Lehrer als formeller Leiter für jede Arbeitsgruppe ausüben soll, kann dabei eine völlig informelle Form annehmen, die dem beschriebenen Spannungszustand vorzubeugen vermag.

Die Anzahl der Gruppen kann jedoch so groß werden, daß es zu einer neuen Formalisierung der Leitung kommt. Eine Ursache kann ein besonderes Verhältnis zu den Schlüsselpersonen der Gruppe sein.

Bei der Entscheidung, wie groß die Arbeitsgruppen sein sollen, ist neben dem "Prinzip der kleinsten Gruppengröße" noch ein bisher übersehener Umstand in Betracht zu ziehen.

Gruppengrößen von 4 oder weniger unterscheiden sich qualitativ von größeren Gruppen darin, daß öfter die persönlichen Verhältnisse eine größere Bedeutung erlangen als die sachlichen, während in den größeren Gruppen eher der aufgabenbetonte Bezug vorherrscht.

Dies kann aus einem Versuch von BALES & BORGATTA (1955) abgeleitet werden. Sie studierten Interaktionen in Gruppen mit 2- 7 Mitgliedern, im ganzen in 24 Gruppen, 4 jeweils in jeder Größe. Die Gruppen wurden während 4 Sitzungen von je einstündiger Dauer beobachtet. Das Verhalten wurde mit Hilfe des BALES' Kategoriensystems beobachtet (s. S. 96). Die Gruppenaufgabe bestand aus der Diskussion und Lösung eines Problems von sozialem Charakter.

Bei einer Zunahme der Gruppengröße von 2 bis 7 ergaben sich folgende Verschiebungen zwischen den Verhaltenskategorien:

1. Stärkere Entspannung bei gleichzeitigem Ansteigen der Anzahl vorgebrachter Vorschläge.
2. Mehr Solidarität bei gleichzeitigem Ansteigen der Anzahl der gegebenen Orientierungshilfen.
3. Aufkommen von Einigkeit bei Nachlassen des Fragens nach Meinungen sowie der Meinungsäußerungen selbst.

Man sieht, wie persönlicher Meinungsaustausch nachläßt, während Vorschläge, Orientierungshilfen und Solidarität zunehmen - eine deutliche Verschiebung vom Persönlichen zum Aufgabenorientierten hin.

Die größeren Gruppen erhalten einen weniger intimen Charakter und nehmen mehr organisatorische Formen an.

Man könnte vielleicht innerhalb der Kleingruppen eine Unterscheidung zwischen personengeprägten und soziogeprägten Gruppen einführen. Das Verhältnis in personengeprägten Gruppen ist - während alles andere gleich bleibt - etwas persönlicher und in soziogeprägten Gruppen etwas sachlicher, und die Größe der Gruppe ist dabei der entscheidende Faktor.

Aus BALES & BORGATTAS Versuch mit Gruppengrößen von 2- 7 ging hervor, daß Vierergruppen im emotional negativen Bereich an der Spitze lagen, sie zeigten Uneinigkeit, Gespanntheit und Widerstand, während die Dreiergruppe an zweiter Stelle folgte.

Hinsichtlich der Kommunikation, Anbieten von Orientierungshilfen, Aufklärungen und Bestätigungen standen sie an letzter Stelle.

Hier sind offensichtlich noch umfangreiche Forschungsaufgaben nötig.

Wann sollen z.B. Arbeitsgruppen der Schule personengeprägt und wann soziogeprägt sein? Obwohl es schon mehr als 70 Jahre her ist, daß SIMMEL (1902) seine empirischen Daten über Zweier- und Dreiergruppen vorlegte (heute gewöhnlich als "Dyaden" bzw. "Triaden" bezeichnet), gehen seine Untersuchungsergebnisse bis heute noch nicht in die didaktischen Überlegungen von Lehrern ein.

In der Triade kann sich leicht folgendes ereignen: A und B schließen sich näher zusammen, C wird mehr oder weniger draußen, eventuell sogar "drunten gehalten". Oder es können bei stärkerem Dominieren von A, B und C gegen die Spitzenfigur A zusammenhalten. Bei der Triade ist das Aufkommen von Eifersucht am wahrscheinlichsten.

Die Dyade ist eine Gruppe, die sich am stärksten von den übrigen unterscheidet. Nicht alle Sozialpsychologen erkennen sie übrigens als "Gruppe" an, in der Schule jedoch sollte wohl die Zusammenarbeit zweier Schüler als Gruppenarbeit bezeichnet werden. Das wesentlichste Charakteristikum der Dyade ist das Fehlen der Spannung, die darin liegen kann, daß es mehrere Interaktionsmöglichkeiten gibt. In der Zweiergruppe gibt es nur die eine: A - B. Eine andere ist nicht möglich. Bei der Dyade ist somit der Individualität der größte Spielraum eingeräumt - zum guten *und* zum Schlimmen. Trotzdem ist bei dieser Gruppengröße selten die Rede von gleichen Positionen. Oft spricht man von einem "Führer- Folger- Verhältnis"; dieses kann sich jedoch umkehren, je nachdem, auf welchem Gebiet der einzelne seine starke Seite hat.

Die Vierergruppe liegt auf der Grenze zwischen personengeprägten und soziogeprägten Gruppen. Inwieweit die Person bzw. das Persönliche oder die Aufgaben das Gruppenleben beherrschen, hängt bei dieser Gruppengröße von der Einstellung der Gruppenmitglieder zueinander und zu ihrer Aufgabe ab. Wenn das Persönliche das Gruppenleben bestimmt, ist die Wahrscheinlichkeit groß, daß sich die Gruppe in 2 Cliquen aufspaltet.

JENNINGS (1943) hat früher zwischen "Psychegruppen" und "Soziogruppen" unterschieden. Diese Klassifizierung hebt die Motive der Mitglieder bei der Gruppeneinteilung ab, z.B. persönliche Sympathie oder Zweck der Zusammenarbeit, wobei die Gruppengröße keine Rolle spielt.

JENNINGS Einteilung fußt auf soziometrische Untersuchungen, und es ist die Frage, ob sie nicht durch die in der Soziometrie angewandten Wahlkriterien künstlich heraufbeschworen wurde. (Vgl. hierzu auf Seite 41 aufgezeigte Gefahr, daß von einem Wahlmuster her ein Gruppenmuster postuliert wird). Selbst wenn potentielle Gruppenmitglieder mehr oder weniger von einem der erwähnten Gruppenzwecke angezogen werden, werden in der Praxis selten Gruppen *nur* auf dieser Grundlage zusammengesetzt werden. Dagegen können die Interaktionen einmal mehr oder weniger vom Persönlichen oder mehr oder weniger von der Aufgabe her bestimmt sein. (siehe auch "Die Interaktionen in der Gruppe" und "Zusammensetzung der Gruppe", Seite 95, 100).

Gerade und ungerade Zahl

Es wurde ausgeführt, wie es mit zunehmender Größe zu einer Formalisierung der Aktivität in einer Gruppe kommt. Nicht allein die durchschnittliche Beteiligung pro Mitglied, sondern auch deren Verteilung auf die Mitglieder verändert sich. BALES ET AL. (1951) haben gezeigt, wie der am meisten Hervortretende bei zunehmender Gruppengröße mehr und mehr sagt (s. Abb. 9). Das genannte Experiment von

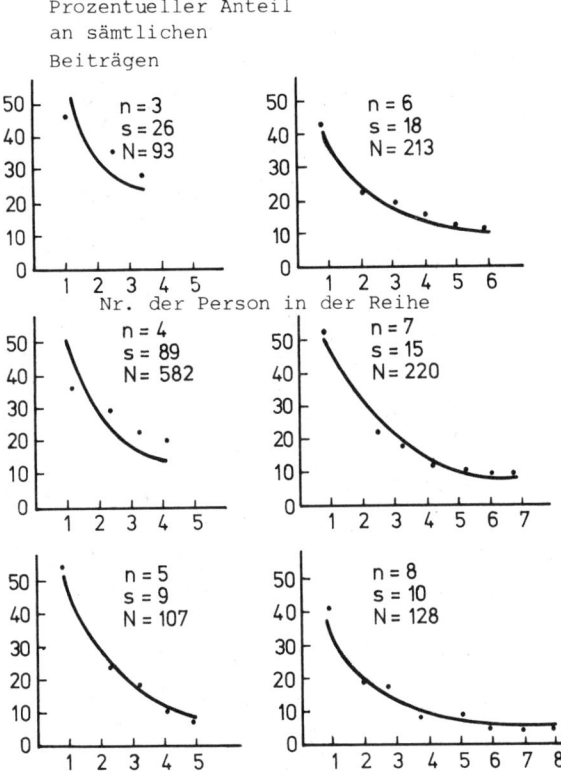

Abb. 9. (n= Anzahl der Personen in der Gruppe)
(s= Anzahl der Sitzungen)
(N= Anzahl der Beiträge, angegeben in 100)

BALES & BORGATTA (1955) zeigen signifikante Unterschiede zwischen
Kleingruppen von gerader und ungerader Anzahl (3-4-5-6-7). Vierer-
und Sechsergruppen weisen größere Nichtübereinstimmungen und Anta-
gonismen auf, haben weniger Bitten um Vorschläge von anderen und
weniger Fälle von erwiesener Einigkeit als Dreier=, Fünfer= und Sie-
benergruppen. Diese Unterschiede werden der Tatsache zugeschrieben,
daß Gruppen mit gerader Mitgliederanzahl in gleichgroße Untergruppen geteilt werden können. Im Falle von Uneinigkeit entstehen kaum
Majorität und Minorität. Die Möglichkeit einer Lösung ist geringer.
Gruppen mit ungerader Anzahl sind deshalb solchen mit gerader Anzahl vorzuziehen. Und da es in einer Dreiergruppe zu wenige Meinungen gibt, während schon in einer Siebenergruppe zu wenige Möglichkeiten gegeben sind, alle Meinungen zu Wort kommen zu lassen, dürfte demnach die Fünfergruppe für eine Gruppendiskussion besonders
geeignet sein. Wenn man zwischen Gruppen mit gerader und solchen
mit ungerader Anzahl unterscheidet, besteht in den letzteren ein
größerer Abstand in dem prozentuellen Anteil an den Beiträgen zwischen dem am meisten Sprechenden und den übrigen. Der Unterschied
geht aus folgender Tabelle hervor:

Gruppen mit ungerader Anzahl von Mitgliedern			Gruppen mit ungerader Anzahl von Gruppenmitgliedern		
Größe	höchste %zahl	% der Beiträge niedrigste %zahl	Größe	höchste %zahl	% der Beiträge niedrigste %zahl
3	47	35-25	4	35	30-20
5	55	25-10	6	43	25-10
7	55	20-10	8	40	20-5

In keiner der Gruppen mit gerader Anzahl kommt der am meisten Sprechende so hoch wie in der kleinsten Gruppe mit ungerader Zahl. Es
kommt also zu einer gleichmäßiger verteilten Entwicklung von Meinungen in Gruppen mit gerader Anzahl. Wenn es sich als leichter erwies, in den Gruppen mit ungerader Anzahl zur Einigkeit zu kommen,
wird das vielleicht auf Kosten des gleichmäßiger verteilten Meinungs-
austausches erreicht. Sofern eine gleichmäßige Verteilung erwünscht
ist, müssen Sechsergruppen als die optimale Größe bezeichnet werden,
da ja auch Rücksicht darauf genommen werden muß, daß ein bestimmtes
Minimum an unterschiedlichen Meinungen nötig ist.

Die räumliche Plazierung der Gruppenmitglieder hat eine größere Bedeutung für die Interaktion als man ihr gemeinhin zuschreibt. In-
dustriepsychologen haben sich sehr viel damit beschäftigt. Ein paar
Experimente sollen zur Illustration des Problemkreises dargestellt
werden.

HEISE & MILLER (1951), belegten, daß das am zentralsten plazierte
Gruppenmitglied meistens auch die Führung übernimmt. HOWELS & BECKER
(1962) führten wiederholt Experimente mit 20 Gruppen zu je 5 Personen durch, die so plaziert waren, daß 2 von ihnen (A,B) während einer
Problemlösungsaufgabe den übrigen 3 (C,D,E) gegenübersaßen.Leiter
wurde in der Regel A oder B.

Die Plazierung hat auch für die Art der Gruppenarbeit Bedeutung.
Wer bei einer Diskussionsgruppe ganz außen sitzt, hat es schwer mitzukommen. Wenn außerdem nicht allzuviel Lust zum Mitmachen vorhanden ist, ergibt sich ein ärmliches Resultat.. In einer Unterrichtsgruppe zeigt es sich oft, daß die interessierten Teilnehmer sich
zentral plazieren, während die Uninteressierten sich an den Rand
setzen. Dadurch wird die Kommunikation erschwert oder erhält nicht
die gewünschte Breite. (HARE ET AL., 1962)

Beobachtungen während des Gruppentrainings haben gezeigt, daß
durch Aufteilung einer größeren Unterrichtsgruppe in Kleingruppen,
bei einer Umstellung der Klassensitzordnung auf Gruppen in Kreisord-
nung häufig eine Struktur entsteht, bei der zwei vier gegenüber
sitzen (: : · ·). Wenn nicht ein starker Leiter zentral plaziert ist,
ist es höchst wahrscheinlich, daß sich die Gruppe in zwei Gruppen
von 4 bzw. 2 Teilnehmern (: :) (· ·) aufspaltet.

Selbst bei absolut "gleicher" Plazierung der Teilnehmer, nämlich
im Kreis, kommuniziert das einzelne Gruppenmitglied nicht immer
gleich mit allen anderen in der Gruppe.

STEINZOR (1950) hat gezeigt, daß (bei gleichen Bedingungen) es
mehr Kommunikation zwischen Gegenübersitzenden gibt, als mit Neben-
einandersitzenden. Außerdem wies er bei einer Plazierung von Zeh-
nergruppen im Kreis nach, daß sich in diesem Falle mehr Kommunikation mit den Mitgliedern ergab, die im Kreis einander "mehr gegenüber" saßen als mit den Sitzenden, die mehr der Seite zu saßen.

Wenn man einen Zurückhaltenden einem Viel- Sprechenden gegenüber
plaziert, wird der erstere häufiger angesprochen. Er hat deshalb
die größere Möglichkeit, mit in die Diskussion einbezogen zu werden.

HARE ET AL. (1963) haben später gezeigt, daß dies nur für die
Interaktion bei einer Aufgabenlösung gilt. Handelt es sich um eine
mehr gesellschaftliche Zusammenkunft, dann erhält man mit dem Ne-
bensitzer eher Kontakt als mit dem Gegenüber.

In verschiedenen Versuchen wurde nachgewiesen, daß die Plazierung in der Gruppe großen Einfluß darauf haben kann, wie stark der Persönlichkeitscharakter der Individuen Gelegenheit hat, sich zur Geltung zu bringen. Es ist durch Umstellungen pädagogisch möglich, sowohl einen Dominierenden zu dämpfen als auch einen Passiven aufzumuntern.

BERKOWITZ (1956) untersuchte diesen Sachverhalt durch ein Experiment mit 10 Gruppen, von denen jede aus 4 Studenten bestand. Die Studenten waren im voraus durch Persönlichkeitsprüfungen daraufhin untersucht, wie stark sie geneigt waren, dominieren zu wollen. Die Gruppen wurden aus einem, der in dieser Beziehung an der Spitze, einem der ganz am Ende stand und zwei gemäßigten gebildet. Wenn man die verschiedenen "Typen" während der Diskussionen in der Gruppe in der zentralsten Position sitzen ließ, zeigte es sich, daß die Plazierung mehr zu bedeuten hatte als die Persönlichkeitsnote. Hatte z.B. ein wenig Dominierender die zentrale Position inne, während der stark Dominierende an der Peripherie saß, beherrschte der zentral Plazierte die Szene, und der an der Peripherie Sitzende blieb weitgehend passiv. Jedesmal war es der zentral Plazierte, der bei der Aufgabe die größte Befriedigung erlebte.

TROW (1957) bildete aus Studenten, die sich nicht kannten, Dreimanngruppen. Zuvor war durch Persönlichkeitsprüfungen beurteilt worden, wie groß ihr "Selbstständigkeitsbedürfnis" war. Danach variierte man teils die Plazierung der Mitglieder (zentral oder peripher), teils deren Möglichkeit, ihr Selbstständigkeitsbedürfnis zu befriedigen (unterschiedlicher Zugang zu den für die Lösung der Aufgabe notwendigen Informationen). Es zeigte sich, daß für die Teilnehmer Selbständigkeit mehr bedeutete als sogar eine zentrale Plazierung. Wenn sie jedoch gegenseitig ihre Leistungen beurteilen sollten, war es die Plazierung und nicht die Selbständigkeit, die für ausschlaggebend gehalten wurde.

Der physische Abstand vom Leiter zur Gruppe und der gegenseitige Abstand zwischen den Gruppenmitgliedern hat eine direkte soziale Wirkung. Je dichter man zusammenrückt, desto mehr Kontakt findet man zueinander. Eine Reihe von Experimenten hat gezeigt, daß der Abstand für die pädagogische Wirkung auf die Teilnehmer große Bedeutung bekommen kann. Der Teilnehmer, der sich auf einen entfernten Platz mit der Absicht setzt, sich nicht allzusehr anstrengen zu wollen, bekommt dadurch tatsächlich auch beträchtlich weniger an Ertrag mit.

HARE ET AL. (1963) haben gezeigt, daß sowohl die Plazierung als auch der Abstand vom Leiter für die Entwicklung des Interaktionsmusters von Bedeutung sind.

Hier muß eingeschaltet werden, daß zuvor die Dichte den Kontakt fördert, jedoch nicht genügt, die Wirkung einer allzugroßen Teil-

nehmerzahl aufzuheben, da der Abstand zu dem am entferntesten Plazierten zu groß wird.

Nicht allein der physische Abstand macht die Prozesse der Beeinflussung schwieriger. Man kann auch auf andere Weise "Abstand"
schaffen. Wenn man das Rednerpult oder den Katheder durch eine Plazierung "auf gleicher Ebene" mit den Teilnehmern (z.B. Tische in
einem Kreis) ersetzt, ist damit nicht nur eine physische Schranke,
sondern auch eine psychologische Barriere zwischen Leiter und Teilnehmer beseitigt.

LEWIN (1935) gebraucht die Bezeichnung "das psychologische Feld"
für den Bereich, in dem diese sozialpsychologischen Faktoren sich
geltend machen (z.B. die Schulklasse): das Bündel der einwirkenden
Faktoren ist für ihn das "Kraftfeld" (z.B. der Lehrer). Er sagt,
daß die Wirkung des Kraftfeldes bei abnehmendem Abstand auf das
Kind zunimmt. Eine Reihe Mitarbeiter haben darüber mit Schülern verschiedener Altersstufen Experimente durchgeführt (LEWIN, 1946):
WIEHE zeigte die Auswirkung bei 2- 4jährigen; WARING ET AL. bei Kindergartenschülern, und FRANK wies nach, daß auch bei Studenten die
Effektivität des Kraftfeldes größer wurde, je geringer der Abstand
zu den Teilnehmern war.

Kommunikationsmuster

Über die Kommunikation innerhalb der Kleingruppen gibt es eine ganze Reihe von Untersuchungen. Besonders nachdem BAVELAS (1948) sein
mathematisches Modell vorlegte, und sein Mitarbeiter LEAVITT (1951)
eine besondere Versuchstechnik dafür konstruierte, hat man diesen
Sachverhalt untersuchen können. Das Kommunikationsmuster innerhalb
einer Fünfergruppe kann auf verschiedene Arten variieren. Es kommt
darauf an, wie nahe man zueinander steht, und in welchem Verhältnis
zueinander man plaziert ist. Einige Beispiele gehen aus Abb. 10 hervor, wo es zu Kommunikation nur innerhalb der angeführten Muster
kommen kann. Muster C sieht sehr "autokratisch" aus. D erinnert
an eine Steuerung durch eine "rechte Hand". A unterscheidet sich
wesentlich davon: alle haben direkte Verbindung mit zwei anderen
Personen, während es in C und D nur eine Person ist, die direkt mit
allen andern kommunizieren kann. Diese Muster zeigen den Abstand,
der in einer zusammenarbeitenden Gruppe zwischen den einzelnen Mitgliedern besteht.

BAVELAS führte für die Plazierung den Begriff "Zentralität" ein,
als Maß für den Abstand jedes einzelnen von allen übrigen Gruppenmitgliedern. Es ist auch ein Maß für die Zugänglichkeit, der für
das einzelne Mitglied im Hinblick auf eine gemeinsame Problemlösung
notwendigen Information.

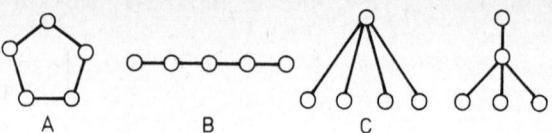

A   B   C

Abb. 10

Die "relative Zentralität" des einzelnen Gruppenmitglieds wird auf
die Weise gemessen, daß man alle die Glieder (d.h. Personen) zählt,
die eine Mitteilung passieren müssen, um auf kürzestem Weg von dem
betreffenden Gruppenmitglied zu jedem der übrigen zu kommen. Die
Zahlen für alle Gruppenmitglieder werden addiert. Diese Summe wird
mit der Zahl jedes einzelnen geteilt, wodurch man deren "relative
Zentralität" bekommt.

In A haben alle Mitglieder die gleiche relative Zentralität. Bei
allen übrigen Plazierungen gibt es darin Unterschiede. In B hat der
mittlere die größte und die beiden äußersten die geringste relative
Zentralität. In C hat die "Spitzenfigur" die höchste Zentralität,
während alle andern die gleich geringe haben. In D hat der "Nächstkommandierende" die höchste Zentralität.

Ein anderes Maß ist das "Kommunikationsdiameter" der Gruppe. Es
ist der kürzeste Weg zwischen den beiden Mitgliedern, die am wei-
testen voneinander entfernt sind. In A und D kann jeder den andern
über 2 Glieder erreichen. In B braucht der an einem Ende 4 Glieder,
um den am anderen zu erreichen. In C können alle einander über ein
Glied erreichen, und der oberste kann alle direkt erreichen. Auch
in D können alle über 1 Glied einander erreichen, während der "Nächst
kommandierende" direkten Kontakt mit allen hat.

In D ist der Nächstkommandierende die "Schlüsselfigur". In C ist
es die Spitzenfigur. In B ist es in gewissem Grad der mittlere, während A keine "Schlüsselperson" hat.

Man kann daraus entnehmen, daß bei der Aufgabenlösung die verschiedenen Kommunikationsmuster nicht gleich effektiv sind.

Diese Frage hat u.a. LEAVITT (1951) untersucht. 5 Personen saßen
um einen runden Tisch, durch Trennwände voneinander abgesondert,
die von der Mitte des Tisches ausgingen. In diesen Wänden waren Luken, durch die Mitteilungen rundum gehen konnten. Ebenso gab es im
Zentrum Luken, so daß Mitteilungen quer über den Tisch geschickt
werden konnten, wenn es erwünscht war. Wenn man für das Passieren
von Mitteilungen einige Luken offen und andere geschlossen hielt,
konnte man verschiedene Kommunikationskanäle schaffen.

Die Versuche werden mit 100 männlichen Studenten durchgeführt, die 20 Fünfergruppen bildeten. Sie sollten gemeinsam bestimmte Aufgaben über verschiedene Kommunikationskanäle lösen, die aus Abb. 11 hervorgehen. Sie waren mit Kreis, Kette, Y und Rad bezeichnet. Die Mitteilungen konnten innerhalb des gegebenen Musters beide Wege gehen, mußten jedoch dabei über alle Glieder laufen. Das Netzwerk selbst war den Versuchspersonen zu Beginn des Experiments nicht bekannt. Jeder wußte nur, von wem er Mitteilungen entgegennehmen konnte, und an wen er sie weiterzugeben hatte.

Die Gruppe hatte die Aufgabe gelöst, sobald jedes Mitglied die Lösung gefunden hatte.

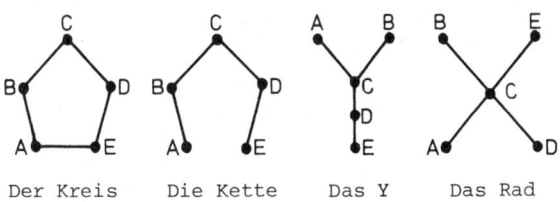

| Der Kreis | Die Kette | Das Y | Das Rad |

Abb. 11

Erst nach und nach wurden sich die Mitglieder über das Kommunikationsmuster klar, innerhalb der verschiedenen Typen jedoch nicht gleich schnell.

Im "Rad" und im "Y" fand man rasch heraus, daß man Mitteilungen zur näheren Analyse an C schicken und seine Instruktionen abwarten mußte. In der "Kette" brauchte es dazu längere Zeit, doch kam man schließlich darauf, Nachrichten von beiden Enden an C zu schicken. Im "Kreis", wo jeder seine Mitteilungen in beiden Richtungen verschicken konnte, kam es zu keinem bestimmten System.

Hinsichtlich der Arbeitsform gab es große Unterschiede zwischen den einzelnen Systemen. Das "Rad" und das "Y" (die Systeme mit "Schlüsselpersonen") gelangten bedeutend schneller als der "Kreis" und die "Kette" zum richtigen Resultat. Im "Kreis" schickte man einander viel mehr Mitteilungen zu, als das in irgend einem der anderen Systeme der Fall war. Man machte auch mehr Fehler, korrigierte diese jedoch rechtzeitig. In dieser Hinsicht unterschied sich die "Kette" nicht vom "Rad" und vom "Y".

Aus nachträglichem Befragen geht hervor, daß man im "Kreis" nicht das Gefühl hatte, einen Leiter zu haben, während man in den übrigen Systemen in steigendem Maß von "Kette" zum "Rad" sich von einem Leiter abhängig fühlte. In umgekehrter Reihenfolge nahm die "Arbeitsbefriedigung" ab, so daß sie am größten im "Kreis" war und am geringsten im "Rad". Die Befriedigung machte sich indessen in den verschiedenen Gruppen unterschiedlich geltend. Die zentralsten Personen im "Rad", im "Y" und in der "Kette" waren eher befriedigt als irgendjemand im "Kreis". Dagegen hatten die mehr peripheren Teilnehmer weniger Befriedigung erfahren als jeder andere im "Kreis".

LEAVITT charakterisiert diese Unterschiede in großen Zügen so:"Als das eine Extrem haben wir den "Kreis", der aktiv ist, ohne Leitung, unorganisiert, der Fehler macht, aber doch seinen Mitgliedern Befriedigung verschafft. Das andere Extrem ist das "Rad", das weniger aktiv ist, eine klare Leitung hat, gut und stabil organisiert ist, weniger Fehler macht und dennoch für die meisten seiner Mitglieder unbefriedigend ist."

HEISE & MILLER (1951) untersuchten die Bedeutung des Kommunikationsmusters in Dreiergruppen. Sie fanden, daß der "Kreis" am effektivsten war, unter der Voraussetzung allerdings, daß es über beide Wege zur Kommunikation kam. Mit nur einer Einwegkommunikation war der "Kreis" am wenigsten effektiv. Dazwischen lag die "Kette". Gleichzeitig wurde festgestellt, je mehr Kommunikation für die Lösung der Aufgabe nötig war, desto größere Bedeutung erlangte das Kommunikationsmuster. In "Stressituationen" vergrößerten sich außerdem die Unterschiede.

Wenn Gefühle der Befriedigung oder der Unzufriedenheit die Aufgabensituation beeinträchtigen, dann wird dadurch gleichzeitig auch die Effektivität beeinflußt. Aus einem Experiment von CHRISTIE, LUCE und MACY (1952) geht hervor, daß in "unsicheren" Situationen, in denen ein Meinungsaustausch notwendig ist, der "Kreis" dem "Rad" überlegen ist. Kam der zentral Plazierte im "Rad" mit einer Aufgabe nicht mehr weiter, dann waren die Mitglieder nicht imstande, sich nun auf einmal selbst mit dieser zu beschäftigen, weil sie gewohnt waren, dem Leiter alles zu überlassen.

Anders im "Kreis". Da waren alle Teilnehmer gewohnt, mitzuarbeiten; sie konnten sich deshalb sofort auf eine veränderte Situation einstellen.

Es ist auch nicht so, daß es im "Kreis" zu keiner Organisation käme. Diese ist nur nicht von vornherein festgelegt, sondern entwickelt sich vom Zweck her und ist deshalb flexibler. GUETSKOV und SIMON (1955) führten die Modifikation ein, daß die Gruppe vor jedem neuen Versuch 2 Minuten Zeit bekam, sich zu organisieren. Sie hatten 3 Systeme: "das Rad" mit dem "Einmannsglied", den "Kreis" als ein System der "Gleichgestellten" und ein "Alle- Kanäle- System", in dem sich jedes System entfalten kann.

Im "Rad" brauchte man geraume Zeit dazu, das gegebene Kommunikationmuster zu durchschauen, während die beiden andern eine Hierarchie zu schaffen versuchten. Im "Kreis" schufen die Mitglieder in der Regel eine Dreischritte- Hierarchie (s. Abb. 12). Sobald die Gruppenmitglieder diese Hierarchie erkannten, vermochten sie besser zu arbeiten; es kam zu weniger Mitteilungen, die die Aufgabe selbst betrafen. Wenn die Hierarchie etabliert war, konnten mehr Mitteilungen sozial- emotionaler (gruppenerhaltender) Art beobachtet werden.

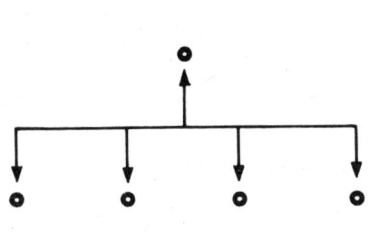 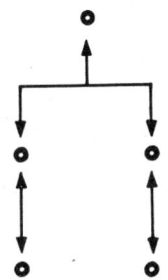

Zweischritthierarchie   Dreischritthierarchie

Abb. 12

LEAVITT & KNIGHT (1963) weisen noch auf folgenden Umstand hin: die Ursache für die Veränderung des demokratischen "Kreises" zu einer zentralisierten Hierarchie, läge darin, daß man häufig Versuche mit einer ungeraden Zahl von Versuchspersonen anstelle, z.B. mit 3-5 oder 7 (vgl. S. 87, 88: Gerade oder ungerade Zahl).

Interaktion in der Gruppe

Zahlreiche Untersuchungen belegen, daß Gruppenarbeit nicht nur aus dem Lösen von Aufgaben besteht. Viele soziale Funktionen dienen dazu, das "Getriebe zu schmieren". Ohne sie würde man nicht weiterkommen.

BALES (1950) hat mit seinem Entwurf einer Analyse des Interaktionsprozesses Bewegung in die Untersuchungen dieser Zusammenhänge gebracht. Die 12 Kategorien, in die er die Handlungen einer Diskussionsgruppe einteilt, geht aus Abb. 13 hervor. Es sind zunächst zwei Hauptgruppen: Handlungen, die mit der Aufgabe verbunden sind, und sozial- emotionale Reaktionen. Die aufgabengebundenen Handlungen bestehen aus Fragen und Antwortsuchen, während die sozial- emotionalen Reaktionen positiv oder negativ sein können (Einteilung A-D in Abb. 13) Gleichzeitig gehören die Kategorien paarweise zusammen (die Einteilung a-f in Abb. 13). Es wurde früher schon erwähnt, daß sich in jeder Gruppe 2 Arten von Bestrebungen beobachten lassen: auf den Zweck gerichtete und solche, die darauf zielen, sich selbst als System zu erhalten.

Sozial- emotionaler Bereich: positiv	A	1. Zeigt Solidarität, hilft, unterstützt, hebt den Status der andern.
		2. Zeigt Entspanntsein, lacht, scherzt, zeigt Zufriedenheit.
		3. Zeigt Eintracht, passive Aufnahme, versteht, stimmt zu, billigt.
Aufgabenbereich: neutral	B	4. Macht Vorschläge, stellt Richtlinien auf, fördert die Selbständigkeit anderer
		5. Sagt seine Meinung, urteilt, analysiert, bringt Gefühle und Wünsche zum Ausdruck
		6. Gibt Orientierungen, Auskünfte, wiederholt, erklärt, bekräftigt
	C	7. Bittet um Orientierung, Auskünfte, Wiederholungen, Bekräftigungen
		8. Fragt nach Meinungen, Urteilen, Gefühlen, Wünschen, Analysen
		9. Erbittet sich Vorschläge, Richtlinien, Wege für Lösung oder Handlung
Sozial- emotionaler Bereich: negativ	D	10. Zeigt Nichtübereinstimmung, weist passiv ab, ist formell, unterläßt es zu helfen
		11. Zeigt Gespanntheit, bittet um Unterstützung, zieht sich aus dem Feld zurück
		12. Zeigt Widerstand, setzt den Status anderer herab, versucht sich zu rächen

abcde

A - Positive Reaktionen
B - Versuche der Beantwortung
C - Fragen
D - Negative Reaktionen

a - Orientierungsprobleme
b - Beurteilungsprobleme
c - Kontrollprobleme
d - Entscheidungsprobleme
e - Probleme der Spannungsbewältigung
f - Integrationsprobleme

Abb. 13

Je wichtiger der Zweck ist, desto weniger Bestrebungen sind für die Erhaltung der Gruppe notwendig. Je mehr Bestrebungen für die Erhaltung einer Gruppe vorhanden sein müssen, desto langsamer kommt man ans Ziel. BALES' Kategorien verdeutlichen diese Dialektik.

Auf dieser Grundlage hat BALES (1953) sein "Gleichgewichtsprinzip" formuliert. Die Situation kann als ein Spannungsfeld aufgefaßt werden, in dem zwei Arten von Kräften wirken: eine Kraft, die in Richtung Ausführung der Aufgabe und eine zweite in Richtung der einen oder anderen Form des Gleichgewichtszustandes zielt.

Der Beobachter hat ein Schema, auf dem er registriert, welcher Kategorie eine Bemerkung oder ein Gestus zugehört, wer damit kommt und an wen sie gerichtet sind, an ein Mitglied oder an die Gruppe als Ganzem.

Daraus kann dreierlei abgeleitet werden: a) der prozentuelle Anteil, den die Reaktionen jeder Kategorie an der gesamten Anzahl der beobachteten Reaktionen ausmachen; b) die Wechselwirkung unter den Mitgliedern in Form der Anzahl der Bemerkungen, die jeder Einzelne entweder an ein Mitglied oder an die Gruppe gerichtet hat und wieviele jeder einzelne selbst entgegengenommen hat; c) die Veränderungen, die im Verhältnis zwischen den verschiedenen Kategorien während des zeitlichen Verlaufs im Hinblick auf die Anzahl der Reaktionen eintreten.

Das Verhältnis zwischen den Kategorien variiert je nach der Art der Aufgabe, vor allem aber nach dem persönlichen Engagement der Teilnehmer. Handelt es sich bei der Aufgabe um die Diskussion von Kontaktproblemen, dann hat hier BALES wiederholt entdeckt, daß "ingangsetzende Handlungen" (Vorschläge, Meinungen und Orientierungen) 50% sämtlicher Handlungen ausmachen. Im weiteren finden sich 25% positive Reaktionen (wie Übereinstimmung und Zustimmung), 12% negative Reaktionen, 6% Fragen, 7% Reaktionen auf Fragen ohne initiierende Absicht.

Die Wechselwirkung zwischen den Mitgliedern variiert teils aufgrund äußerer Bedingungen wie Größe und Druck, teils aufgrund der inneren Struktur der Gruppe und der Unterschiede zwischen den Mitgliedern. Gewöhnlich wendet sich der Aktivste in größerem Umfang an die Gruppe, als das die übrigen tun, und er hat eine stärkere Interaktion mit den übrigen, einschließlich der am wenigsten Aktiven. Meist wenden sich alle an die, die am Produktivsten erscheinen. Die "Produktivsten" haben die Tendenz, sich an die Nächstaktiven zu wenden und Anfragen oder Anregungen von diesen entgegenzunehmen, und die am wenigsten Produktiven sprechen nur sehr wenig miteinander. In einer Matrix mit einer Gesamtzahl von 12205 zwischen Einzelpersonen ausgetauschten Bemerkungen wandten sich die Produktivsten 1238 mal an die Nächstproduktiven und wurden 1748 mal von diesen angesprochen, während die am wenigsten Produktiven nur 28 Bemerkungen an die nächstweniger Produktiven richteten und 44 mal von diesen angesprochen wurden.

Wurde der zeitliche Ablauf der Sitzungen in 3 gleich große Phasen aufgeteilt, fanden BALES & STRODTBECK (1951) bei der Anwendung

des Interaktionsschemas (vgl. Abb. 13) charakteristische Unterschiede in der Häufigkeit der verschiedenen Interaktionsprobleme. Orientierungsprobleme nehmen nach und nach immer mehr ab, während sich
Beurteilungsprobleme bei einer großen Zahl von Teilnehmern halten.
Mit der Zeit treten dann mehr und mehr positive Reaktionen in Erscheinung. Die negativen Reaktionen steigen in der 2. Phase stark
und in der 3. Phase schwach an, Kontrollprobleme treten laufend
mehr und mehr auf. Gegen den Schluß nehmen die Entscheidungsprobleme zu, da dann auf das Erreichen eines Beschlusses gedrängt wird.
Bei der Entscheidung selbst treten die positiven Reaktionen in den
Vordergrund.

Nach den Diskussionen wurden die Teilnehmer gefragt, wen sie am
besten leiden konnten. Nach der ersten Sitzungsserie war der Produktivste auch der Beliebteste - die Gruppe brauchte ihn. Als jedoch nach einer Serie von Sitzungen die Gruppe sich an die Aufgabe
gewöhnt hatte, wurde der Produktivste der am wenigsten Beliebte.
Seine Bestätigung wurde als "Kontrolle" empfunden.

CARTER (1954) überprüfte in einer Reihe von Untersuchungen das
Verhalten von Gruppenmitgliedern während der Arbeit an Gruppenaufgaben und kam zu dem Schluß, daß man von 3 wesentlichen Verhaltenskategorien sprechen könne:

Verhalten, das dem individuellen Zweck des Gruppenmitglieds dient
mit dem Versuch, sich selbst zu behaupten.

Verhalten, das die Aktivität der Gruppe in Richtung auf das Ziel
zu fördern sucht.

Verhalten, das zum Ziel hat, freundliche und sozial befriedigen-
de Beziehungen zwischen den Mitgliedern der Gruppe anzuregen und
zu erhalten.

Bereits BENNE & SHEATS (1948) entdeckten 3 "Funktionen" im Gruppenverhalten:

Aufgabenfunktionen, d.h. ein Verhalten, das sich zum Zweck der
Gruppe herleitet.

Gruppenfunktionen, d.h. ein Verhalten, das für die Erhaltung der
Gruppe und ihr reibungsloses Funktionieren nötig ist.

Eigen- Funktionen, d.h. ein Verhalten, mit dem sich das Individuum selbst behauptet oder heraushebt, ohne daß damit den beiden
anderen Zwecken gedient, sondern - im Gegenteil - daß deren Erfüllung dadurch nicht selten erschwert wird.

Das Verhältnis dieser Funktion zueinander ist von Gruppensituation
zu Gruppensituation verschieden. Dies ist selbstverständlich von
großer pädagogischer Bedeutung, da es ganz einfach um die Frage
geht, wie z.B. eine Gruppe arbeitet. Wenn der Gruppe die Aufgabe
nicht eindeutig klar ist oder wenn sie überhaupt nicht interessiert,
werden Gruppenfunktionen mobilisiert, "um den Prozess ingang zu
halten", oder aber - noch schlimmer - das ganze löst sich in "Eigenfunktionen" auf.

Im Laufe der Zeit variiert das Verhältnis zwischen diesen Funktionen in der Regel stark. Oft ist beobachtet worden, daß bei einer 20- Minuten- Diskussion eines Problems in den ersten 15 Minuten nur "Eigenfunktionen" und gelegentlich notwendige "gruppenerhaltende Funktionen" eine Rolle spielen, und ganz selten nur einzelne, meist überhörte Versuche, endlich zu den "Aufgabenfunktionen" zu kommen. Erst unter Zeitdruck - man will ja schließlich etwas erreichen - wird die Aktivität aufgabenbetonter.

Ein gewisser Druck scheint nötig zu sein - sachlich ausgeübt -, wenn man wirklich dem Zweck und Ziel dienen will, wohlverstanden dem Zweck und Ziel der Gruppe, nicht der einzelnen Mitglieder.

In einer sachlich arbeitenden Gruppe, d.h. einer Gruppe, in der die "Eigenfunktionen" auf ein Minimum reduziert sind, kann man nach BALES (1950) im Prozess einer Problemlösung zwischen 4 Phasen unterscheiden.

In der ersten Phase tauschen die Gruppenmitglieder Informationen aus und entwickeln verschiedene Lösungsmöglichkeiten. In der nächsten Phase werden diese Möglichkeiten beurteilt.

In der dritten Phase will man zu einem geeigneten Vorschlag kommen. Die Diskussion zielt vor allem darauf ab, einen Kompromiß zu finden. Man sucht Meinungsunterschiede auszugleichen, gibt in verschiedenen Punkten nach und versucht, den Spannungszustand innerhalb der Gruppe zu verringern.

In der letzten Phase wird dann die gemeinsame Entscheidung getroffen.

Diese Phasen sind jedoch keineswegs scharf gegeneinander abgegrenzt. Es handelt sich vielmehr um den gleichzeitigen Verlauf einer Reihe von Prozessen, bei denen die verschiedenen Phasen ungleich verteilt sind.

Die Voraussetzung eines befriedigenden Resultates der letzten und vom Ziel her gesehen entscheidenden Phase ist eine genügende Effektivität der vorausgegangenen Phasen. Besonders in der ersten Phase wird von untrainierten Gruppen oft zu wenig herausgeholt, was oft zu einer Ausdehnung der dritten Phase führt und das Resultat der Schlußphase einschränkt.

BALES (1958) untersuchte, welche der Funktionen den Leiter der Gruppe besonders kennzeichnet.

Seine Hypothese war folgende: wer in einer noch nicht strukturierten Gruppe Leiter wird, ist entweder der populärste oder aktivste unter den Mitgliedern, oder er macht die besten Vorschläge für die Lösung der Gruppenaufgabe.

An seinen Experimenten nahmen 30 Gruppen teil, die nach jedem Versuch angaben, wen sie in der Gruppe am meisten mochten, und wen sie für denjenigen hielten, der am meisten zur Lösung der Aufgabe beitrug. Die Aktivität wurde mithilfe von Beobachtungskategorien registriert.

Ergebnis: die Gruppenmitglieder, die beim Vorbringen von Lösungs-vorschlägen sowohl quantitativ als qualitativ führten, waren nicht gleichzeitig auch die Beliebtesten. Es war vielmehr in der Regel, das Mitglied, das in dieser Hinsicht das Zweitbeste und gleichzeitig das Beste bei den sozial- emotionalen (gruppenhaltenden) Funktionen war.

Nach Meinung von BALES kommt es in Diskussionsgruppen meist dadurch zu einer Rollendifferenzierung, daß ein technischer Leiter sich der Aufgabe annimmt, und ein sozialer Leiter sich um den Spannungszustand unter den Gruppenmitgliedern kümmert, die Interaktionen ingang hält und die Gegensätze glättet.

Andere Forscher haben beobachtet, daß die letztere Rolle manchmal unter zwei aufgeteilt ist: der eine nimmt sich besonders des Zusammenhalts der Gruppe an, der andere bemüht sich darum, die Interaktion unter den Gruppenmitgliedern zu fördern.

Natürlich kann es vorkommen, daß sich alle Funktionen in einem Leiter vereinigen, der sowohl "sachkundig" als auch "menschenkundig" ist. Häufig ist es jedoch so, daß ein Leiter, der mehr "Techniker" ist, sich weniger "sozial" zeigt. Man kann hier geradezu von einem Komplimentaritätsverhältnis innerhalb der Leiterfunktion sprechen.

Zusammensetzung der Gruppe

Die Rollenverteilung ist nicht nur von der Gruppenaufgabe abhängig, sondern auch von den Voraussetzungen und Motiven der einzelnen Mitglieder.

In einer Gruppe kann es Mitglieder geben, für die die Aufgabe die Hauptsache ist, während für andere das soziale Zusammensein wesentlich erscheint. Etwas "verklemmte" Personen können so sehr von sich selbst in Anspruch genommen sein, daß dadurch die Gruppenarbeit beeinflußt und behindert wird.

BASS (1962) hat ein Schema für die Bestimmung dieser Motive ausgearbeitet ("The Orientation Inventory"). Nach seinen Forschungen wird das Gruppenverhalten dadurch beeinflußt, daß die Gruppe sich einseitig aus Personen mit verschiedenen Orientierungen zusammensetzt.

Ich- Orientierte
Aufgaben- Orientierte
Interaktions- Orientierte

Gruppen, die nur aus aufgabenorientierten Mitgliedern bestehen, arbeiten nicht besonders gut. Die Mitglieder widmen sich zwar intensiv der Aufgabe, aber das Miteinander klappt nicht recht. Es fehlen solche, die die Interaktion ingang halten.

Gruppen, die aus Interaktions- Orientierten bestehen, haben dagegen ein außerordentliches gutes Gemeinschaftsklima; die Aufgabe selbst jedoch tritt in den Hintergrund.

In einer gut arbeitenden Gruppe sollten beide Orientierte gleichermaßen vorhanden sein. Außerdem dürfen nicht so viele Ich-Orientierte bei ihr teilnehmen.

STENSÅSEN (1962) hat in seiner Untersuchung die Motivierungen der Schüler für die Wahl ihrer Arbeitskameraden zusammengestellt. Es handelte sich um 115 Schüler, die 658 Motive angaben. Diese verteilen sich in folgender Reihenfolge:

1. Fachliche Tüchtigkeit, Verhältnis zur Arbeit   270
2. Emotionale Eigenschaften   199
3. Verhalten anderen gegenüber   76
4. Ihre Freunde   48
5. Gemeinsame Interessen und Erfahrungen   19
6. Charaktereigenschaften   18
7. Nachbarn im Wohnviertel   13
8. Intellektuelle Eigenschaften   11
9. Physische Eigenschaften   4

Die Motive lassen sich in 2 Kategorien zusammenfassen: entweder sind sie durch Arbeit und Aufgabe, oder aber durch soziale Miteinander begründet. Wären mit der Untersuchung auch Motive für eine Ablehnung erfaßt worden, dann wären vermutlich in der Aufstellung auch solche zu finden, die eine ich- orientierte Person charakterisieren.

Bei der vorausgegangenen Erörterung zur Gruppenanziehung (Seite 97) wurden 3 Qualitäten hervorgehoben, die besonders anziehend wirken:

das Prestige, das man durch die Gruppe erhält,
die Aufgabe der Gruppe und
das soziale Klima in der Gruppe.

Das Problem der Gruppenzusammensetzung kann dadurch kompliziert werden, besonders dann, wenn manche sich gegenseitig durch eine dieser Qualitäten angezogen fühlen. Das betrifft vor allem jene Individuen, die sich überwiegend von einer einzigen der oben erwähnten Orientierungen leiten lassen.

Nach diesen Betrachtungen wird sich unweigerlich die Frage aufdrängen: Wie soll man eine Gruppe zusammensetzen, um eine optimale Wirkung zu erzielen? Soll man irgendein "Berechtigungskriterium" anwenden, z.B. das Auslosen oder eine willkürliche Ausscheidungsprozedur? Mit einer solchen ziemlich formalistischen "blinden Gerechtigkeit" verbaut man sich jede Möglichkeit eines bewußten Eingreifens, durch das sich eine effektive Zusammensetzung erreichen ließe. Soll man die Schüler selbst entscheiden lassen, mit wem sie zusammenarbeiten wollen? Obwohl es verlockend sein mag, die Gruppen aufgrund der eigenen Wahl der Teilnehmer, d.h. der gegenseitigen Sympathie der Mitglieder, zusammenzusetzen, um u.a. zu Beginn des Gruppenstrukturierungsprozesses Reibungen zu vermeiden, gibt es doch verschiedene Überlegungen, die dagegen sprechen, so etwa die soziale Rücksichtnahme. Es gilt,die Kontaktfläche der Schüler zu erweitern, nicht sie auf eine kleine Clique einzuengen. Auch eine aufgabenbetonte Rücksichtnahme spricht dagegen. So ist es also nicht sicher, daß eine freie Wahl der Arbeitskameraden auch ein für die Arbeit am zweckmäßigsten zusammengesetztes Team ergibt. Das Risiko ist groß, daß eine Gruppe Schlagseite in Richtung einer der 3 Motivierungen bekommt oder sich aufgrund einer der Anziehungskriterien, z.B. dem Prestige, einseitig bildet. Nun dominiert allerdings bei den wenigsten Schülern völlig einseitig eine dieser Orientierungen. Die meisten werden vielmehr Anteil an allen diesen Orientierungen haben. Es wird eine pädagogische Aufgabe sein, durch eine geeignete Gruppenzusammensetzung eine allseitige Orientierung der Schüler weiter zu entwickeln.

Soll die Zusammensetzung von Gruppen aufgrund einer soziometrischen Wahl, d.h. aufgrund von Sympathie oder Antipathie vorgenommen werden? Wenn man nur von der Wahl der Schüler ausgeht, begibt man sich der Möglichkeit eines pädagogischen Eingreifens in die soziale Struktur, das im Augenblick nicht populär sein mag, das aber auf längere Sicht dienlich sein könnte.

Auf der alleinigen Grundlage einer soziometrischen Wahl für die Gruppenzusammensetzung würden z.B. an den meisten Schulen Knaben und Mädchen selten zusammen in die gleiche Gruppe kommen. Die meisten soziometrischen Untersuchungen weisen einen größeren Abstand zwischen Knaben und Mädchen nach als zwischen den mit den meisten und den mit den wenigsten Stimmen Gewählten des jeweiligen Geschlechts. Da man gefunden hat, daß mit gemischten Klassen am besten zu arbeiten ist, müßte man einen Rückschritt darin sehen, wenn man beim Übergang zur Gruppenarbeit auf gemischte Gruppen verzichten wollte.

Die Tendenz, die einen zu bevorzugen und andere abzulehnen, darf wohl nicht damit unterbaut werden, daß man die Gruppen so zusammensetzt, daß man mit denen zusammen ist, die man leiden kann und vor denen verschont bleibt, die man nicht mag. Für einen Pädagogen kann eine Verlockung in einem solchen Verfahren liegen, weil die "Arbeit" selbst leichter ingang kommt. Vielleicht wird aber dadurch ein wichtiges Moment der Charakterentwicklung vernachlässigt, nämlich für eine größere Toleranz zu sorgen. Eine Gruppenbildung nach dem Prinzip der gegenseitigen Bevorzugung oder Ablehnung kann dazu führen, daß sich die soziale Spannweite des einzelnen Schülers verengt;

man wird nur mit denen verkehren wollen, die man leiden kann, nicht aber mit denen, die man nicht mag - ihnen gegenüber wird man intolerant. Hierin liegt der Keim für den Antagonismus zwischen Gruppen, die durch die Einstellung "wir" oder "die andern" charakterisiert sind.

Man muß eher versuchen, die soziale Spannweite der Schüler zu vergrößern: Man gibt ihnen Gelegenheit, mit verschiedenen zusammen zu arbeiten, man vermeidet, sie in einer Arbeitsclique mit festfahren zu lassen. Damit kann bereits von Anfang an begonnen werden, indem man es zur Regel macht, daß alle Gruppenzusammensetzungen der Abwechslung unterliegen. Die Schüler können rasch daran gewöhnt werden und es interessant finden, immer wieder mit neuen zusammenzuarbeiten. Der Intoleranz, die gegenüber weniger Tüchtigen entstehen könnte, kann gleichzeitig durch eine besser gehandhabte Rollenverteilung in der Gruppe begegnet werden, so daß es für die andern keine Belastung bedeutet, z.B. einen Schüler mit einer "längeren Leitung" in der Gruppe zu haben.

Außer der Unterbringung der Schüler "mit langer Leitung", gibt es noch das Problem der Verteilung der "schwierigen" Schüler auf die Gruppen. Sie sind im großen ganzen wohl identisch mit den "Ich-Orientierten" und sollten ähnlich behandelt werden. Setzt man eine Gruppe "schwieriger Schüler" zusammen, werden diese schwerlich gut miteinander arbeiten, sogar schon ein einzelnes "schwieriges Mitglied" kann einer Gruppe unter bestimmten Umständen schaden. Wenn die Gruppe sich ganz ihrer Arbeit hingibt, wird sie das Gebaren des "Schwierigen" zurückweisen. In einem solchen Fall wird es eher der "Schwierige" (oder der "Ich- Orientierte") sein, der positiv beeinflußt wird.

MAYO (1946) wies diesen Sachverhalt in seinen Untersuchungen nach: "Wenn mehrere Personen zusammenarbeiten, um ein gemeinsames Ziel zu erreichen, wird es zu einer Interessengemeinschaft kommen, die die egoistischen Interessen zurückdämmen wird." Die Aufgabenorientierung wird also die Ichorientierung überschatten.

Die Frage ist, wie viele "Schwierige" man in einer Gruppe unterbringen kann, ehe es zu einer schlechten Arbeit der ganzen Gruppe kommt.

Über dieses Problem liegen für die Schulsituation nicht viele Untersuchungen vor. Bei Versuchen in der Industrie hat man einige Beobachtungen gemacht: Wenn man einen sonst gut Arbeitenden mit zwei schlecht Arbeitenden zusammenbrachte, verschlechterte sich der gute Arbeiter. Umgekehrt verbesserte ein schlechter Arbeiter, der mit zwei guten Arbeitern zusammengebracht wurde, seine Leistungen. Eine gute Gruppe, mit schlechten Gruppen zusammengebracht, wurde schlechter - und umgekehrt.

In diesem Zusammenhang muß die Frage aufgeworfen werden, unter wel
chen Bedingungen es zweckmäßig sein wird, ein bestimmtes Mitglied
aus einer Gruppe zu entfernen und es eventuell in eine andere Gruppe zu versetzen.

Ausgehend von der früher vorgenommenen Unterscheidung zwischen
einer Popularitätsdimension und einer Machtdimension in der Gruppe kann man feststellen, daß die Versetzung entweder für Mitglieder
besonders aktuell sein kann, die nur eine geringe Popularität haben,
oder für Mitglieder, die innerhalb der Machtdimension eine starke
Position besitzen. Im ersteren Fall trifft es zu, wenn der Betreffende sich nicht in der Gruppe einfügen kann, und im letzteren Fall,
wenn er einen negativen Einfluß auf die Gruppe ausübt.

Voraussetzung für die Zweckmäßigkeit der Versetzung eines Mitglieds, das sich nicht in die Gruppe einzufügen vermag, ist die
Anpassungsbereitschaft der neuen Gruppe; anders kommt es zu einer
weiteren Niederlage, die die Schwierigkeiten des Betreffenden nur
noch vermehrt.

Voraussetzung für die Versetzung eines Mitglieds, das auf die Gruppe einen negativen Einfluß ausübt, ist die Tatsache, daß der Betreffende Anführer und Anstifter bei dem Konflikt war.In einem solchen
Fall wird der Konflikt mit dessen Entfernung aufhören. Wenn dagegen
der Konflikt durch andere Verhältnisse verursacht wurde (z.B. dadurch
daß die Bestrebungen der Schule den Interessen der Gruppe widersprich
und der Anführer es sich zur Aufgabe gemacht hat, diese Interessen
wahrzunehmen), dann wird die Entfernung des Anführers im Konflikt
nicht zugleich auch das Aufhören des letzteren bedeuten. Sie wird
nur dazu führen, daß sich ein neuer Anführer die Interessen der Gruppe vertritt, solange die den Konflikt verursachenden Verhältnisse
weiter bestehen.

Struktur und Leitung

GIBB (1947) nennt die Gruppenmitglieder, die die übrigen am stärksten
beeinflussen, unformelle Führer. Die übrigen Gruppenmitglieder müssen jedoch diese Beeinflussung freiwillig akzeptiert haben (meistens
unausgesprochen oder unbewußt).

Aus den Kommunikationsversuchen, die auf Seite 91ff. besprochen
wurden, ging hervor, daß selbst in den Gruppen, in denen alle gleich-
gestellt sein sollten, sich im Blick auf die Effektivität die Tendenz zum Akzeptieren eines Leiters zeigte. In den Interaktionsver-
suchen, die auf Seite 95ff. besprochen sind, war derjenige, der die
Führung übernahm, anfangs populär, wurde aber dann unpopulär, wenn
man ihn nicht mehr brauchte. Es wurde auch beobachtet, wie von der
Gruppe ein Druck auf einen Teilnehmer ausgeübt werden kann, damit
er die Leiterrolle übernehme, er sich jedoch dann weigerte, dies zu

tun. Im Gegensatz dazu gibt es aber auch Gruppenmitglieder, die nur allzu gern eine Leiterrolle übernehmen würden, entweder des Prestiges wegen, oder um Macht ausüben zu können, die aber von der Gruppe für eine solche Rolle nicht erwünscht sind. Außerdem gibt es Leiter, die gut geeignet sind, eine gegebene Leiterrolle auszuführen, und andere, die es nicht sind.

Inwieweit es in einer Gruppe zu einem unformellen Leiter kommt und wer der Betreffende sein wird, hängt von folgenden 3 Voraussetzungen ab:

Hat die Gruppe einen Leiter nötig oder nicht?

Ist der infrage kommende für die Leiterrolle geeignet oder ungeeignet?

Hat er Lust, der Dominierende zu sein oder nicht?

Diese Voraussetzungen müssen teils auf dem Hintergrund der gleichen Faktoren gesehen werden, die bei der Gruppenanziehung eine Rolle spielen, nämlich Prestige, Aufgabe und gegenseitige Sympathie, teils im Zusammenhang mit der Orientierung der Person: Ich-Orientierung, Aufgabenorientierung und Interaktions- Orientierung. Wenn der für die Leitung infrage Kommende ich- orientiert ist, sind seine Motive oft nichts anderes als der Versuch, sich selbst durchzusetzen.

Vom Zweck und vom Ziel der Gruppe her kann entschieden werden, ob ein Leiter für sie positiv oder negativ ist. Im selben Umfang, wie er diese fördert, ist er auch für die Gruppe positiv.

Der "negative Leiter" wird demnach ich- orientiert sein und nicht gruppen- orientiert, und Prestige (oder Machtgelüste) werden einseitig für ihn ausschlaggebend sein und nicht die Gruppenfunktionen. Ein solcher Leiter herrscht kraft irgend eines äußeren Machthintergrundes und nicht aufgrund eigener Resourcen, was einem das Recht gibt, ihn "Tyrann" zu nennen, wie wir das früher schon getan haben. (s. Abb. 5)

Daß es bei den "positiven Leitern" eine Grenze der Lust zu herrschen gibt, zeigt ein Versuch von SCHRIVER (CARTER 1953). Sie begann ihre Versuche mit Vierergruppen, die verschiedene Aufgaben ausführten. Die Person mit dem besten Leiterverhalten wurde formell zum Leiter der Gruppe ernannt. Diese Tatsache bewirkte, daß er als Leiter noch besser wurde. Nach dem nächsten Versuch bekam er zu wissen, daß er als Leiter so gut sei, daß er es auch weiterhin bleiben solle, worauf er noch besser wurde. Er bekam darauf die Aufgabe, eine Belohnung an die 3 übrigen Gruppenmitglieder zu verteilen. Das eine sollte 4 Dollar, das andere 3 Dollar und das letzte 2 Dollar bekommen. Dadurch wurde seine Leiterfunktion vollständig desorganisiert. Über so viel Macht wünschte er nicht zu verfügen.

Einer Gruppe kann es eine Zeitlang schwerfallen, sich zu strukturieren, wenn das am besten dafür geeignete Mitglied die Leiterrolle ablehnt. Das nächstbeste wird beim Übernehmen der Rolle unsicher sein und wird erst seine Sicherheit gewinnen, wenn der andere die Gruppe verläßt. Bleibt der Beste in der Gruppe, so verliert er auf längere Sicht seine gute Beurteilung, worauf der ehemalige Nächstbeste mit der Zeit der Beste wird.

Welche Bedeutung ein Leiter für Zweck und Ziel der Gruppe hat, geh aus einem Experiment vom MAIER und SOLEM (1952) hervor. Sie untersuchten Kleingruppen mit 5 und 6 Mitgliedern. Jede Gruppe war einheitlich nach der Tüchtigkeit zusammengesetzt und hatte selbst ihren eigenen Sprecher gewählt. Dieser war jedoch, ohne daß die Gruppe davon etwas wußte, entweder instruiert worden, daß er nur die Rolle eines Beobachters ausüben solle, oder man hatte ihm gesagt, als Leiter zu wirken und die andern zu ermuntern, mit ihrer Meinung herauszurücken. Im zweiten Falle hatten die Gruppen bei der Problemlösung einen größeren Erfolg, weil der Leiter alle verborgenen Talente in der Gruppe ins Spiel brachte.

ROBY ET AL. (1963) untersuchten die Frage, wann für eine Gruppe ein Leiter vorteilhaft ist. Wenn es darum ging, sich schnell Milieuveränderungen anzupassen, waren die gemeinsamen Entscheidungen der Gruppe am effektivsten. Wenn es sich darum drehte, die Handlungen der Gruppe auf konkrete Aufgaben hin zu koordinieren, war ein Leiter besser.

Andererseits ergibt sich bei einem "starken Leiter" (einer stark organisierten Gruppe) das Problem, daß die Resultate der Gruppe zu stark vom Leiter abhängen werden. FIEDLER ET AL. (1963) haben nachgewiesen, daß es in einer "zusammengeschweißten" Gruppe zwischen der Leistung der Gruppe und der Intelligenz des Leiters einen Zusammenhang gibt. In mehr nur locker verbundenen Gruppen ist dies nicht der Fall.

Die Kommunikation in der Gruppe, handle es sich nun dabei um Diskussionen, Aktionen oder Friktionen, hat die Tendenz, sich über den Leiter abzuwickeln. WHYTE (1953) weist darauf hin, daß die Mitglieder versuchen, den Leiter so zu beeinflussen, daß er in der von ihnen gewünschten Richtung handelt, denn seine Zustimmung gibt die sicherste Gewähr dafür, daß es zu der infrage stehenden Handlung auch wirklich kommt.

Ein Experiment von MEREI (1949) mit Kindergartenschülern zeigt, wie der Leiter in Übereinstimmung mit Zweck und Ziel der Gruppe handeln muß. Die Kinder blieben in den üblichen Gruppen ihres Kindergartens beieinander und wurden einige Wochen lang beobachtet. Die Kinder, die sich als Leiter aufspielen wollten und von den übrigen als solche anerkannt wurden, wurden aus der Gruppe entfernt. Darauf wurden die übriggebliebenen Kinder in Dreier- bis Sechserriegen eingeteilt, die voneinander abgesondert spielten. Schon nach kurzer Zeit entwickelte sich jede dieser Riegen zu einer Gruppe mit einer bestimmten Tradition dafür, wer die Leitung übernahm, wer mit wem spielte, in welcher Reihenfolge man die verschiedenen Spiele vornahm etc. Darauf wurden die entfernt gewesenen "Leiteranwärter" wieder eingegliedert. Sie versuchten oft zu dominieren, doch gelang ihnen das nicht, wenn sie der Tradition zuwiderhandelten. Manche von ihnen erreichten keine Leiterposition, und diejenigen, denen dies gelang, mußten sich vollständig mit den während ihrer Abwesenheit entwickelten Gruppennormen identifizieren.

TOKI (SHERIF & SHERIF, 1956) untersuchte teils mit Kindergruppen einer Schule, und teils mit Kindergruppen in einem Lager, was es für die Gruppenstruktur zu bedeuten hatte, wenn einer Gruppe plötzlich der Leiter weggenommen wurde. In beiden Fällen ergab sich folgendes: Wenn die Gruppenstruktur nur wenig entwickelt war, zeigte sich eine Auflösungstendenz. Wenn eine Gruppe, die schon von Anfang an eine schwache Struktur hatte, ihre Aktivität fortsetzte, dann entwickelte sich nach und nach eine neue Gruppenstruktur. Wenn der frühere Leiter einer solchen Gruppe nach kurzer Zeit zurückkam, zeigte sich die Tendenz, daß die ursprüngliche Struktur die neue Struktur, die im Entstehen begriffen war, ersetzte; kam der Leiter jedoch erst dann zurück, wenn sich die neue Struktur bereits stabilisiert hatte, kam es zu der Tendenz, das Gruppenleben in Übereinstimmung mit der neuen Struktur weiterzuführen.

Sowohl MEREIS als auch TOKIS Experiment beweist, daß die Freiheit des unformellen Leiters, wenn er sich seine Position erhalten will, in mancher Hinsicht mehr eingeschränkt ist als die anderer Gruppenmitglieder.

Das Prestige, das ein Leiter kraft seiner Position erlangen kann, hat seinen Preis in der größeren Verantwortung der Gruppe gegenüber, die von dem Betreffenden erwartet wird. Untersuchungen haben erwiesen, daß man an der Spitze einer Hierarchie stärker an Werte und Normen gebunden ist als in den unteren Schichten. Der Leiter soll sich vor allem für seine Mitglieder einsetzen, zu seinem Wort stehen und die Normen aufrechterhalten. Tut er das nicht, verliert er etwas von seinem sozialen Status oder gar seine Position.

Ein Leiter muß sich auch seiner Rolle gemäß benehmen. BERKOWITZ (1953) hat in seinem Experiment nachgewiesen, daß es in einer Gruppe dem designierten Leiter gegenüber generelle Rollenerwartungen gibt. Wenn er sich nicht in die Rolle findet, ist der Zusammenhalt der Gruppe gefährdet und die Unzufriedenheit der Mitglieder nimmt zu.

7. Leitung als Gruppenfunktion

Leitereigenschaften

Es ist selbstverständlich von großem Interesse, Personen mit den richtigen Leitereigenschaften identifizieren zu können, was ja auch die Erklärung dafür ist, daß es vor allem Industrie- und Heerespsychologen sind, die sich mit dieser Frage beschäftigt haben. Aber nachdem man sich mittlerweile über die pädagogische Bedeutung der Gruppe klar geworden ist, hat man auch angefangen, sich für die Leiter der Kindergruppen zu interessieren. Es liegen bereits so viele Untersuchungen innerhalb solcher Gruppen vor, um konstatieren zu können, daß sich hier die Verhältnisse nicht generell von denen der Erwachsenengruppen unterscheiden. Die Leitung innerhalb einer Gruppe kann ganz eindeutig schon früh im Kindergartenalter festgestellt werden, und die nämlichen charakteristischen Unterschiede zwischen "guten" und "schlechten" Leitern, die man z.B. bei militärischen Führern finden kann, kann man auch in Kindergartengruppen feststellen.

Früher war man der Meinung, die "Leiterbegabung" sei ein besonderes Personencharakteristikum. Deshalb interessierte man sich besonders für Untersuchungen, die Auskunft darüber geben sollten, welche Charakterzüge es seien, die einen Leiter ausmachen. Besonders waren es die physischen Züge, für die man sich interessierte. Daß es eine alte Erfahrung ist, es bestehe ein gewisser Zusammenhang zwischen der physischen Statur und dem Leiterstatus, geht daraus hervor, daß eine große Anzahl von Redewendungen sowohl Physisches als Psychisches einschließen.

Auch bestimmte Persönlichkeitszüge können mit der Leitereignung zusammenhängen. GOODENOUGH (1930) fand bei Untersuchungen von Kindergartenschülern, daß es einen Zusammenhang zwischen Leiterverhalten und Aktivität, Sprachfertigkeit, der Neigung zum Lachen und der sozialen Anteilnahme gab. PARTRIDGE (1934) fand bei einer Untersuchung von Knaben in einem Ferienlager, daß die 4 wichtigsten Züge im Leiterverhalten der Reihenfolge nach folgende waren: Intelligenz, Zuverlässigkeit, die äußere Erscheinung und sportliche Fähigkeiten. Unter Studenten fand ZELENY (1939), daß Teilnahme (Anteilnahme und Einfühlung), Zutrauen zu sich selbst und Prestige die Züge waren, die am eindeutigsten den Leiter vom Nichtleiter unterschieden. Unter Pfadfindern fand VAN DUSEN (1948), daß die Dimensionen der Eignung, in der Reihenfolge ihrer Bedeutung aufgezählt, die folgenden waren: Interesse an der Aktivität der Gruppe und Vertrautsein mit ihr, Bereitschaft zur Zusammenarbeit, Anpassungsfähigkeit und Ehrlichkeit. Diese Untersuchungen äußerer und innerer Merkmale bei den Leitern

haben jedoch keine praktisch anwendbaren Resultate zur Folge gehabt,
die man z.B. als Grundlage für Identifizierung oder Auswahl von
Leitern hätte gebrauchen können.

STOGDILL (1948) verglich die Resultate einer großen Zahl von Untersuchungen über den Zusammenhang von Leitereignung und Eigenschaften miteinander.

Bei der Beschränkung der Untersuchung auf nur solche Fälle, über
die mindestens 3 separate Untersuchungen vorlagen, kam es zum Vergleich von im ganzen 124 Untersuchungen. Er gruppierte die untersuchten Themen in 10 Hauptgebiete:

Körpergröße: Leiter sind durchschnittlich größer als die übrigen
Gruppenmitglieder. Nur einzelne sind kleiner. Es kommt darauf an,
um welche Art von Gruppe es sich handelt.

Körpergewicht: Leiter sind schwerer als die anderen Gruppenmitglieder; bei einzelnen Gruppen jedoch, so z.B. bei Schulkindern
ist es umgekehrt.

Konstitution (Vitalität und Energie): Es liegen unterschiedliche
Resultate vor, je nach den Aufgaben der Gruppe. Im großen und
ganzen muß der Leiter energischer sein als die übrigen und zwar
auf den Gebieten, die für Ziel und Zweck der Gruppe relevant sind.

Äußere Erscheinung: Es gibt einen bestimmten Zusammenhang zwischen
dem Aussehen, der Kleidung usw. und der Ausübung der Leitung. Es
sind indessen unterschiedliche Dinge, auf die man in den verschiedenen Gruppen Wert legt.

Intelligenz: Die Intelligenz der Leiter liegt über dem Durchschnitt. Sie gehörten jedoch selten zu den Begabtesten.

Selbstvertrauen und Selbstsicherheit: Es gibt verschiedene Resultate, je nach Art der Gruppe.

Willenstärke (Initiative, Ausdauer, Ambition): Die Leiter liegen bei den meisten Untersuchungen eindeutig höher als die anderen.

Dominierung: Die Untersuchungen darüber zeigen widersprechende
Resultate.

Soziabilität: Bei den Untersuchungen, die unter Soziabilität
soziale Unternehmungslust verstehen, ergeben sich Zusammenhänge
mit dem Leistungsvermögen.

Aufgeschlossenheit: (gesprächig, gemütlich, enthusiastisch): Dieser
Zug findet sich bei den Leitern häufiger, als bei den übrigen Gruppenmitgliedern.

STOGDILLS Zusammenstellung zeigt, daß man nicht von einem bestimmten Persönlichkeitsmuster sprechen kann, das immer die Leiter charakterisiere. Man kann also nicht von einer besonderen "Führerbegabung" sprechen. Es gibt zwar Anzeichen, daß sich gewisse Züge wie Intelligenz, Aufgeschlossenheit, Willensstärke und soziale Unternehmungslust bei Leitern finden, doch dies gilt nur für bestimmte Leiter und unter bestimmten Verhältnissen.

Jemand wird nicht allein schon dadurch ein Leiter, weil er im Besitz eines speziellen Musters von persönlichen Charakterzügen ist. Dieses Muster muß vielmehr gleichzeitig auch in das besondere Muster der Gruppe hineinpassen und Zweck und Ziel der Gruppe und ihrer Tätigkeit entsprechen.

Aufgrund der ausgewerteten Untersuchungen stellt STOGDILL Persönlichkeitsvariablen auf, die mit Leitung im Zusammenhang stehen können, deren Bedeutung aber von Situation zu Situation variieren kann. Er findet, daß die 22 Variabeln in folgende Hauptgruppen zusammmengefaßt werden können:

1. *Kapazität:* Erscheinung, Sprachfertigkeit, Intelligenz, gesunde Urteilskraft und Denken, Einsicht, Originalität.

2. *Leistungsmöglichkeiten:* Tüchtigkeit, Spezialwissen, die Fähigkeit, dafür zu sorgen, daß die Aufgaben erledigt werden.

3. *Verantwortungsgefühl:* Zuverlässigkeit, Integrität und Überzeugungskraft, Selbstvertrauen.

4. *Soziabilität:* Anpassungsvermögen, soziale Unternehmungslust, physische Aktivität, Umstellungsfähigkeit, Einfühlungsvermögen, Begabung zur Zusammenarbeit, die Fähigkeit, Zusammenarbeit zu verwirklichen.

5. *Status:* Popularität.

Wie diese Persönlichkeitsvariabeln sich auswirken, hängt von der Situation der Gruppe ab. Die Eignung zum Leiter wird also durch ein Zusammenspiel von Variabeln entschieden: einerseits durch die vorhandenen Eigenschaften des Leiteranwärters, andererseits durch Zweck und Ziel der Gruppe und deren Aufrechterhaltung.

Verhalten des Leiters

HEMPHILL (1949) weist darauf hin, daß man anstatt zu untersuchen, was ein Leiter sei, d.h. ob bestimmte Züge zu entdecken sind, die die "Führerpersönlichkeit" STOGDILLS Übersicht entsprechend charakterisieren, lieber studieren sollte, was ein Leiter tut, d.h. das Leiterverhalten.

Er definiert Leitung so: leiten heißt eine Handlung ausführen, die eine bestimmte Struktur für das Zusammenwirken anderer als einem Teil des Prozesses absteckt, mit dem ein gemeinsames Problem gelöst wird. Die Leiter sind es, die gewöhnlich solche Handlungen in den Gruppen ausführen.

HEMPHILL stellt ein Frageschema auf, das 9 Funktionen zur Kennzeichnung des Leiterverhaltens umfaßt:

1. Die Ingangsetzung von Verhaltensregeln oder Überlegungen.
2. Der unformelle Umgang mit der Gruppe.
3. Die Repräsentation der Gruppe bei Verhandlungen etc.
4. Die Festigung der Gruppe.
5. Die Organisation der Gruppe.
6. Die Beherrschung der Gruppe.
7. Das Geben und Empfangen von Auskünften.
8. Das Loben oder Tadeln von Gruppenmitgliedern.
9. Das Arbeitsresultat der Gruppe.

HALPIN (1954) untersuchte mithilfe von HEMPHILIS Schema eine größere Anzahl von Gruppen. Er fand, daß das Leiterverhalten durch 4 Faktoren beschrieben werden kann, das Gültigkeit innerhalb aller Gruppen besitzt, selbst dann, wenn ihr relatives Vorkommen variiert:

1. *Die Berücksichtigung der Gruppe:* Häufige Kontaktnahme mit Mitgliedern, Erklärung der Verhaltensregeln und Hören auf die Meinung anderer.

2. *Die Organisation der Gruppe:* In welchem Ausmaß der Leiter es versteht, das Verhältnis zwischen sich und den Gruppenmitgliedern oder zwischen diesen untereinander (u.a. die Rollenverteilung) zu organisieren und auszuformen.

3. *Die Betonung der Arbeit:* Er verstärkt die Motivation, indem er die Bedeutung der Arbeit oder die Wichtigkeit von Zweck und Ziel hervorhebt.

4. *Der soziale Takt:* Der Führer ist bereit, die Verhaltensregeln zu ändern, er tadelt die Gruppenmitglieder nicht, die Fehler machen, er schafft keine Sündenböcke. Er merkt, was in der Gruppe vor sich geht, er glättet Konflikte.

CARTER ET AL. (1950) haben Leiter und Mitglieder in Kleingruppen beobachtet, um die Charakteristika des Lehrerverhaltens zu finden. In einigen Gruppen hatte CARTER selbst die Leiter bestimmt, während andere Gruppen keine ernannten Leiter hatten, jedoch in verschiedene "schwierige Situationen" versetzt wurden. Es gab also 2 Arten von Leitern, eingesetzte, und solche, die sich ganz natürlich

111

dazu entwickelten, indem sie die Leitung von sich aus in solchen Gruppen übernahmen, die ohne Leiter waren. Es wurde beobachtet, daß die Leiter beider Arten sich dadurch von anderen Gruppenmitgliedern unterschieden, daß sie die Situation zu klären verstanden und vorschlugen, was unternommen werden sollte. Es gab auch Unterschiede im Umfang der Aktivität. Doch findet CARTER, daß Leiter vor allem anderen dadurch charakterisiert sind, daß sie die Situationen analysieren und anregen, was notwendigerweise getan werden muß. Die beiden Arten von Leitern unterscheiden sich in dieser Beziehung nicht voneinander.

TAYLOR ET AL. (1961) haben untersucht, wie es in kleinen Diskussionsgruppen zu informellen Leitern kommt. Sie fanden, daß zweierlei diese Leiter charakterisierte: einmal, daß es ihnen gelang, eine zweckmäßige Gruppenstruktur zu erreichen, und zum andern, daß sie Rücksicht auf andere nahmen. Diese Verhaltenskategorien waren unter den gleichen Bedingungen von der einen zur andern Situation stabil. Das bedeutet, daß es also genügt, diese Umstände zu studieren, wenn es gilt, Leiter zu finden.

HEMPHILL (1956) hat ein inzwischen viel benütztes Frageschema zur Beschreibung von Gruppendimensionen ausgearbeitet. Teils wird dadurch das Erlebnis der Gruppe durch die einzelnen Gruppenmitglieder deutlich, teils ist es möglich, durch eine Kombination der Antworten der einzelnen Gruppenmitglieder eine Charakteristik der Gruppe vom Standpunkt der Mitglieder zu entwickeln.

STOGDILL & COONS (1957) arbeiteten an einer Reihe von Studien über Leistungsprobleme an der Ohio Universität, wobei sie HEMPHILLS Schema benutzten. Aufgrund ihrer Ergebnisse heben sie die beiden wichtigsten Funktionen des Leiterverhaltens hervor:

Rücksichtnahme auf die Gruppe, indem man sie teils zu einer festen Einheit zusammenschließt, teils die Harmonie zwischen den Gruppenmitgliedern herstellt.

Organisieren der Gruppe, einerseits dadurch, daß man ihr Zweck und Ziel vor Augen hält, andererseits ihr erklärt, was getan werden muß.

HALPIN (1954) fand bei militärischen Führern, daß die guten "Organisatoren" den höchsten Rang einnahmen und in der Regel von den Vorgesetzten am meisten geschätzt wurden. Die Gruppe war dagegen relativ unzufrieden mit ihnen. Diejenigen, die bezüglich "Rücksichtnahme" an erster Stelle standen, bekamen von den Vorgesetzten die schlechteste Note, während die Gruppe mit ihnen relativ zufrieden war.

HEMPHILL (1956) und SEEMAN (1953) fanden, daß bei tüchtigen College- bzw. Schulleitern beide Faktoren gegeben sein müssen.

CARTER (1954) argumentierte mit 3 Faktoren, die für das Studium des Leiterverhaltens in Kleingruppen relevant seien. Es müsse zusätzlich noch die Frage gestellt werden, inwieweit der Leiter sei-

nen individuellen Interessen dient, z.B. seinem Streben, sich zu behaupten und verschiedene persönliche Ziele zu erreichen. Das Leiterverhalten wird also als ein Zusammenspiel von eigenen Interessen und
von Gruppeninteressen gesehen, was von Motivationsgesichtspunkten
her gesehen durchaus plausibel erscheint.

CARTER weist auch darauf hin, daß Leitung nicht an eine besondere
Eigenschaft gebunden sei, sondern nur an das stärkere Vorhandensein
der 3 Faktoren.

Es handelt sich dabei besonders um das stärkere Vorhandensein der
Ichorientierung oder der Aufgabenorientierung, während jemand, bei
dem die Interaktionsorientierung am stärksten vorhanden ist, oft
der "Nächstkommandierende" oder "die rechte Hand" wird.

ROSE (1962) folgert aus einer Untersuchung, daß das Verhalten des
Gruppenleiters sich von dem anderer Mitglieder nur dadurch unterscheidet, daß er in einem höheren Maß soziale Aktivität und Anteilnahme
zeigt.

Identifizierung des Leiters

Überlegungen, die zu den erwähnten Fragekomplexen angestellt wurden,
führten zur Entwicklung neuer Methoden für die Gruppenleiterauslese.
Früher glaubte man es könne aufgrund verschiedener Charakteristika
einer Person entschieden werden, inwieweit sie als Leiter geeignet
oder nicht geeignet ist. Heute ist man dazu übergegangen, eine Gruppe in Funktion unter Bedingungen zu studieren, die im Verhältnis zu
den Aufgaben der Gruppe relevant sind. Wenn man eine Gruppe für bestimmte Aufgaben ansetzt, die Zusammenarbeit erfordern, ohne jedoch
irgend einen Leiter für die Gruppe zu bestimmen, läßt sich die Person herausfinden, die als Leiter "in Erscheinung tritt" und das
beste Leiterverhalten.

Eine Testprozedur von kurzer Dauer wie die gerade beschriebene
Auswahl durch spontanes Inerscheinungtreten hat jedoch ernste Mängel.
Man setzt z.B. die Gruppe als Diskussionsgruppe ingang und schließt
naiv von der Leiterfunktion in einer solchen auf die Leiterfunktion
in einer Arbeitsgruppe. Ein Mangel, der im Testprinzip als solchem
liegt, ist im weiteren der, daß man zwar studieren kann, wer für
eine kurze Zeit als Leiter infrage kommen mag, wobei jedoch nicht
gesagt ist, daß es sich in diesem Fall um dieselben Eigenschaften
handelt, die für die Dauer nötig sind.

Im großen ganzen muß man innerhalb der Gruppenpsychologie beim
Schließen von Kurzzeitmotiven oder Kurzzeitverhalten auf Dauermotive
oder Dauerverhalten vorsichtig sein. Z.B. kann sich eine Gruppe über
einen Leiter beim Start freuen, auf die Dauer verwirrt sie ihn. Darüber liegen jedoch keine Untersuchungen vor.

113

In pädagogischen Situationen ist man jedoch nicht nur auf Testsit
ationen angewiesen. Man kann über längere Zeit hinweg beobachten,
wer Leiterverhalten an den Tag legt, wer den gewünschten positiven
Einfluß hat, wer als Leiter akzeptiert wird und wer die notwendige
Lust hat, Leiter zu sein.

Machtrückhalt des Leiters

In pädagogischen Situationen gibt es im Zusammenhalt mit der Leitung
innerhalb der Gruppe eine Reihe von Problemen. Soll es einen formell
bestimmten Leiter geben, eventuell gegen den Wunsch der Gruppe eingesetzt, oder soll es ein unformeller Leiter aus der Gruppe sein?
Soll er im letztgenannten Fall von der Gruppe gewählt werden, oder
soll er dadurch zum Leiter werden, daß er einfach diese Funktionen
übernimmt (s. Abb. 14)
   Aus CARTERS Untersuchung geht hervor, daß es bestimmte ins Gewicht
fallende Unterschiede zwischen dem Verhalten von Gruppen mit eingesetzten (formellen) Leitern und unformellen Leitern gibt.

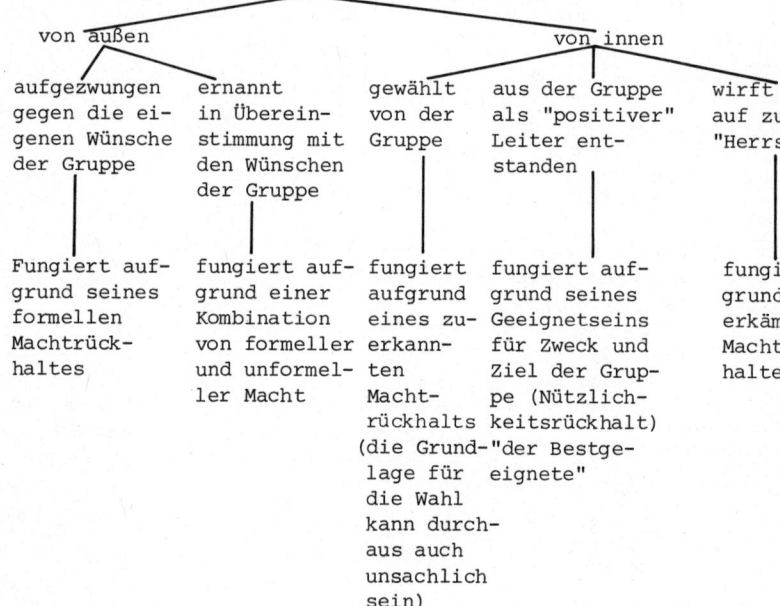

Der Machtrückhalt des Leiters in der Gruppe

von außen			von innen	
aufgezwungen gegen die eigenen Wünsche der Gruppe	ernannt in Übereinstimmung mit den Wünschen der Gruppe	gewählt von der Gruppe	aus der Gruppe als "positiver" Leiter entstanden	wirft sich auf zum "Herrscher"
Fungiert aufgrund seines formellen Machtrückhaltes	fungiert aufgrund einer Kombination von formeller und unformeller Macht	fungiert aufgrund eines zuerkannten Machtrückhalts (die Grundlage für die Wahl kann durchaus auch unsachlich sein)	fungiert aufgrund seines Geeignetseins für Zweck und Ziel der Gruppe (Nützlichkeitsrückhalt) "der Bestgeeignete"	fungiert aufgrund eines erkämpften Machtrückhaltes

Abb. 14

Der eingesetzte Leiter hält es für seine Aufgabe, die Tätigkeiten
so zu koordinieren, daß die Gruppe ihr Ziel zu erreichen vermag,
legt also das Hauptgewicht auf die Aufgabe. Der unformelle Leiter
bleibt dagegen Leiter dank seines energischen Einsatzes und seiner
Anstrengungen, die Anerkennung seiner Führerschaft durch die Gruppe
zu erlangen. Er legt also das Hauptgewicht auf die sozialen Funktionen. CARTERS Untersuchung zeigt auch einen anderen wichtigen Sachverhalt. Leiter, die aus einer Gruppe informell herauswachsen, sind
autoritärer als Leiter, die von Anfang an als solche eingesetzt wurden. Die Gruppe läßt sich von "einem ihrer eigenen" mehr diktieren
als von einem "von außen Kommenden".

SHERIF & SHERIF (1956) weisen nach, daß in formellen Gruppen die
Macht des Leiters auf Resourcen und Personen außerhalb der Gruppe
beruht, auf "außenstehen" oder"höheren" Mächten. Der informelle
Leiter hingegen hat keine anderen Machtresourcen als die Anerkennung der Gruppe, und seine Macht in der Gruppe beruht deshalb letz-
tenendes auf seinen eigenen Resourcen. Der Rückhalt für die Anerkennung wird in der "Brauchbarkeit" für die Gruppe liegen, sei es in
dem Ausmaß, in dem der Leiter dem Zweck und Ziel der Gruppe dienen
kann (und inwieweit dies notwendig ist) oder indem der Leiter das
Sichwohlfühlen in der Gruppe fördern kann.

Wie eine Gruppe fungiert, und wie das Machtverhältnis von den
Mitgliedern der Gruppe erlebt wird, kann durch einen "Versuch" illustriert werden, den der Verfasser wiederholte Male mit Teilnehmern im Gruppentraining demonstrierte. Der "Versuch" galt der Bedeutung des Machtrückhaltes des Gruppenleiters - das einemal für
die Produktion, das anderemal für das Befinden in der Gruppe. Die
Teilnehmer wurden in Gruppen eingeteilt, von denen jede ihren Machtrückhalt für die Leitung hatte. Jede Gruppe diskutierte 3 verschiedene Themen.

Für die erste Diskussion wurde im voraus kein Leiter bestimmt. Als
sich später die Notwendigkeit für eine Leitung zeigte, entstand sie
spontan. Deren Machtrückhalt lag in der Nützlichkeit für die Gruppenaufgabe, wobei sie gleichzeitig sich in einer Form vollzog, die
die Gruppe für akzeptabel hielt.

Für die zweite Diskussion wurden Leiter bestimmt. Sie hatten ihren
Machtrückhalt in der formellen Ernennung.

Die ernannten Leiter waren jeweils Gruppenmitglieder und waren in
der ersten Diskussion weder besonders hervorgetreten, noch hatten
sie sich besonders zurückgehalten.

Für die dritte Diskussion wählte jede der Gruppen selbst ihren
Leiter. Darauf lehnte der Studienleiter kategorisch diese Wahl ab
und bestimmte selbst nach den gleichen Kategorien wie bei der zweiten Diskussion einen neuen Leiter. Der Machtrückhalt war also die

formelle Ernennung entgegen der eigenen Wahl der Gruppe.

Die Erlebnisse der Teilnehmer und die Beobachtungen der Prozesse im Zusammenhang mit den 3 Leitungsformen können wie folgt zusammengefaßt werden:

Der spontan in Erscheinung getretene Leiter begegnet vonseiten der Gruppe keinem Widerstand, und die Gruppe fühlte sich vom Leiter nich ter Druck gesetzt. Das psychologische Klima wurde als den Prozeß positiv beeinflussend beurteilt. Die Aktivität war bei allen groß, der Meinungsaustausch war lebhaft, das Ingangkommen vollzog sich langsam und das Diskussionsresultat war gut.

Der formell eingesetzte Leiter fühlte sich in der Rolle unbehaglic stieß bei der Gruppe auf einen gewissen Widerstand und wurde schließlich "abgesetzt". Die Gruppe sah in dem Leiter eine Belastung und hielt ihn für überflüssig. Einzelne fanden jedoch, der Einsatz eines Leiters bedeute eine Erleichterung. Das psychologische Klima trug den Stempel der Unsicherheit, da die Leitung als nicht natürlich empfunden wurde. Die Gruppe kam rasch zu Interaktionen, wurde aber allmählich passiv. Der Meinungsaustausch ließ nach, und gleichzeitig wurde häufiger versucht, sich mit Kompromissen zu begnügen, anstatt Gruppenbeschlüsse herbeizuführen. Die Aufgabe jedoch wurde erledigt.

Der Leiter, der entgegen der Wahl der Gruppe bestimmt worden war, erlebte die Situation als ziemlich unbehaglich. Die Gruppe empfand das Geschehene als einen Übergriff, das psychologische Klima verriet Ironie und Sarkasmus, und der Leiter vermochte den Widerstand nicht zu überwinden. Die Aktivität war ungleichmäßig verteilt, etliche waren völlig passiv. Es kam zu vielen Differenzen, man sprach jedoch nicht so viel zum Thema, und die Gruppe spaltete sich schließlich in Untergruppen auf. Die gestellte Aufgabe wurde nicht gelöst, da die Gruppe zu sehr von den Konflikten in Anspruch genommen war.

CARTER (1950) hat die Eignung zur Leitung bei einer Reihe von Leitern untersucht, die nach 5 verschiedenen Kategorien ausgewählt worden waren:

1. Sie hatten sich im Verlauf der Gruppenarbeit besonders verdient gemacht.
2. Sie wurden von der Gruppe gewählt
3. Sie waren von den Kollegen als geeignet beurteilt worden.
4. Sie waren von den Kameraden als geeignet beurteilt worden.
5. Sie waren in anderem Zusammenhang bereits früher schon Leiter gewesen.

Ihre Eignung zur Leitung einer Gruppe wurde anhand von 6 sehr unterschiedlichen Aufgaben geprüft.

Das Resultat dieser Untersuchung war, daß es keinen Zusammenhang zwischen der Eignung und den Kriterien 3 und 4 gab, jedoch mit den 3 übrigen. In diesen letzteren Fällen erwies sich die Eignung bei allen 6 Aufgaben, doch gab es bestimmte Unterschiede zwischen Leitereigenschaften in praktischen und in intellektuellen Situationen.

Die Marginalposition des Leiters

Ein Gruppenmitglied, das formell als Gruppenleiter eingesetzt wird, kann in eine unangenehme Konfliktsituation geraten. Einerseits soll der Betreffende den Erwartungen der Gruppe entsprechen. Andererseits soll er auch die Erwartungen derer erfüllen, die ihn zum Leiter bestimmt haben.

Wenn eine Zugehörigkeit zu beiden Seiten vorhanden ist, befindet er sich in einer sogenannten Marginalposition, auf der Grenze zwischen 2 sozialen Systemen.

Wenn die Erwartungen, die von den beiden Partnern an sein Verhalten gestellt werden, sich gegenseitig ausschließen, befindet er sich in einem Marginalkonflikt.

Als Beispiel für Menschen in Marginalpositionen können die Vorarbeiter auf Arbeitsplätzen genannt werden. Sie sind in ihrem Verhältnis sowohl nach oben als auch nach unten unsicher. "Der Mann in der Mitte" ist der typische Marginalmensch.

BALES (1953) hat sich mit Verhältnissen der Marginalität innerhalb der militärischen Machtstruktur beschäftigt. Ein Unteroffizier, der Gruppenleiter im eigentlichen Sinne ist, ist gezwungen, 2 Rollen zu spielen. Er soll die Beurteilungen der Vorgesetzten teilen und durchsetzen. Gleichzeitig soll er die Gruppe zum Mitgehen bringen, weshalb er auch auf sie Rücksicht nehmen muß. Je mehr er mit dieser verkehrt und je besser er ihre Interessen vertritt, desto höher schätzt ihn die Gruppe.

Der Leiter sieht sich hier mit dem Gegensatz zwischen den Anforderungen der Aufgabe und den Anforderungen der Popularität konfrontiert. Sieht der Leiter nur auf das formelle Ziel, dann verliert er in der Gruppe rasch seine Popularität, und ein größerer formeller Machteinsatz ist vonnöten.

Wie sehr ein Leiter in Zwiespalt geraten kann, hängt vor allem davon ab, was für widersprüchliche Erwartungen die beiden Partner an ihn stellen. Daß diese groß sein können, ist allgemein bekannt; sie leiten sich hauptsächlich von sich widersprechenden Interessen des informellen und des formellen Systems her.

Wenn unter den Kindern einer Schulklasse ein Leiter für eine Arbeitsgruppe eingesetzt wird, und dieser Leiter gerät in den Zwiespalt sich widerstreitender Interessen, so ist dies ein Zeichen da-

für, daß in den gegenseitigen Erwartungen der Schule und
der Schüler etwas geändert werden muß, da diese beiden Systeme, das formelle und das informelle, im Grunde keine
entgegengesetzten Interessen zu haben brauchen.

Es ist nicht angebracht, dem Leiter einer Gruppe abzufor-
dern, er müsse Aufgaben übernehmen, die ihn in ein Gegensatzverhältnis zur Gruppe bringen. Wenn es sich um den informellen
Leiter handelt, kann er, wie das in SHERIF's Experimenten,
Seite 115 ausgeführt ist, seine Position verlieren. Wenn es
sich um einen eingesetzten Leiter handelt, den die Gruppe
nicht absetzen kann, wird es zur Feindschaft gegen ihn kommen.

In Jugendklubs und in Schulen mit einem Schülerrat mag eine
Versuchung darin liegen, die Repräsentanten der Schüler diszi-
plinäre Probleme lösen zu lassen, die mit den Gruppen entstehen.
Das Situationsspiel während des Gruppenleitertrainings hat
immer wieder gezeigt, wie leicht man dieser Versuchung er-
liegt. Hierin liegt eine Gefahr. Fürs erste stellt man diese
Repräsentanten einer Anforderung gegenüber, der sie vielleicht
nicht gerecht werden können, da die Gruppen ihre Leiterfunktion
nicht ausgerechnet für diesen Zweck anerkannt haben. Zum anderen bekommen die Gruppen einen unerfreulichen Eindruck
von Demokratie. Sie wählen Repräsentanten, damit diese ihre
Interessen im Klub oder in der Schule wahrnehmen; diese Repräsentanten werden dann jedoch beauftragt, die Interessen
der Schule den Schülern gegenüber zu vertreten.

Leiterwechsel oder Leiter auf Dauer

Es muß noch auf ein weiteres Problem der Gruppenleitung eingegangen werden. Sind es immer die am besten Geeigneten, die
Gruppenleiter sein sollen? In der Regel nimmt man dies als
gegeben an, weil die Frage der Leitung gewöhnlich im Zusammenhang mit dem Erwerbsleben gestellt wird, wo allein die Effektivität und der Gesichtspunkt der Ökonomie zählen. Aber gilt
dies auch in der Schule, wo die soziale Entwicklung der Schüler ein ebenso wichtiges Ziel ist wie die Wissensaneignung?

Es ist gezeigt worden, daß die Position eines Mitgliedes
in einer Gruppe teils auf den persönlichen Eigenschaften beruht, teils auf den vorliegenden Möglichkeiten innerhalb
der Gruppe. Das will besagen, daß früher oder später derjenige, der eine leitende Position in einer Gruppe innehat,
damit rechnen muß, in einer anderen Gruppe sich unterordnen
zu müssen, während es der mit einer niedrigen später zu einer leitenden Position bringen kann. Wie der einzelne in

einer solchen Situation reagieren wird, hängt von der Einstellung ab, die er in früheren Gruppenpositionen entwickelt hat. Wenn der Betreffende nur mit einer einzigen Rollenart Erfahrungen gemacht hat, immer entweder oben oder immer untergeordnet gewesen zu sein, wird er es schwerer haben, sich einer neuen Situation anzupassen.

Selbst wenn es für den Lehrer verlockend sein mag, "die am besten Geeigneten" für die verschiedenen Leiterposten zu benutzen, spricht vieles dafür, bei diesen Posten abzuwechseln. Zielt die Schule u.a. auch auf Charakterbildung, dann ist es außerordentlich wichtig, allen Kindern abwechselnd Gelegenheit zu solchen sozialen Erfahrungen zu geben. So wie der niedrig Plazierte größeres Selbstvertrauen gewinnen kann, wenn ihm eine leitende Rolle zugeteilt wird, so bekommt es auch dem hoch Plazierten, ab und zu Gelegenheit zu haben, sich anderen unterordnen zu müssen.

Was hier ausgeführt wurde, ist auch für die Lernaktivität von unmittelbarer Bedeutung. Ein auf Dauer eingesetzter Leiter kann bewirken, daß die Gruppenmitglieder das Verantwortungsgefühl verlieren und passiver werden. Wenn sich nicht jedes Gruppenmitglied besonders stark für die aufgegebene Aufgabe einsetzt (sich nicht besonders für Zweck und Ziel engagiert), ist es bequemer, einem Leiter die ganze Verantwortung zu überlassen und sich selbst immer weniger um Zweck und Ziel der Gruppe zu kümmern.

Eine demokratische Erziehung besteht darin, die Schüler zu lehren, sich einerseits nach anderen zu richten (und gegen eine unbillige Autorität zu protestieren), andererseits eine Verantwortung auf sich zu nehmen oder die Leitung übernehmen zu können, wenn die Situation es erfordert. Ein Versuch KONDRATJEWAS (1964) deutet darauf, daß in dieser Beziehung viel zu erreichen ist. Es ist jedoch eine unabweisbare Aufgabe des Lehrers, dafür zu sorgen, daß sich das Gruppenleben demokratisch entwickelt. Kinder sind nicht schon von Natur aus demokratisch. Eine demokratische Einstellung muß man sich aneignen. Je jünger die Kinder sind, desto mehr erfordert die Leiterposition eine gewisse Überlegenheit. Erst nach und nach kann man lernen, eine Leitung anzuerkennen, die nicht auf der Stärke des Leiters beruht, sondern darauf, daß dieser gewählt ist.

Spielversuche mit Kindergartenschülern zeigen z.B., wie die Leitertendenz sich durchsetzt, unabhängig davon, welche Rolle der Betreffende zugeteilt erhält. Hat er die Rolle des Kaufmanns inne, wenn einkaufen gespielt wird, dann ist es der Kaufmann, der dirigiert; hat er die Rolle als Laufbursche, dann ist es der Laufbursche, der dirigiert.

Ältere Kinder können mit der Zeit von den Forderungen der Situation her die Leitung beurteilen. Wenn es u.a. notwendig wird, daß man bei der Zuteilung der Leiterrolle abwechselt, dann können alle Gruppenmitglieder in dieser Rolle akzeptiert werden. Man vermeidet auch Rivalisierung und Rangstreitigkeiten. Niemand fühlt seine Position bedroht, wenn der Wechsel die Norm ist.

Am zweckmäßigsten ist es, mit der Leitung bei den Gruppenmitgliedern so abzuwechseln, wie es die Situation erfordert. Der Frage nach der Zusammensetzung der Gruppe muß man jedoch große Aufmerksamkeit schenken. Ein zu grosser Unterschied im Können bei den Mitgliedern macht einen Leitungswechsel der Reihe nach schwierig und führt eher zu einer mehr statischen Rollenzuteilung. Eventuell muß man die Lernsituation so variieren, daß eine flexible Rollenverteilung möglich ist.

8. Leitungsform und "psychologisches Klima"

Verteidigungsklima und Förderungsklima

Aus der Darstellung der Gruppenprozesse ist deutlich
geworden, wie die Mitglieder in der Gruppe verschiedene
Rollen übernehmen. Ein Mitglied kann vornehmlich im Hinblick auf die Gruppenaufgabe etwas beitragen (aufgaben-
orientiert), oder es kann auch in erster Linie darauf
bedacht sein, sich selbst zu behaupten oder sich in der
Gruppe zu verteidigen (ichorientiert).

Eine solche Haltung kann individuell bedingt sein, d.h.
"so ist eben dieses Gruppenmitglied", aber sie kann auch
durch verschiedene Umstände in der Gruppe hervorgerufen
werden, so daß sie zu einer Rolle wird, in die man hineingezwungen wird, um sich selbst zu verteidigen, d.h. also
"so sind eben die Umstände."

Diese Umstände faßt man oft in dem etwas vagen Ausdruck
"psychologisches Klima" zusammen. Das durch ein schlechtes
Klima hervorgerufene "ichorientierte" Verhalten bezeichnet man häufig als "Verteidigungsverhalten".

Ein Lernprozeß verläuft am besten unter sicheren und
freundlichen Bedingungen. Die Schaffung eines angstfreien
Klimas ist die wesentlichste Voraussetzung dafür, daß die
Gruppe in der gewünschten Richtung arbeiten kann. Wenn es
in der Gruppe keine vollkommene tolerante Einstellung gibt,
bei der man auch Fehler machen darf und bei der die persönlichen Mängel akzeptiert werden, wird man sich gegen
jede Veränderung seiner Einstellung und seines Verhaltens
sträuben, auch wenn diese Veränderung als unbedingt notwendig
erscheint, und auch wenn man deutlich das Unzweckmäßige seiner Haltung erkennt. Im Gegenteil, man wird in einem solchen
Fall seine Haltung mit allen möglichen Rationalisierungen und
anderen unglücklichen Verteidigungsmaßnahmen rechtfertigen.

Dies bedeutet nicht, daß alles in bester Harmonie zu sein
braucht, und daß es keine Reibungen und keine Uneinigkeit geben darf. Im Gegenteil. Wenn es keine Reibungen und keine Mei-
nungsverschiedenheiten gibt, oder richtiger gesagt, wenn man
sich um sie herumdrückt, bedeutet das Stagnation in der Gruppe.
Das Gruppenleben ist ein ständiger Anpassungsprozeß, bei dem
man sich fortlaufend über die Probleme einigt - oder sich darüber zerstreitet - oder sich darin festfährt.

Je mehr Uneinigkeit in einer Diskussionsgruppe - je mehr unterschiedliche Standpunkte aufeinanderstoßen - desto mehr Austausch und desto größer das Diskussionsresultat. Meinungsaustausch ist etwas Fruchtbares, er verursacht Entwicklung, Neuschöpfung. Einigkeit, Konformität bedeuten hier Stillstand.

HOFFMAN, HARBURG & MAIER (1962) haben einige Gruppenexperimente durchgeführt, die diese Verhältnisse beleuchten. Sie kommen dabei zu folgendem Schluß: Wenn gegensätzliche Gesichtspunkte in einem freien Meinungsaustausch vorgebracht werden, ist es möglich, den daraus entstehenden Konflikt durch eine Lösung zu beseitigen, die die verschiedenen Gesichtspunkte entweder reorganisiert oder sie inkorporiert. Die Lösung ist eine neue Zusammenfassung auf höherer Ebene, von wo aus neue Gesichtspunkte entwickelt werden können.

Unterschiedliche Gesichtspunkte und Ideen bei den Gruppenmitgliedern brauchen also nicht Unzufriedenheit und Mißstimmung hervorzurufen. Sie können im Gegenteil zu neuen und konstruktiven Problemstellungen führen, die alle Teilnehmer der Gruppe zufriedenstellen. Deshalb gilt es bei der Gruppenarbeit nicht immer, zur raschesten Lösung zu gelangen. Als Gruppentrainer kommt man ab und zu in die Lage, "den Ball noch einmal anstoßen" zu müssen, weil eine Gruppe zu rasch zu einer Entscheidung gekommen ist, deren Qualität deshalb nicht zulänglich ist, da es in der Gruppe nicht zu einem lebendigen Meinungsaustausch und zur nötigen Auseinandersetzung gekommen war, bevor man seine Schlußfolgerung zog.

Uneinigkeit kann jedoch oft (wenn man sie nicht einfach auf sich beruhen läßt oder leicht über sie hinweg geht) eine Gruppe zersplittern. Die Aufgabe muß deshalb darin gesehen werden, Uneinigkeit zu einem Teil des Zieles oder Zweckes zu machen, durch den die Gruppe zusammengeführt wird. Es muß geklärt werden, wann Uneinigkeit Zeichen eines Konfliktes ist, der eine Gruppe spaltet - und deshalb als etwas Negatives betrachtet werden muß -, und wann Uneinigkeit als etwas Positives angesehen werden kann, als etwas, das nicht die Existenz der Gruppe (die Aufrechterhaltung) oder ihre Aufgaben (Zweck und Ziel) aufs Spiel setzt.

Einen wesentlichen Beitrag zum Verständnis dieser Probleme hat GIBB (1960) mit seiner Unterscheidung zwischen "Verteidigungsklima" und dem "fördernden Klima" geleistet. Seine Betrachtungen werden im folgenden vorgetragen.

Es scheint, daß das fördernde Klima den Lernprozeß bedeutend befruchten kann. Bestimmte Verhaltensformen des Lehrers und der Schüler tragen dazu bei, dieses Klima zu schaffen. Da der Lehrer ein so hervorragendes Mitglied der Klassengruppe ist, wird sein Verhalten besonders entscheidend für das aufkommende Klima sein, besonders auf den frühen Stufen der Entwicklung der Gruppe.

Ganz besonders entscheidend für die Entwicklung eines
fördernden Klimas ist vielleicht die Bereitschaft, an
der Lösung eines Problemes teilzunehmen, das ein Problem der ganzen Gruppe ist. Die Mitglieder der Klassengruppe sind willig, mit anderen zusammenzuarbeiten, um
gemeinschaftlich die Probleme zu erforschen, denen man
gegenübersteht. Lehrer und Schüler engagieren sich in einer gemeinsamen Form des Forschens, mithilfe der alle Mitglieder eine gegebene Aufgabe zu lösen versuchen. Das Lernen wird als ein gemeinsames Suchen betrachtet, zu dem
viele in der Klassengruppe ihren Beitrag leisten können.
Zu lernen, von anderen zu lernen, ist eine der Voraussetzungen für die Entwicklung eines fördernden Klimas.
   Einander akzeptieren zu können und sich in die Situation anderer hineindenken zu können, ist ebenfalls eine
Haltung, die man erwerben muß. Eine der schwierigsten
Voraussetzungen dafür ist vielleicht die, einander auf
eine aktive, mitdenkende Art zuhören zu können. Viele,
die still dasitzen und zuhören, beschäftigen sich dabei
nur mit ihrem eigenen nächsten Beitrag.
   Die Rolle der verschiedenen Faktoren geht aus der
Figur 15 hervor.

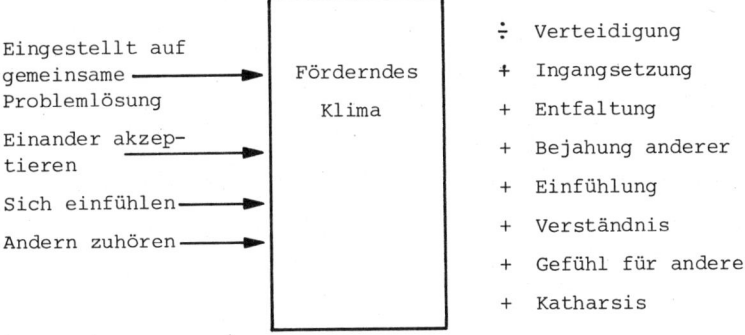

Abb. 15

   Die Verhaltensformen, die ein förderndes Klima schaffen,
sind links von der Figur angegeben.
   Rechts von der Figur sind einige Wirkungen eines solchen
Klimas aufgeführt, wobei ÷ Verringerung und + Mehrung
bedeutet. In einem solchen Klima haben weder die Schüler
noch die Lehrer eine betonte Verteidigungshaltung nötig, um
ihre eigene Einstellung oder ihre eigenen Ideen gegen Angriffe
zu schützen. Zur Aktivität kommt es leichter aufgrund einer

123

eigenen Initiative der Gruppe. Das geistige Wachstum der Mitglieder wird gefördert, und diese entwickeln sich zu selbständigen Personen. Wenn man aufeinander hört, erhält der Sprechende die Chance, eine Art Katharsis seiner Gefühle und Spannungen zu erreichen. Diese "Reinigung" ist ein wichtiges Glied der Reduktion der Spannungen, die normalerweise bei allen interpersonellen Relationen entstehen. Wenn man sich unterstützt und ganz allgemein wohlfühlt, hat man eine größere Möglichkeit, andere Menschen zu verstehen. Menschen, die sich akzeptiert und verstanden fühlen, verlieren ihre Verteidigungseinstellung und antworten mit gegenseitigem Akzept und gegenseitiger Einfühlung anderen Mitgliedern der Gruppe gegenüber.

Ein Verteidigungsklima entwickelt sich, wenn bestimmte Verhaltensformen das Verteidigungsniveau der Gruppe hervorrufen oder anheben. In der traditionellen Form des Klassenunterrichts sind die meisten Lehrer vornehmlich in einer Aktivität engagiert, die überreden und überzeugen will. Sie geben gute Ratschläge, kontrollieren die Aktivität der Schüler, sie versuchen die Aktivität der Schüler zu lenken und zu steuern. Vielleicht wird von Beurteilung, Kritik und Strafe als Mechanismen Gebrauch gemacht, die die Gruppe auf den rechten Weg bringen sollen. Diese Verhaltensformen rufen in der Regel ähnliche Verhaltensformen in der Klasse hervor, was letztlich zu einem Verteidigungsklima führt.

Viele Bestrebungen der Schule tragen zur Entwicklung eines Verteidigungsklimas bei. Der Lehrer steht gewöhnlich unter starkem Druck, sei es von ihm selbst, sei es von oben: einen bestimmten Stoff zu bewältigen, die Schüler an ein bestimmtes, vorgeschriebenes Verhaltensmuster anzupassen zu suchen, das zu belohnen, was für ein gutes Betragen gehalten wird, diejenigen Schüler zu lenken und zu beraten, die vom akzeptierten Verhaltensmuster abweichen. Wenn der Lehrer konformes Verhalten administrativ mit äußerlichen Belohnungen bedenkt, und dadurch versucht, eine Kontrolle über das Verhalten der Mitglieder auszuüben, kommt es in der Klasse zum Widerstand und zur Verteidigungshaltung.

Die Rolle der verschiedenen Faktoren im Verteidigungsklima geht aus Figur 16 hervor.

Die Verhaltensformen, die ein Verteidigungsklima hervorrufen, sind links von der Figur angegeben.

Rechts von der Figur sind einige Wirkungen eines Verteidigungsklimas angegeben.

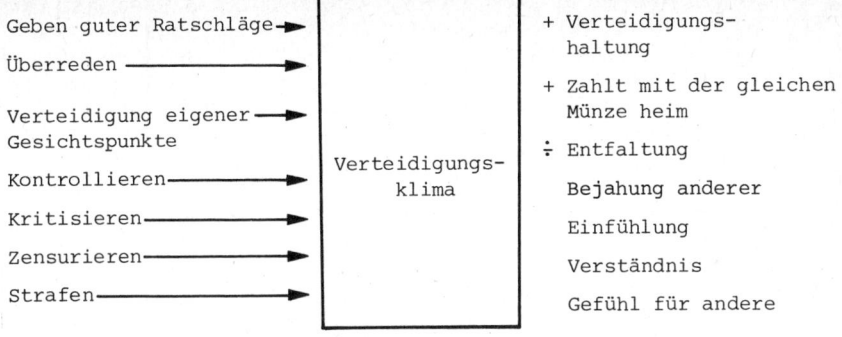

Abb. 16

Ein gegebenes Verhalten tendiert gewissermaßen häufig in Richtung einer Selbstbestätigung. Verteidigungsverhalten ruft also weiteres Verteidigungsverhalten auf den Plan. Wenn die einzelnen Mitglieder der Klassengruppe sich durch Belohnungssysteme, Konkurrenz und Disziplin bedroht fühlen, verstärkt sich das Gefühl, es sei nötig, eigene Auffassungen zu verteidigen. Wenn sich Menschen verteidigen, kommt es bei ihnen oft zu einem Verhalten, das auch bei den andern gesteigerte Verteidigungsbereitschaft hervorruft. Diese vermehrte Verteidigungsbereitschaft begleitet ein Paratsein, zurückzuschlagen, "heimzuzahlen". Sowohl Schüler als auch Lehrer müssen auf das Verhalten anderer reagieren und werden so in gewissem Sinn von diesen dirigiert. In einem Verteidigungsklima gibt es weniger Möglichkeiten für die eigene Entwicklung als in einem Klima, in dem man weniger die Notwendigkeit spürt, seine eigenen Auffassungen verteidigen zu müssen. Man sieht die Welt weniger klar, und zeigt weniger Gefühle anderen gegenüber. Es ist schwieriger, sich in andere hineinzudenken. Wo es weniger Einfühlung gibt, ist auch das Verständnis für andere geringer und die gegenseitige Unterstützung seltener.

Das Verteidigungsverhalten kann folgende Formen annehmen:

1. *Man räumt das Feld.* Man verläßt das soziale System, die Organisation. Man verschwindet so schnell wie möglich.

2. *Rückzug.* Man macht sich von vornherein auf das Schlimmste gefaßt. Man erwartet nicht, sich entfalten zu können, was die negativen Effekte reduziert (keine enttäuschten Erwartungen) - man hat ein niedriges Aspirationsniveau.

125

3. *Unterwerfung.* Man akzeptiert das System, unterwirft sich der autoritär aufgebauten Hierarchie und versucht selbst entweder anständig oder durch "Hacken nach andern" "obenauf" zu kommen.

4. *Resignation.* Man wird gleichgültig oder apathisch.

5. *Negativismus.* Man vermehrt verborgenes negatives Verhalten, z.B. Cliquenbildungen, Verleumdungen, Schwätzereien.

6. *Aggression.* Man wird aggressiv und querulantisch. Man leistet Widerstand, wird überkritisch - sucht andere zu blamieren.

7. *Fixierung.* Man hängt sich an Sicheres und Gewohntes; fürchtet sich, Neues zu probieren, hat Angst vor dem Unbekannten.

8. *Kompensation.* Man sucht Ersatz auf anderen Gebieten.

9. *Introversion.* Man wird in sich gekehrt, flüchtet sich in Tagträume.

10. *Projektion.* Eigene Meinungen und Gesichtspunkte werden anderen zugeschoben. Eigene Fehler werden andern angehängt. Die Schuld wird auf andere geschoben.

11. *Regression.* Man kehrt zu primitivem kindlichen Verhalten zurück.

Diese Reaktionsarten, die ihren Ursprung in Enttäuschungen und mißglückten Anstrengungen und Erwartungen haben und als Schutz dagegen dienen, sich selbst als mißglückt, untauglich und unmöglich zu erleben, haben zwei gemeinsame Züge. Sie dienen zur Verteidigung der eigenen Selbstachtung und damit als Schutz der Integrität der Persönlichkeit. Dann schalten sie vom Ziel ab, sowohl von dem der Wissensvermittlung als auch dem der Charakterbildung. Sie leiten die Kräfte auf ein Nebengleis, wodurch die Charakterentwicklung in Richtung einer negativen Einstellung verläuft.
In der Schule können sich die genannten 11 Formen des Verteidigungsverhaltens rein praktisch auf folgende Arten auswirken:

1. Abwesenheit, Versäumnisse, Abschweifungen, Austritt, sobald dieser möglich ist (zum Ende der Schulpflicht).
2. Fehlen des Dranges, etwas Besonderes zu leisten.
3. Eine Reihe von Prestige- und Kompetenzschwierigkeiten entstehen.
4. Die Anforderungen an den eigenen Einsatz sinken. Schwierigkeiten gegenüber wird rasch aufgegeben. Zeit und Material werden vertrödelt.

126

5. Der Arbeitseinsatz wird bewußt begrenzt, die Arbeit sabotiert. Verschiedene Gruppen werden gegeneinander aufgebracht.
6. Bestimmungen und Regeln werden übertreten. Häufige Klagen über andere.
7. Insgeheim oder offen wird Widerstand gegen alle Vorschläge, die auf Veränderung abzielen, geleistet.
8. Kräfte und Energien werden auf anderen Gebieten anstatt für die Arbeit verbraucht.
9. Man denkt an andere Dinge, beschäftigt sich mit eigenen Angelegenheiten.
10. Man verursacht Probleme im Verhältnis zu den Kameraden.
11. Man reagiert primitiv, gebraucht z.B. in der Diskussion Spitznamen und Zänkereien.

Auswirkung der Leitungsform

Die meisten Forscher sind sich darüber einig, daß sie die Leitungsform, die formelle Leiter der Gruppe anwenden, für den wesentlichsten Einzelfaktor im "psychologischen Klima" der Gruppe halten.

Darüber gibt es erstmals Untersuchungen an der Iowa Universität und später am Forschungszentrum für Gruppendynamik an der Michigan Universität von LEWIN ET AL. (1939), LIPPITT (1939, 1940), WHITE (1940), LIPPITT & WHITE (1943, 1952) und WHITE & LIPPITT (1960).

In den Experimenten wurde die Wirkung der Leitungsform auf das Zustandekommen des Klimas untersucht, das in der Gruppe herrschte und dadurch die Mitglieder beeinflußte. Ausgeführt wurde das Experiment mit Gruppen 11jähriger Knaben, die an einer Freizeitklubarbeit teilnahmen. Dabei sollten sie verschiedene Dinge bauen, u.a. Modellflieger, die sie nachher behalten durften. Die Gruppen wurden so zusammengesetzt, daß sie, was das Geschlecht der Kinder, das Alter, die Intelligenz und den sozialen Hintergrund betraf, nicht voneinander abwichen. Die Gruppen standen unter der Leitung der Mitarbeiter des Experimentators, die der Reihe nach in den verschiedenen Leiterrollen auftraten: der "autokratische", der "demokratische" und der "laissez-faire" Leiter. Persönliche Unterschiede konnten sich also nicht auswirken. Alle Gruppen erlebten ebenso der Reihe nach alle genannten Arten der Leitung.

In der demokratisch geleiteten Gruppe entschied man gemeinsam, was die Gruppe machen sollte. Die autoritär geleitete Gruppe dagegen bekam diktiert, dasselbe zu machen, für was sich die erste entschieden hatte. In der laissez-faire Gruppe waren dieselben potentiellen Möglichkeiten für die Beschäftigung vorhanden wie in der demokratisch geführten Gruppe.

Die Leiterrolle wurde nach folgenden Richtlinien festgelegt: Der autokratische Leiter sollte eine machtorientierte
Führung ausüben. Er sollte der Dominierende sein, der allein
alles bestimmte. Jede Aktivität wurde Schritt für Schritt
ohne nähere Motivierung diktiert, und die Gruppe erhielt
so keinerlei Einblick in die Pläne des Leiters. Er allein
hatte die Verantwortung für die Ausführung der Arbeit, und
er sollte zwischen sich und der Gruppe Abstand bewahren.
Er hielt die Ordnung in einer freundlichen, doch diktatorischen
Weise aufrecht, und den Arbeitsleistungen gegenüber übte er
eine persönliche Kritik aus.

Der demokratische Leiter sollte eine gruppenorientierte
Führung praktizieren. Er sollte mithilfe von Diskussionen
die Gruppe zu gemeinsamen Entscheidungen führen. Alle Ar-
beitsaufgaben wurden als ein Glied in der Arbeit auf ein
gemeinsames Ziel hin betrachtet, das alle Mitglieder klar
vor Augen haben sollten. Der Leiter versuchte die selbständige Mitarbeit der Teilnehmer zustandezubringen, so daß die
Gruppe also selbst die Arbeitsform finden und sich selbst
organisieren mußte. Der Leiter versuchte, sich in die Gruppe
einzufügen, ohne sich selbst allzuviel an der Ausführung der
Arbeit zu beteiligen. Seine Kritik war sachlich und objektiv.

Der "laissez-faire"-Leiter sollte eine passive Führung ausüben. Er sollte wie die anderen Leiter freundlich sein,
sich aber ganz aus dem Spiel heraushalten. Es herrschte vollständige Freiheit, sowohl für die Gruppe als solche als auch
für jeden einzelnen Teilnehmer. Der Leiter sorgte für das
notwendige Material und gab, wenn das gewünscht wurde, Erklärungen; aber an den Gruppendiskussionen und den Arbeiten betei-
ligte er sich nicht. Er machte auch keinen Versuch, die Gruppe
im Hinblick auf die Aufgabe zu organisieren oder zu stimulie-
ren. Er gab auch keine Kommentare zu der Arbeit und kritisier-
te sie auch nicht.

Während des Experimentes wurden Beobachtungen angestellt, um
das Verhältnis zwischen den verschiedenen Verhaltensformen zu
erkennen, deren sich die Leiter bedienten. Die Unterschiede
gehen aus Figur 17 hervor. Ungefähr 60 % der Handlungen des
autoritären Leiters bestehen aus Anweisungen, Unterbrechungen
und aus nicht konstruktiver Kritik, während die beiden anderen
Leiter nur 5 % solcher Handlungen zu verzeichnen haben. Der
Hauptunterschied zwischen dem demokratischen Leiter und dem
"laissez-faire"-Leiter ist der, daß der erstere mehr Vorschläge macht und eigenes Denken stimuliert, während der letztere
seine Zeit mehr darauf verwendet, Erklärungen zu geben, wenn
welche gewünscht werden.

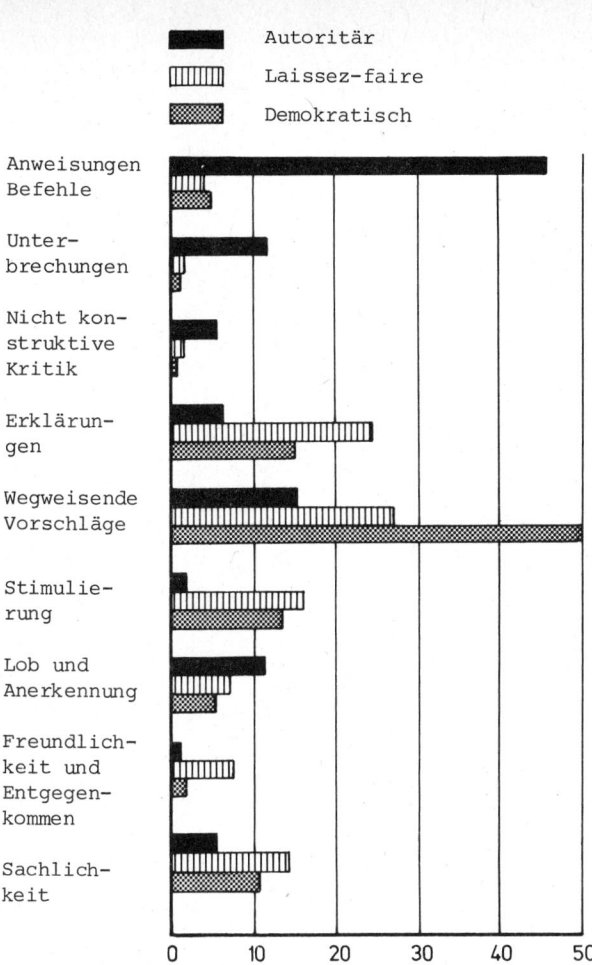

Abb. 17.

Bei jedem der Experimente waren Beobachter hinter Schirmen zugegen
durch die sie sehen, selbst aber nicht gesehen werden konnten.
Sie teilten sich in folgende Arbeiten: die fortlaufende Aufzeichnung der Interaktionen, die Beschreibung der Gruppenstruktur,
(Minute um Minute), die fortlaufende Beschreibung, bei der die
Wirkungen der Handlungen hervortretender Gruppenmitglieder registriert wurden, und schließlich die fortlaufende stenographische
Aufzeichnung aller Gespräche und sprachlicher Äußerungen. Diesen
4 Datenaufzeichnungen wurde eine Minuteneinteilung zugrundegelegt,
sodaß sie synchronisiert werden konnten und dadurch ein fortlau-
fendes Bild des Gruppenlebens als Ganzem gab.

Die Wirkungen der verschiedenen Leitungsformen können sowohl
an den Arbeitsleistungen als auch an den Interaktionen in den Gruppen gemessen werden.

Die Arbeitsleistungen waren unter der passiven Leistung am geringsten. Es fehlte jemand, der die Dinge ingang brachte und die Gruppe zusammenhielt. Und weil man nichts zuwege brachte, kam es zu
großer Unzufriedenheit, und es gab als Folge der mangelnden Organisation viele Streitereien.

Die demokratisch und die autoritär geleiteten Gruppen unterschie-
den sich dadurch, daß die autoritär geleitete Gruppe das schnellste
Tempo aufwies, die demokratisch geleitete Gruppe jedoch die höchste
Qualität.

Das psychologische Klima war dagegen unter den beiden Leitungsformen völlig verschieden. Unter der demokratischen Leitung kam
es zu einem Klima, in dem Freundlichkeit, Gedeihen und Ruhe herrschte
Zusammenarbeit und gegenseitige Hilfsbereitschaft konnten immer
registriert werden.

Unter der autoritären Leitung war das Klima verschieden geprägt: einmal gab es offene Aggressionsausbrüche, Ausdrücke auf-
rührerischer Gefühle und Kritik, Gezänke und aggressive Handlungen
gegen Kameraden; zum andern Apathie und gehemmte Aggression, Gleichgültigkeit und unterdrückte Unzufriedenheit.

Welche Aggressionsform eine autoritäre Führung jeweils zur Folge hat, hängt nach LEWIN ET.AL. (1939) von dem psychologischen Feld
ab:

1. Von den vorhandenen Spannungen unter den Teilnehmern,
2. den Restriktionen der Bewegungsfreiheit,
3. der Starrheit der Gruppenstruktur (z.B. einer fest etablierten "Hackordnung"),
4. dem Reaktionsmuster auf der Basis des kulturellen Hintergrundes.

LIPPITT & WHITE (1943, 1952) wiesen so nach, daß der heimatliche
Hintergrund der Knaben entscheidend dafür war, wie sie auf die autoritäre Führungsform reagierten.

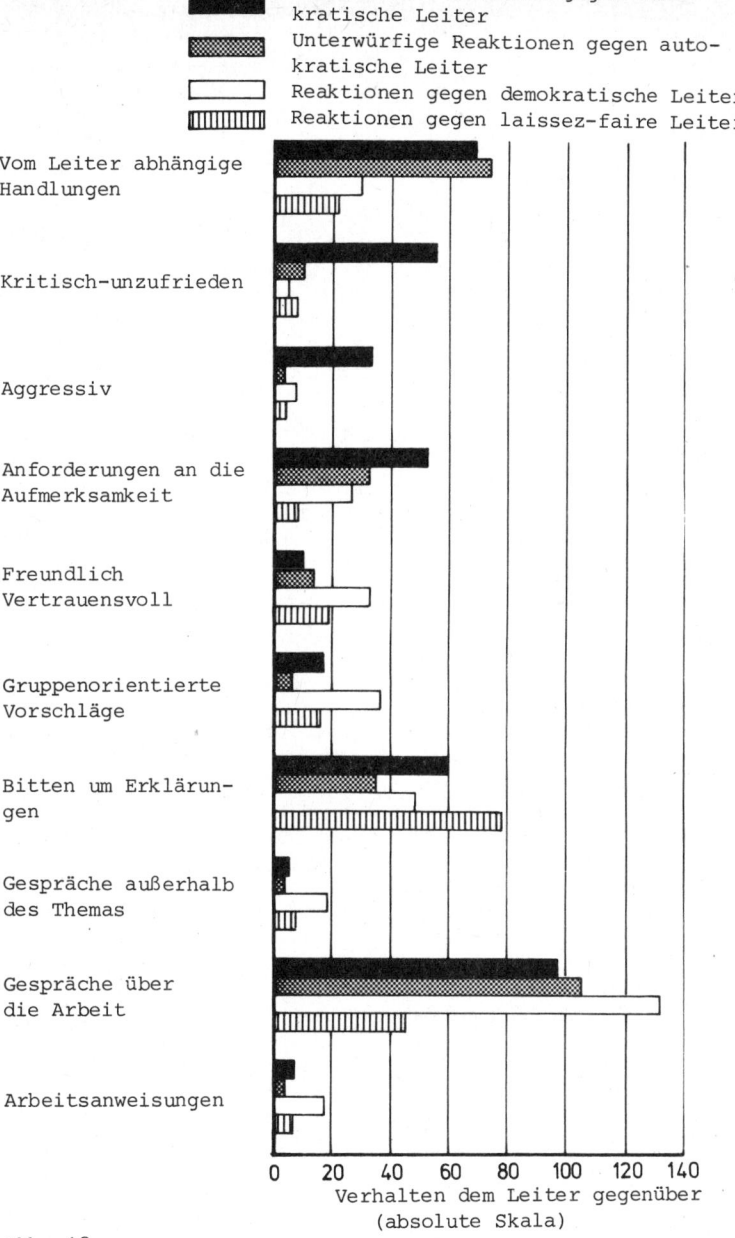

Abb. 18.

Mit den ersten Experimenten (LIPPITT 1940), bei denen man nur mit 2 Leitungsformen, der autoritären und der demokratischen, arbeitete, fand man, daß Aggressionsausbrüche im autoritären Klima 30 mal häufiger waren als im demokratischen. Dies darf wohl auf den Druck zurückgeführt werden, den eine solche Leitung auf die Gruppenmitglieder ausübt. Das kam auch dadurch zum Ausdruck, daß es zu "Sündenböcken" kam, gegen die sich die Aggressionen richteten. Aus demselben Experiment ging hervor, daß das "Wir-Gefühl" am stärksten in der demokratischen und das "Ich-Gefühl" in der autoritären Gruppe auftrat, was die Häufigkeit von Wörtern wie "wir", "uns", "unser" im Verhältnis zu "ich", "mir", "mein", "meines" belegt werden konnte (WHITE, 1940). Der Hauptunterschied zwischen den Reaktionen der Gruppenmitglieder, zu denen es in einem anderen Versuch kam, (LEWIN ET.AL. 1939), geht aus Fig. 18 hervor.

Im Verlauf der Versuchsreihe schob man verschiedene "Prüfungsepisoden" ein, um die Wirkungen feststellen zu können:

1. Der Leiter kam zu spät.
2. Der Leiter wurde zu einem fingierten Telefonanruf hinausgebeten.
3. Ein Fremder, der vorgab, Elektriker zu sein und etwas im Lokal zu tun zu haben, kam während der Abwesenheit des Leiters herein und erlaubte sich, auf eine unsachliche Art die Arbeiten der einzelnen als auch die Arbeit der Gruppe zu kritisieren.

In der Reaktion der Gruppen auf die feindliche und negative Kritik des Fremden (des "Elektrikers") wurden charakteristische Unterschiede festgestellt.

Die apathisch-autoritäre Gruppe fand sich damit ab und akzeptierte die Anschuldigungen.

Die aggressiv-autoritäre Gruppe reagierte so, daß sie selbst Anschuldigungen gegen eine andere anwesende Gruppe richtete. Die Frustration wurde auf diese Weise in eine Aggression hinein kanalisiert, die sich gegen eine andere Gruppe richtete.

Die beiden anderen Gruppen nahmen die Anschuldigungen nicht hin, vielmehr gab es in der demokratischen Gruppe einen größeren Zusammenhalt bei der Zurückweisung der wirklichen Quelle der Frustration, nämlich des Fremden, nicht aber, um gegen "die andern" mit Aggression zu reagieren.

Was in den 4 Gruppen mit verschiedenem Klima während der Abwesenheit des Leiters geschah, geht aus Fig. 19 hervor.

Wenn der autoritäre Leiter den Arbeitsraum verläßt, lassen die Leistungen, verglichen mit denen der Gruppe unter demokratischer Führung, stark nach. Das zeigt, daß eine Gruppe, die gewohnt ist, passiv und unselbständig unter der Leitung anderer zu arbeiten, an einen toten Punkt gerät, wenn die Leitung ausfällt. Wenn der Druck, unter dem sie sonst fungiert, weg ist, wird auf verschiedene Arten abreagiert. Unter gruppenorientierter Leitung ist die Gruppe an selbständige Aktivität gewöhnt und kann weiterarbeiten, auch wenn der Leiter weg ist. Da sie auch nicht unter Druck arbeitet, gibt es nichts, was abreagiert werden müßte.

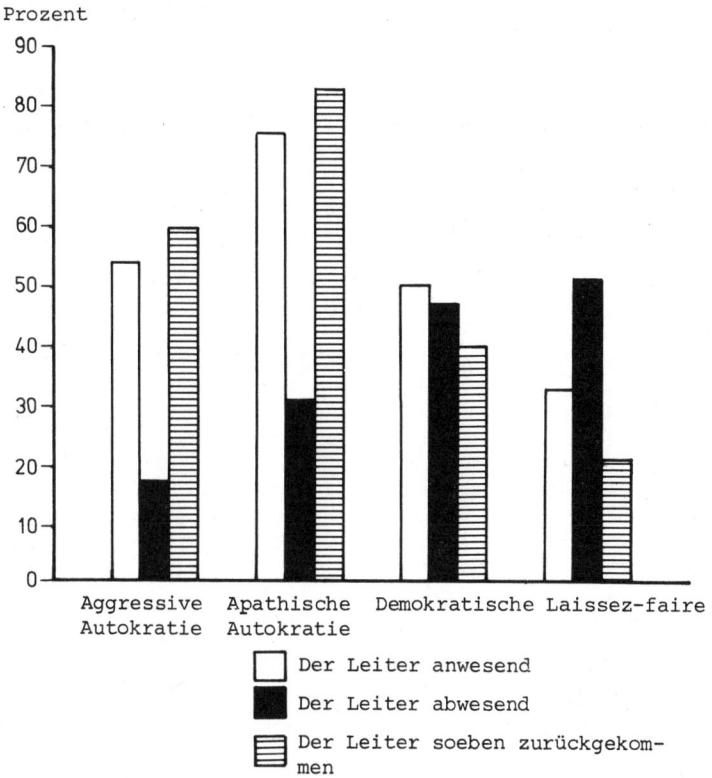

Abb. 19

Dieser Unterschied zeigte sich auch beim Wechsel der Leitungsform. Wenn sie von einer autoritären zu einer demokratischen Leitungsform überging, kam es in der ersten Zeit zu einem starken Abreagieren in Form von Ausgelassenheit, ein Zeichen dafür, daß unterdrückte Gruppenspannungen vorhanden gewesen waren. Dieser Zustand nahm unter mehreren Sitzungen in einer freien Atmosphäre gradweise ab. Wenn von einer autoritären zu einer passiven Leitungsform hinübergewechselt wurde, war die Ausgelassenheit größer und hielt länger an.

Die Reaktionen in den Gruppen mit Laissez- faire- Leitung ist bemerkenswert. Wenn der Leiter weg ist, verstärkt sich die Aktivität der Grup-

133

pe, da dann jemand aus der Gruppe sich zum Leiter "aufschwingt", und
anfängt, die Gruppenaktivität zu organisieren. Wenn aber der formelle Leiter wieder zurückkommt, zieht sich der unformelle Leiter wieder zurück. Dies liegt in den Rollenerwartungen: wo es einen formellen Leiter gibt, hat dieser auch die formelle Aktivität der Gruppe
zu organisieren.

Das Teile- und- Herrsche- Prinzip

Sowohl die Experimente von LEWIN ET AL. als auch die meisten anderen
Untersuchungen haben sich um ganz bestimmte Formen der Gruppenleitung
gedreht.Man könnte sich indessen eine Leitungsform denken, die im Gegenteil dazu einer Gruppenbildung entgegenzuwirken versuchte. Sie
bringt die Partner gegeneinander auf, um dadurch eine Machtbalance
mit dem formellen Leiter als dem souveränen Herrscher zu schaffen.
Eine solche Leitungspolitik kommt gar nicht so selten vor, u.a. motiviert mit dem Wunsch, "Cliquenbildungen" entgegenzuwirken. Sie könnte
als "Teile- und - Herrsche- Prinzip (oder vielleicht eher als "Spalt-
und- Herrsche- Prinzip") bezeichnet werden.
   Was geschieht nun rein gruppenpsychologisch unter einer solchen Leitungsform? In erster Linie geht es darum, die Entstehung eines festen
Zusammenhalts zu verhindern. Das kann auf mancherlei Arten geschehen
   PHILIPS & D'AMICO (1956) haben durch Untersuchungen über die Wirkung von Zusammenarbeit und Konkurrenz nachgewiesen, daß Zusammenarbeit zur Verstärkung des Gruppenzusammenhalts beiträgt, während individuelle Konkurrenz diesen schwächt.
   FLANDERS und HAVUMAKI (1960) haben gezeigt, daß das Ansprechen der
einzelnen Mitglieder der Gruppe deren Zusammenhalt schwächt, während
das Ansprechen der Gruppe als Ganzes den Zusammenhalt stärkt.
   Versuchspersonen waren 360 High- school Schüler, die in Zehnergrup-
pen eingeteilt wurden. In Einzelprozeduren wandten sich die Lehrer
an bestimmte Schüler und redeten sie unter Nennung ihres Namens persönlich an. In Gruppenprozeduren wandten sich die Lehrer nur an die
ganze Gruppe, nicht an bestimmte Personen.
   Nachdem man dieses Verfahren eine gewisse Zeit verfolgt hatte, wurden die Schüler gefragt, ob sie in ihrer Gruppe bleiben wollten, oder
ob sie, falls ihnen ihre Gruppe nicht behage, in eine andere versetzt
zu werden wünschten. Aus denjenigen Gruppen, in denen die Mitglieder
einzeln behandelt worden waren, wünschte die doppelte Anzahl in eine
andere zu kommen im Vergleich zu den Mitgliedern, die gruppenweise
behandelt worden waren. Der Unterschied ist statistisch signifikant.
Eine individuelle Behandlung der Schüler kann also aufsplitternd wirken und den Gruppenzusammenhalt schwächen.

Dies entspricht der Praxis, bei der sich der Lehrer mit den Schülern "immer nur einen auf einmal" beschäftigt. In den Situationen, in denen der Lehrer versucht, die Schüler einzeln zu beeinflussen, wirkt dies als ein Teile und- Herrsche- Prinzip.

FLANDERS und HAVUMAKI (1960) haben in einer anderen Untersuchung gezeigt, wie Lob auf ausgewählte Schüler als "Teile- und- Herrsche- Prinzip" wirkt und größere Unterschiede im soziometrischen Status der Schüler hervorruft.

Anhänger des Teile- und- Herrsche- Prinzips begründen ihre Leitungspolitik damit, daß man einer Gruppenbildung mit starkem Zusammenhalt entgegenwirken müsse, da der Zusammenhalt gegen den formellen Leiter ins Spiel gebracht werden könne. Und darin haben sie allerdings recht.

Ein Experiment, das BERKOWITZ (1954) auswertete, zeigt, wie stark "zusammengeschweißte Gruppen" die Teilnehmer dazubringen können, das Arbeitstempo mehr herabzusetzen als entsprechende Gruppen, die nur lose zusammengehalten werden. Aber gleichzeitig zeigt es auch, daß "zusammengeschweißte Gruppen" die Mitglieder dazu bringen können, den Einsatz in weit höherem Maße zu verstärken, als "lose" Gruppen dazu imstand sind.

An dem Experiment nahmen einerseits eine Reihe "zusammengeschweißter Gruppen" teil, andererseits eine Reihe von Gruppen, in denen die Mitglieder nur lose miteinander in Verbindung standen.

Jede dieser Gruppen wurde zweigeteilt. Beide Hälften erhielten die Aufgabe, Figuren auszuschneiden unter der Vorgabe, die andere Hälfte der Gruppe werde an den Figuren weiterarbeiten, so daß also die Arbeit der beiden Teilgruppen ein zusammenpassendes Ganzes ausmachen sollte. In gewissen Zeitabständen schickte der Experimentleiter Notizen mit Aufforderungen an die Teilgruppen, entweder das Tempo zu verringern oder zu steigern. Die Mitteilungen wurden auf eine Weise zugeschickt, daß die Teilgruppen glaubten, sie kämen von der anderen Hälfte. Die einen Gruppen erhielten die Aufforderung, das Tempo herabzusetzen, "weil wir nicht mitkommen"; andere erhielten die Aufforderung, rascher zu arbeiten, "weil uns die Arbeit ausgeht". Sowohl Gruppen mit stärkstem Zusammenhalt als auch lose Gruppen erhielten beide Arten von Aufforderungen von - wie sie glaubten - ihrer anderen Hälfte.

Das Experiment bekräftigte die Vermutung über die Bedeutung des festen Zusammenhalts der Gruppe. Der Umfang der Produktion wurde an der Anzahl der ausgeschnittenen Pappfiguren gemessen. Die Änderungen, zu denen es als Folge der Aufforderungen kam, waren statistisch signifikant verschieden für Gruppen mit starkem beziehungsweise mit geringem Zusammenhalt. Die Aufforderung zu vermehrtem Einsatz wurde am stärksten von den Gruppen mit starkem Zusammenhalt befolgt, etwas weniger von den anderen. Die Aufforderung zur Herabsetzung der Produk-

tion wurde bis zu einem gewissen Grad von den stark zusammenhalten-
den Gruppen befolgt, von den andern jedoch überhaupt nicht.

Darüber hinaus wurden noch die Leistungen in Gruppen mit verhältnismäßig starkem beziehungsweise geringem Grad des Zusammenhalts kombiniert mit positiver beziehungsweise negativer Einstellung zur Arbeit untersucht.

Danach gibt es 4 Gruppentypen:

1. Stark zusammenhaltende Gruppen mit positiver Einstellung zur Arbeit.
2. Stark zusammenhaltende Gruppen mit negativer Einstellung zur Arbeit.
3. Lose verbundene Gruppen mit positiver Einstellung zur Arbeit.
4. Lose verbundene Gruppen mit negativer Einstellung zur Arbeit.

Beim Vergleich der Arbeitsleistungen der 4 Arten von Gruppen zeigte
sich das beste Ergebnis eindeutig beim Gruppentyp 1 und das schlechteste beim Gruppentyp 2.

Während es selbstverständlich keinen Zweifel daran gibt, daß eine
positive Einstellung in der Gruppe von Bedeutung ist, zeigt es sich
doch, daß die maximale Wirkung erst dann erreicht wird, wenn diese
Einstellung mit dem Zusammenhalt der Gruppe kombiniert wird.

Obwohl es keine entsprechende Untersuchungen über Schulgruppen gibt
ist es doch nicht unberechtigt, anzunehmen, daß sich auch bei ihnen
eine ähnliche Wirkung ergeben wird.

Der Anhänger des Teile- und- Herrsche- Prinzips wird aus Gründen
der Vorsicht den Typ 3 vorziehen, anstatt mit dem Typ 2 ein Risiko
einzugehen. Der gruppenbewußte Leiter fördert den Gruppentyp 1.

Konkurrenz und Zusammenarbeit

Die Frage, wie man Schüler zu größtmöglichen Leistungen anspornt,
ist von großer pädagogischer Bedeutung. Man hat u.a. beobachtet, daß
die Einführung konkurrenzbetonter Momente eine stimulierende Wirkung
haben kann, jedenfalls auf einen Teil der Schüler und vor allem auf
die, die am besten abschneiden wollen. Gleichzeitig kann jedoch die
Konkurrenz dazu beitragen, daß die Schlechten noch schlechter werden,
weil sie dann ganz aufgeben müssen. Selbst wenn also eine gewisse
Form des Wettstreits die Leistungen einiger Schüler steigern kann,
ist es nicht gesagt, daß der Wettkampf für die Gruppe oder Klasse
als Ganzes eine Verbesserung bedeutet. Er kann viel eher einen größeren Unterschied zwischen den Besten und den Schlechtesten verursachen.

Die vielen Experimente und Untersuchungen, die über die Auswirkunge
der Konkurrenz angestellt wurden, haben - was die Leistung angeht - z
widersprechenden Resultaten geführt.

JONES ET AL. (1964) heben in diesem Zusammenhang hervor, daß diese widersprechenden Resultate einer Fehlerquelle zuzuschreiben seien. Man habe nicht genügend berücksichtigt, inwieweit die benutzten Aufgaben besser für Zusammenarbeit oder besser für individuelle Arbeit geeignet waren. Er wies mit seinen eigenen Untersuchungen nach, daß Zusammenarbeit dann bessere Arbeitsleistungen ergab als Konkurrenz, wenn es sich um Gruppenaufgaben handelte, während Konkurrenz dann zu besseren Arbeitsleistungen als Zusammenarbeit führte, wenn es sich um Aufgaben für Einzelarbeit handelte. Damit Gruppenarbeit, was die Arbeitsleistungen betrifft, zu ihrem Recht kommen kann, muß die Aufgabe für eine Arbeitsteilung gut geeignet sein.

Dagegen haben alle Untersuchungen über die sozialen Folgewirkungen der Konkurrenz gezeigt, daß diese unbefriedigend und pädagogisch unerwünscht sind. Besonders DEUTSCH (1949 a, 1949 b, 1951) hat sich in einer Reihe von Untersuchungen mit den psychologischen Folgen von "Konkurrenz" und "Zusammenarbeit" beschäftigt und dazu beigetragen, daß das Problem von feldtheoretischen Gesichtspunkten her geklärt wurde.

Er unterscheidet zwischen einer sozialen Zusammenarbeitssituation (kooperativ soziale Situation) und einer sozialen Konkurrenzsituation (kompetitiv soziale Situation). Unter einer sozialen Zusammenarbeitssituation versteht er eine Situation, bei der das Ziel für jedes Individuum oder für jede Gruppe so definiert ist, daß es von den betreffenden nur erreicht werden kann, sofern andere involvierte Individuen oder Gruppen gleichzeitig ihr jeweiliges Ziel erreichen können. Unter einer sozialen Konkurrenzsituation versteht er eine Situation, in der das Ziel für jedes Individuum oder jede Gruppe so definiert ist, daß - sofern dies von einem Individuum oder einer Gruppe erreicht wird - keine anderen involvierten Individuen oder Gruppen ihr jeweiliges Ziel erreichen können.

In den Experimenten, die DEUTSCH mit Gruppen von je 5 Studenten ausführte, sollten verschiedene Aufgaben gelöst werden, von denen sich einige um die Lösung logischer Probleme drehten und andere um die Diskussion von Problemen sozialer Art.

Einige der Gruppen wurden für die Zusammenarbeit an der Lösung so motiviert, daß man ihnen sagte, sie bekämen hinterher eine gemeinsame Gruppenbeurteilung. Andre wurden zur Konkurrenzleistung motiviert, indem ihnen gesagt wurde, sie würden individuell danach beurteilt, wie jeder sich im Verhältnis zu den übrigen gehalten habe.

Beide Arten von Gruppen waren so zusammengesetzt worden, daß sie einigermaßen gleich tüchtig waren.

Die Lösungen der Aufgaben zeigten sowohl im Hinblick auf Qualität als auch auf Quantität bei den Gruppen, die zusammenarbeiteten, bessere Resultate in beiden Aufgabenarten im Vergleich zu den Konkurrenzgruppen. Der persönliche Einsatz der einzelnen Mitglieder war in beiden Arten von Gruppen gleich groß, wurde jedoch in den Konkurrenzgruppen nicht koordiniert.

Ein anderer Unterschied lag in den sozialen Wirkungen, und der war noch größer. In den Gruppen mit Zusammenarbeit fühlten sich die Teilnehmer mehr voneinander abhängig, zeigten mehr positive Gefühle und weniger Widerstand, fühlten sich gegenseitig mehr verpflichtet und waren gegenseitig hilfsbereiter.

In den Konkurrenzgruppen dagegen wurden weniger Zusammenarbeitsbestrebungen beobachtet, eine geringere Arbeitsteilung in der Gruppe, eine geringere Aufmerksamkeit andern gegenüber, weniger Freundlichkeit und seltener günstige Beurteilungen der Gruppe und ihrer Produktion, weniger Gruppenfunktionen, mehr individuelle Funktionen. RAVEN ET AL. (1963) haben später gezeigt, daß bei Aufgaben, die Zusammenarbeit voraussetzen, in den Auswirkungen diese Unterschiede noch größer werden.

Die Konkurrenzform kann nicht nur bewirken, daß die Teilnehmer ihre eigenen Leistungen zu steigern suchen, sondern auch, daß sie andere in ihren Bestrebungen hemmen, wie in einem Experiment von MINTZ (1951) unter den gleichen Bedingungen wie bei DEUTSCH nachgewiesen wurde. Während man in den zusammenarbeitenden Gruppen aus gemeinsamem Interesse einander half, suchte man in der Konkurrenzgruppe im eigenen Interesse andere so viel wie möglich daran zu hindern, etwas zu erreichen.

In Konkurrenzgruppen will man stets versuchen, den Austausch von Ideen zu begrenzen, um ja anderen nicht zu geben, das diesen hilft und einen selbst damit schlechter plaziert. Gleichzeitig will man versuchen, von anderen aufzuschnappen, was einem selbst nützen kann.

In Zusammenarbeitsgruppen ist man am größtmöglichen Austausch von Ideen interessiert, die den Interessen der Gruppe und damit den eigenen dienen können, die sich ja mit denen der andern decken.

Die Beobachtungen der unbefriedigenden Folgewirkungen eines individuellen Wettstreites hat zu Überlegungen darüber geführt, wie man das stimulierende Moment der Konkurrenzform nutzen und gleichzeitig vermeiden könne, die Teilnehmer gegeneinander aufzubringen. HURLOCK (1927) hat so gezeigt, daß auch eine gruppenweise Konkurrenz sich auf die Leistungen stark stimulierend auswirken kann. STENDLER mit mehreren (1951) haben durch einen Versuch mit Kindern der zweiten Klasse belegt, daß die Interaktion zwischen den Kindern positiver wird, wenn man gruppenweise und nicht individuell korrigieren läßt.

Die Gruppenkonkurrenz kann zwar ein besseres Verhältnis zwischen den Mitgliedern der Gruppe nach innen schaffen, doch entstehen leicht negative Haltungen nach außen den andern Gruppen gegenüber. Dies geht aus SHERIFS Versuchen (1953- 1956) hervor, die später im Abschnitt über das Verhältnis zwischen Gruppen Seite 180ff. besprochen werden. Es kommt zu einer Eigengruppen- Fremdgruppen- Beziehung. Aus denselben Versuchen läßt sich weiterhin ablesen, daß das gegenseitige Verhältnis zwischen den Mitgliedern der verlierenden Gruppen auch leicht schlechter wird.

Konkurrenz zwischen Gruppen kann leicht zu einer neuen Variation des "Teile- und- Herrsche- Prinzips" werden. Man bringt vielleicht Befriedigung in einigen der Gruppen zustande, vor allem in denen, die Erfolg haben, auf der anderen Seite kann es aber leicht passieren, daß die Gruppen auf Kosten des Zusammenhalts sich stärker gegeneinander formieren.

Wenn einzelne Gruppen andern gegenüber hervorgehoben werden, sei es nach der guten oder nach der schlimmen Seite, ergibt dies die gleichen Wirkungen für das Verhältnis der Gruppen untereinander, wie eine ähnliche Behandlung von Individuen für deren Status unter anderen Individuen ergeben würde.

Ein Experiment von BLAKE & MOUTON (1962) zeigt, daß bei der Konkurrenz zwischen Gruppen die Teilnehmer geneigt sind, die Leistungen der eigenen Gruppe überzubewerten und die der Gegenseite unterzubewerten.

Ein Versuch von THOMPSON (LEWIN 1946) zeigt, wie die anderen Gruppen nach und nach die gleiche Haltung wie der Lehrer sowohl unterpriviligierten als auch priviligierten Gruppen gegenüber einnehmen. Die Gruppen waren so zusammengesetzt, daß sie hinsichtlich des Leistungsniveaus zu Beginn des Versuchs einander ebenbürtig waren. Darauf begann der Lehrer eine der Gruppen so zu behandeln, als sei sie besonders schlecht, und eine andere, als sei sie besonders gut. Im Verlauf von nur einigen wenigen Gruppensitzungen begannen die anderen Gruppen eine entsprechende Haltung einzunehmen und blieben weiterhin dabei, obwohl der Lehrer nicht mehr länger eine unterschiedliche Behandlung praktizierte.

Diese Untersuchungsresultate bedeuten nicht, daß jeder Wettstreit abgeschafft werden müßte. Vielmehr sollten die Formen, in denen er häufig stattfindet, geändert werden. Vieles spricht dafür, den Anreiz, der im Wettstreit liegt, zu erhalten. Jeder Pädagoge kennt den Wetteifer, der Kindern eigen ist. Jeder natürlich entwickelte Mensch hat einen gewissen Leistungsdrang. Die Hauptsache ist, daß die Leistungen zum Besten aller sind und nicht auf Kosten anderer zustandekommen. Ein Wettstreit muß pädagogisch nur so angelegt werden, daß er unter solchen Bedingungen vor sich geht, daß der Einsatz des Einzelnen (abgesehen davon, daß er ihm Gelegenheit gibt,sich selbst auszuzeichnen) einem gemeinsamen Ziel dient, an dessen Erreichung die andern interessiert sind. Dabei soll gleichzeitig niemand besonders in die Gefahr einer persönlichen Niederlage geraten, Rechte einbüßen oder das Gesicht verlieren.

Diese Bedingungen gelten sowohl für den Wettstreit zwischen Individuen als auch zwischen Gruppen, doch ist ein gruppenweiser Wettstreit
vorzuziehen. Einmal kann er so vorbereitet werden, daß die negativen Faktoren nicht zur Geltung kommen, zum anderen können die übrigen Vorteile der Gruppenarbeit gegenüber der Einzelarbeit in Erscheinung treten. Es liegen jedoch noch keinerlei Untersuchungen des Wettstreits unter diesen Voraussetzungen vor.

Die Wirkung des psychologischen Klimas

Der Begriff "psychologisches Klima" oder "soziale Atmosphäre" ist un-
präzise genau so wie früher die Begriffe "Klassengeist" oder "Grup-
pengeist". Es ist schwer zu bestimmen, was Ursache und was Wirkung
ist. Bald ist es das Verhalten der Schüler, das unter "psychologisches Klima der Klasse" zusammengefaßt wird, bald ist es die Leitung,
die mit dem Klima identifiziert wird.

Wenn es einen Sinn haben soll, einen besonderen Begriff "Klima"
zu gebrauchen, dann muß etwas ganz anderes, ein Drittes vorhanden
sein, das von einer Reihe von Faktoren geschaffen wird.

CONNOR (1960) hat mit der Kontrastmethode untersucht, welche Faktoren das Verhalten in Klassengruppen mit verschiedenem Klima bestimmen. In die Untersuchungen wurden 18 vierte Klassen einbezogen, von
denen jeweils 6 Kinder ausgewählt wurden, die am besten , und jeweils
6 Kinder, die am schlechtesten eingestellt waren. Die ersteren wurden als Klassen mit gutem Klima und die anderen als Klassen mit
schlechtem Klima bezeichnet. Auf der Grundlage einer Reihe von Beobachtungen, Beschreibungen und Tests fand CONNOR eine Reihe statistisch
signifikanter Unterschiede zwischen den Klassen mit gutem und denen
mit schlechtem Klima. In Klassen mit gutem Klima gab es während der
Arbeit mehr soziales Zusammenwirken und freiere Umgangsformen. Das
Verhältnis zwischen Lehrer und Schüler war wärmer, ruhiger und entspannter. In der sozialen Struktur der Gruppe waren alle einander
mehr "gleich", da einerseits weniger "Sterne" da waren und andererseits weniger Ausgeschlossene. Die Haltung der Schüler gegenüber
der Schule war besser.

CONNORS Untersuchungsbericht kann als Beispiel für Schwierigkeiten dienen, die sich aus der Benutzung des Begriffs "Klima" ergeben.
Zunächst ist es die gute oder schlechte Einstellung der Schüler, die
die Grundlage für die Einteilung in Klassen mit gutem oder schlechtem
Klima abgeben. Darnach findet man eine Reihe von Unterschieden zwischen diesen Klassen, die hinterher das Kennzeichen für ein gutes
oder schlechtes Klima sind. Was er entdeckt hat, sind Faktoren in
Schulklassen, die eine gute oder schlechte Anpassung an die Schule
kennzeichnen.

Die Anwendung des Begriffes in den auf Seite 127ff. genannten Experimenten von LEWIN ET AL. (1939) war insoweit eindeutig und korrekt, als er unter "sozialer Atmosphäre" in der Gruppe den Zustand verstand, der sich aus der Leitungsform entwickelte.

LEWIN (1936) hat in einem mehr theoretisch ausgerichteten Werk, das den Experimenten vorausging, Freundlichkeit, Unfreundlichkeit und Spannungen als die essentiellen Charakteristika für "soziale Atmosphäre" betrachtet.

KOSKENNIEMI (1957) hat das Klima etwas breiter als Lewin gesehen. Er fand, daß es sich in den Beziehungen zwischen Lehrer und Schülern und in denen der Schüler untereinander wiederspiegelt.

Ganz gleich, ob man nun von LEWINS engerer Auffassung des Klimas ausgeht als den Spannungen, die unter den Gruppenmitgliedern vorhanden sind, oder von KOSKENNIEMIS breiterer Auffassung des Klimas als dem Ausdruck für die sozialen Beziehungen in der Gruppe, kann man auf keinen Fall die formelle Leitungsform (z.B. das Verhalten eines Lehrers) für den einzigen Faktor halten, vielleicht nicht einmal für den wesentlichsten, der für das Entstehen des Klimas entscheidend ist. Die Größe einer Gruppe ist z.B. schon an und für sich von größerer Bedeutung für das Gruppengeschehen als die Leitungsform.

Diese Betrachtungen reduzieren keineswegs die Bedeutung der Resultate LEWINS, sie sind vielmehr ein Versuch, den Rahmen für den Begriff "psychologisches Klima" abzustecken, der für die Praxis Gültigkeit haben kann. LEWINS 3 Leitungsformen und die daraus entstandenen psychologischen Spannungen sind auf jeden Fall jede für sich Einzelfaktoren, die zu der Entstehung eines bestimmten Klimas beitragen, und Einzelfaktoren, die ein bestimmtes Klima bezeichnen.

In anderen Untersuchungen sind viele Beispiele von Einzelfaktoren angeführt, die entweder in das Klima eingehen oder zu dessen Entstehung beitragen, z.B. die Haltung der Eltern der Schule gegenüber, das kulturelle Klima des Elternhauses und der Aufbau der Schule und ihr Inhalt.

Ausgehend von Erfahrungen auf anderen Untersuchungsgebieten kann auch angenommen werden, daß die verschiedenen Leitungsformen von den verschiedenen Schülern sehr unterschiedlich erlebt werden. Es wurden Untersuchungen darüber angestellt, wieweit das Klima für Schüler mit unterschiedlichem Intelligenzniveau unterschiedliche Bedeutung hat. Bei der Unterscheidung zwischen einem "permissiven" und einem "nichtpermissiven" Klima (worunter ungefähr verstanden wird, daß für das Verhalten freiere bzw. engere Grenzen gezogen sind) hat man gefunden, daß ein permissives Klima für den schwerfälligeren Teil der Schüler nicht gerade zuträglich sein dürfte.

CALVIN ET AL. (1957) bewiesen, daß ein permissives Klima während einer Problemlösung die Leistungen der Schüler, die über dem Begabungsdurchschnitt lagen, steigerte, die Leistungen derjenigen Schüler mit mittlerer Begabung jedoch hemmte.

141

BROWN (1960) fand indessen, daß die Schulleistungen in einem permis
siven Klima im ganzen besser waren, sowohl für diejenigen, die über
dem Begabungsdurchschnitt lagen, als auch für diejenigen darunter.
Es gab aber keinen Unterschied innerhalb des Bereiches um den Durchschnitt.

Auch von der Persönlichkeitsstruktur eines Individuums darf angenommen werden, daß sie Einfluß auf die Wirkungen eines Klimas hat.
Ein Schüler lernt leichter in einem Klima, das ein Verhalten fördert,
das in Übereinstimmung mit seiner Persönlichkeitsstruktur steht. SMIT
(1955) fand, daß College- Studenten, deren Persönlichkeitstests darauf hindeuteten, daß sie am besten in einer streng organisierten
Klasse mit klar strukturierten Aktivitäten fungierten, unter solchen
Bedingungen auch rein faktisch mehr lernten, während Studenten, deren
Persönlichkeitstests auf entgegengesetzte Tendenzen hinwiesen, in
einem mehr permissiven Klima mehr lernten.

WITHALL hat in einer Reihe von Arbeiten (1949, 1951, 1952)eine Be-
schreibungstechnik entwickelt: The Social- Emotional- Climate- Index.
Dieser Index enthält Kriterien, wonach das verbale Verhalten der Lehrer in 7 Kategorien eingeteilt werden kann:

1. Schülerunterstützende Bemerkungen
2. Akzeptierende und erklärende Bemerkungen
3. Aufgabenstrukturierende Bemerkungen
4. Neutrale Bemerkungen
5. Dirigierende und ermahnende Bemerkungen
6. Tadelnde und herabsetzende Bemerkungen
7. Lehrerunterstützende Bemerkungen

Die 3 ersten Kategorien sind demnach schülerorientierte und die 3
letzten lehrerorientierte. Das Verhältnis zwischen sämtlichen schülerorientierten Bemerkungen wird in einem "Climate- Index- Ratio"
errechnet. Je höher C-I-R, desto mehr schülerorientiertes Klima.

Nach den Untersuchungen von FLANDERS bewirkt ein lehrerorientiertes
entweder Aggressivität, Feindschaft, Apathie oder Zurückhaltung bei
den Schülern (entsprechend der Wirkung autoritärer Führung in LEWINS
Versuch), ein schülerorientiertes Klima fördert die Einstellung den
Aufgaben gegenüber und vermindert die Angst bei den Schülern.

Nach WITHALL sehen sich Schüler jeweils von Klasse zu Klasse einem anderen Klima ausgesetzt. Doch variiert auch das Klima in der
gleichen Klasse, abhängig von den einzelnen Lehrern, von Tag zu Tag
oder,von Stunde zu Stunde. Immerhin gibt es dabei während einer längeren Zeit eine gewisse Konsistenz. WITHALL schließt mit 3 Fragen:

Welchen Grad einer psychologischen Anpassung muß ein Schüler von
Stunde zu Stunde aufbringen?

Welche Spannungen entstehen während dieser Umstellungen bei den
Schülern?

Welche Variabeln außer dem Verhalten des Lehrers beeinflussen das Klima in der Klasse?

Zahlreiche Untersuchungen über die Wirkung des lehrerorientierten und schülerorientierten bzw. des lehrerzentrierten, schülerzentrierten und gruppenzentrierten Klimas sind unternommen worden?

Nach THELEN & WITHALL (1949) rief das lehrerzentrierte Klima einen höheren Grad interpersoneller Konflikte hervor.

PERKINS (1950) fand, daß Seminaristen, wenn der Unterricht unter einer gruppenzentrierten Leitung vor sich ging, mehr lernten und Kindern gegenüber eine positivere Haltung einnahmen. Durch den Austausch persönlicher Erfahrungen bekamen sie ein besseres Verständnis für psychologische Fragen.

Daß eine gruppenzentrierte Führung eine sozial positivere Haltung bei den Teilnehmern erzeugte, ist in vielen Untersuchungen nachgewiesen worden. BOVARD (1951) fand mehr Kontakte und mehr gegenseitige Sympathie in solchen Gruppen. FLANDERS (1951) belegte, daß die Schüler in einem lehrerzentrierten Klima mehr Feindlichkeit, Zurückgezogenheit, Apathie, Aggressivität und gefühlsmäßige Unausgewogenheit zeigten, während Schüler in einem schülerzentrierten Klima größere Sachlichkeit und gefühlsmäßige Anpassung aufwiesen. Das hatte zur Folge, daß im zuletzt genannten Falle es die Schüler leichter hatten, die gelernten Begriffe zu verstehen, zu behalten und anzuwenden.

HAIGH und SCHMIDT (1956) ließen die Versuchspersonen selbst zwischen den beiden Leitungsformen wählen. Die Untersuchung, die ein Jahr lang dauerte, zeigte keinen Unterschied zwischen den beiden Gruppen mit einem schülerzentrierten bzw. lehrerzentrierten Klima hinsichtlich der Lernergebnisse.

Die Untersuchungsresultate können jedoch nicht überzeugen. Die lehrerzentrierte Gruppe war bei diesem Versuch dadurch motiviert, daß sie zum Abschluß examiniert werden sollte, was bei der schülerzentrierten Gruppe nicht der Fall war. Auch die sozialen und gefühlsmäßigen Auswirkungen wurden nicht in Betracht gezogen.

Im übrigen ziehen Schüler anfangs oft die lehrerzentrierte Form vor. Die Gruppenarbeitsform muß erst gelernt werden. Bei WICHMEYER (1955) zeigten die Teilnehmer unter einer gruppenzentrierten Leitung größeres Interesse, es entstand eine wärmere und freundlichere Atmosphäre, es kam zu einer stärkeren Zusammenarbeit. Nichtsdestoweniger brachte die lehrerzentrierte Gruppe die größte Befriedigung mit ihrem Leiter zum Ausdruck, "weil er so viel beigetragen hatte".

Das Gefühl, daß die Bedeutung des Lehrers bei einer gruppenzentrierten Leitung geringer sei, hat manche Pädagogen dazu veranlaßt, wieder auf die lehrerzentrierte Form zurückzugreifen, weil die Rolle von allen als bedeutungsvoller *erlebt* werde.

POWELL (1964) hält es für nutzlos, die Schüler bloß in Gruppen einzuteilen und sie dann diskutieren zu lassen. Eine sorgfältige Vorbereitung, während der den Teilnehmern eine gewisse Einsicht in Gruppenprozesse erschlossen wird, sei von Anfang an notwendig.

MC KEACHIE (1954) hat besonders darauf hingewiesen, daß die Wirkung einer gruppenzentrierten Führung von bestimmten Voraussetzungen abhängig ist. In einer neu gebildeten Gruppe sollte z.B. gefragt werden, ob ein Mitglied darunter ist, das früher schon an Gruppenarbeiten teilgenommen hat; sonst kann eine Unsicherheit entstehen, die das Lernen beeinträchtigt. ZIMET & FINE (1955) lieferten während des Trainings einer Gruppe von Lehrern mit Zusammenarbeitsproblemen den Beweis für die Überlegenheit der Gruppenarbeit, selbst wenn die Gruppenarbeitsform anfangs langsamer vor sich geht. Ihre Versuche sind im übrigen besonders für den Nachweis des Einflusses der Leitungsform geeignet. Es waren nämlich die gleichen Versuchspersonen, die einmal unter lehrerzentrierter Einwirkung, das andere Mal unter Gruppeneinwirkung in den 16 Wochen der Versuchsdauer jeweils am Vormittag bzw. Nachmittag arbeiteten. Das Verhalten der Teilnehmer wechselte je nach der Leitung, der man ausgesetzt war, doch nur bei dem Teil des Lerninhaltes, der unter gruppenorientierter Leitungsform behandelt wurde, hatten die Teilnehmer einen statistisch signifikanten Fortschritt zu verzeichnen.

9. Die Lehrerrolle

Dominatives und integratives Verhalten

Während der letzten Jahre wurden immer wieder Untersuchungen über den Zusammenhang zwischen der Art, wie der Lehrer seine Rolle ausführt, und dem sozialen Verhalten der Kinder angestellt.

ANDERSSON & BREWER (1945-1946) haben zahlreiche Beobachtungen über den Lehrer als Faktor innerhalb der sozialen Interaktion durchgeführt: Studies of Teacher's Classroom Personalities, I-III. Ihr Beobachtungsschema enthält 26 Verhaltenskategorien, die der Beschreibung des Lehrereinflusses dienen sollen. Sie können in zwei Hauptkategorien zusammengefaßt werden: das integrative und das dominative Verhalten.

Das integrative Verhalten ist bestimmt von Sympathie, erkennenlassenden, aufmunternden und freundlichen Verhaltensformen, von der Begabung für Zusammenarbeit, der Fähigkeit, Zweck und Absicht durch Konfrontation mit neuen Situationen zu ändern, der Bereitschaft, die eigenen Wünsche zugunsten des Gesamtwohles der Gruppe zurückzustellen.

Das dominative Verhalten erhält sein Gepräge von tadelnden, autoritären und unfreundlichen Verhaltensformen, von einem schroffen und ungeschmeidigen Festhalten am einmal aufgestellten Ziel, von

der mangelnden Fähigkeit, Wünschen und Auffassungen anderer ent-
gegenzukommen, vom unzulänglichen Verstehen der individuellen
Unterschiede.

Die Beobachtungen zeigten deutlich, daß ein dominatives Verhalten des einen Teils (Schüler - Schüler oder Lehrer - Schüler)
in der Regel das gleiche Verhalten beim anderen Teil hervorrief.
Ein integratives Verhalten dagegen bewirkte, daß der andere Teil
mit einem integrativen Verhalten reagierte. Die Verhaltensformen
verstärken sich gegenseitig. Aggression zeugt mehr Aggression.
Freundlichkeit zeugt mehr Freundlichkeit. Kinder hatten weniger
Schwierigkeiten, wenn der Lehrer ein mehr integratives Verhalten
zeigte. Sie waren weniger unaufmerksam, gleichzeitig aber unmittelbarer, williger zur Zusammenarbeit und initiativenreicher.

Direktes und indirektes Einwirken

FLANDERS (1960) stellt ein System zur Beschreibung des Lehrerverhaltens auf, das zwischen direktem und indirektem Einwirken
unterscheidet:

Direktes Einwirken:	*Indirektes Einwirken:*
a) Stoff und Ideen werden doziert.	a) Ideen und Gefühle der Schüler werden akzeptiert, geklärt und gefördert.
b) Das Verhalten der Schüler wird kritisiert und abge- wertet mit dem Ziel, es zu ändern.	b) Es wird ermuntert und stimu- liert.
c) Anweisungen und Richtli- nien werden gegeben.	c) Fragen werden gestellt, um die Beteiligung der Schüler an den Entscheidungen herauszufordern.
d) Die eigene Position oder Autorität wird gerechtfer- tigt.	d) Fragen werden gestellt, um die Schüler auf die Schularbeit oder das Diskussionsthema ein- zustellen.

FLANDERS argumentiert, daß indirektes Einwirken den Bereich mög-
licher Handlungen des Schülers vergrößert, während direktes Einwirken ihn verengt. Das Fragen nach Gesichtspunkten ermuntern
den Gefragten zur Teilnahme und zieht oft andere mit in eine Diskussion hinein. Das Anweisen hat eine entgegengesetzte Wirkung,
weil es die Anzahl akzeptabler Handlungen begrenzt.

In Schweden hat HUSÉN mit anderen (1959) eine größere Untersuchung
über Wirkungen verschiedener Faktoren auf die Schüler, u.a. des direkten Eingreifens des Lehrers, durchgeführt:

145

Mit Hilfe von Frageschemata für Lehrer und Schüler untersuchte
man u.a., ob es einen Unterschied in der Einstellung zur Schule
bei den Schülern auf folgenden Gebieten gibt:

Interesse an der Schularbeit
Erlebnis der Klassenatmosphäre
Einstellung zu den Normen des Lehrers (der Schule)
Einstellung zu unterschiedlichen Lehrstoffen (Fächern)

Auf der Grundlage der Beantwortung der Fragebogen durch die
Lehrer wurden diese nach folgenden Kriterien eingeteilt.

Wie weit der Lehrer die Arbeit schwierig und ärgerlich fand
(wie weit er frustriert wird) oder nicht.

Wie weit der Lehrer dazu neigte, häufig einzugreifen
oder nicht.

Wie weit der Lehrer "kindzentriert" war oder nicht.

Die Untersuchung zeigte, daß für die *mehr* "kindzentrierten" Lehrer
ein Zusammenhang mit der positiven Einstellung der Schüler auf
allen vier Gebieten war.

Was die übrigen Lehrerhaltungen betrifft, so geht beispielswei-
se ein Zusammenhang mit der Einstellung der Schüler aus folgendem
hervor:

Bei Lehrern, die *weniger* einzugreifen
geneigt sind, gibt es Schüler, die
gewöhnlich:

Bei Lehrern, die das Unterrichten *weniger* schwieriger und ärgerlich finden,
gibt es Schüler, die ge-
wöhnlich:

a) eindeutig positiv zum Schulbesuch eingestellt sind, verglichen mit Schülern, deren
Lehrer geneigt sind, häufig
einzugreifen

a) zum Schulbesuch nicht
positiver eingestellt
sind als Schüler der
Lehrer, die ihre Arbeit
schwierig und ärgerlich
finden

b) weniger Störungen erleben -

b) bedeutend weniger Störungen erleben -

c) positiver eingestellt sind gegenüber den Normen des Lehrers -

c) etwas positiver den Normen
des Lehrers gegenüber
eingestellt sind -

d) den Lehrer auf eine Art auffassen, die man als etwas weniger
frustriert nennen kann -

d) den Lehrer auf eine Art
auffassen, die als be-
deutend weniger fru-
striert charakterisiert
werden kann -

e) weniger leisten - wenn auch der Unterschied nicht groß ist - als die Schüler der zum Eingreifen geneigten Lehrer.

e) mehr leisten - wenn auch nicht viel - als Schüler, deren Lehrer ihre Situation für schwieriger und ärgerlicher halten.

Aus der Konklusion geht hervor, daß die vonseiten der Schule her gesehenen positivsten Schülereinstellungen am stärksten bei Schülern mit Lehrern vorhanden sind, die weder besonders geneigt waren, einzugreifen oder ihre Arbeit besonders frustrierend empfanden.

Außerdem untersuchte man den Zusammenhang der Einstellung der Schüler auf den 4 angegebenen Gebieten mit der Fähigkeit des Lehrers, Ruhe und Ordnung zu schaffen und guten Kontakt zu den Schülern herzustellen.

Schüler bei Lehrern, die die Fähigkeit hatten, Ruhe und Ordnung zu schaffen, wiesen bessere Schulleistungen auf als andere. Diese Fähigkeit fand sich am häufigsten bei Lehrern, die weder die Arbeit besonders frustrierend fanden noch besonders dazu neigten, Eingriffe vorzunehmen.

Die Zufriedenheit des Lehrers als Faktor

In einer finnischen Untersuchung (HEIKKINEN, 1963) hat man eine Reihe von Faktoren gefunden, die mit einer positiven Haltung dem Lehrerberuf gegenüber im Zusammenhang stehen. HEIKKINEN fand, daß viele Pädagogikstudenten in ihrer positiven Haltung vom ersten bis zum dritten Studienjahr eine große Steigerung aufwiesen. Diese positive Haltung ließ zunächst in der Examenszeit ein wenig, später nach zwei Jahren Praxis sehr stark nach. Eine Gruppe solcher Lehrer verglich er mit einer ausgewählten Lehrergruppe, deren positive Einstellung - auch noch nach zwei Jahren Praxis - ununterbrochen zunahm. Er fand, daß die letzteren im höchsten Grad

mit ihrer Lehrertätigkeit zufrieden waren,
die Wahl ihrer Karriere für einen Erfolg hielten,
daß sie das Gefühl hatten, der Lehrerberuf werde respektiert,
und daß sie Lehrer zu bleiben wünschten.

Leitereigenschaften und Lehrerrolle

Einen wichtigen Teil der Lehrerrolle macht die Tatsache aus, daß der Lehrer ein Gruppenleiter ist.

GIBB (1955) hat versucht, die Eigenschaften herauszufinden, die den guten Lehrer als Gruppenleiter charakterisieren. Aufgrund des Seite 111 besprochenen Schemas von HEMPHILL hat er einen "Fragebogen zur Beschreibung des Lehrerverhaltens" ausgearbeitet, der 165 Fragen enthält, die folgende 9 Gruppenleiterfunktionen betreffen.

Von diesen wird jede für sich wiederum nach einer Skala beurteilt, die sich auf Vorkommen und Umfang bezieht.

1. *Ingangsetzung:* er ergreift die Initiative zur Aktivität, zu Änderungen, zu neuen Versuchen.

2. *Verbundenheit mit der Gruppe:* er "geht mit" in der Gruppe, hat unformellen Umgang mit ihr.

3. *Zusammenhalt:* er schafft Zusammenhalt in der Gruppe, glättet Konflikte, muntert zu Zusammenarbeit auf und wirkt der Konkurrenz zwischen den Gruppenmitgliedern entgegen.

4. *Organisierung:* er hält Normen und Vorschriften ein.

5. *Dominierung:* er behauptet den Mitgliedern gegenüber seine Meinung, steckt die Grenzen für das Verhalten der Gruppe, ihrer Gesichtspunkte und ihrer Selbstbestimmung ab.

6. *Kommunikation:* er vermehrt das Verständnis für Lerninhalt *und* für das soziale Leben in der Gruppe; er erklärt, informiert.

7. *Anerkennung:* er verteilt Kritik (positive oder negative), drückt Billigung oder Nichtbilligung der Arbeit und des Betragens aus.

8. *Produktivität:* er hält an der Zielsetzung fest, ermuntert zu gesteigertem Einsatz, zu höherem Leistungsniveau und einer weitergehenden Zielsetzung.

9. *Repräsentation:* er nimmt die Interessen der Gruppe gegenüber anderen wahr.

Mithilfe dieses Schemas beschrieben 119 Pädagogikstudenten 70 ihrer eigenen Lehrer im Alter von 27-65 Jahren.

Eine Analyse zeigte, daß "gute Lehrer" durch freundliches, demokratisches Verhalten charakterisiert waren und durch eine Überlegenheit im Hinblick auf Organisation und Kommunikation, Zielbewußtheit (Produktivität).

10. Autoritätsausübung

Das Autoritätsproblem

Beim Versuch LEWINS ET AL. (1939), besprochen S. 127ff. machte man die Beobachtung, daß die Gruppe unter einer Laissez-faire-Leitung am besten fungierte, wenn der Leiter nicht anwesend war, da die

Gruppe sich dann unter einem unformellen Leiter organisierte. Wenn der formelle Leiter anwesend war, erwartete die Gruppe, daß er die Aktivität organisiere. Selbst wenn der Laissez-faire-Leiter die erwünschten Auskünfte gab, war er nicht eigentlich "mit" in der Gruppe und nahm nicht aus eigener Initiative an der Organisierung der Gruppe teil, so wie sonst die Gruppenmitglieder dies von einem Leiter erwarten durften.

Diese Tatsache weist auf ein Problem hin, das in der Autoritätsdebatte oft übersehen wird. Unabhängig davon, welcher Leitungsform der Pädagoge sich bedient, ist es letzten Endes immer er selbst, der die Autorität hat. Sie basiert auf seinem Status, den er in der Organisation oder in dem System einnimmt. Der Lehrer ist der formelle Leiter der Klasse oder Gruppe mit dem Machthintergrund des formellen Systems. Es liegt in der Rolle des Lehrers, daß er die Autorität hat, und die Schüler erwarten u.a. von der Lehrerrolle, daß deren Inhaber die Autorität auch ausübt. Für den Lehrer, der nicht "Ordnung halten" kann, haben die Schüler ebenso wenig übrig wie für den allzu "autoritären". Man hört sogar häufig die grösseren Schüler sagen, daß sie die "strengen" Lehrer den anderen vorziehen.

Entscheidend ist, *wann* und *wie* der Lehrer die Autorität ausübt. Was in LEWINS Untersuchung nachgewiesen wird, sind die Wirkungen der verschiedenen Arten, die Autorität zu gebrauchen. In der autokratisch geleiteten Gruppe traf der Leiter alle Entscheidungen selbst. In der Laissez-faire-Gruppe überließ er alle Entscheidungen der Gruppe. In der demokratisch geführten Gruppe überließ er es dieser, in gewissen relevanten Bereichen Entscheidungen zu treffen.

Die Schule wird kaum die Erziehung zur Demokratie fördern, wenn sie Autoritätsausübung Demokratie nennt, und noch weniger, wenn sie von bestimmten pädagogischen Beeinflussungsmethoden sagt, sie seien demokratisch. Wenn die Autorität letzten Endes immer beim Lehrer liegt, könnte sich der Schüler die Auffassung zueigen machen, in einer Demokratie habe man - wenn es einmal darauf ankommt - selbst nichts zu sagen.

Nur wenn klar definiert wird, für welche Autoritätsbereiche man die Entscheidungen an die Selbstbestimmung der Schüler delegiert, und wenn man die Konsequenzen daraus vollauf zu tragen bereit ist, kann man nach und nach die Schüler zur Selbstbestimmung in größeren und schwierigeren Autoritätsbereichen erziehen.

Die Unklarheit im Zusammenhang mit der Autoritätsfrage stammt sicherlich zum großen Teil von der Verwechslung der Begriffe "Autorität" und "autoritär", wobei "Autorität" ein Ausdruck für Beziehungen zwischen Menschen ist, während "autoritär" eine Form der Autoritätsausübung meint, eventuell als Folge einer "autoritären Persönlichkeitsstruktur" dessen, der die Autorität ausübt. Die autoritäre Ausübung der Autorität ist es, die die Erziehung zur De-

mokratie hemmt, nicht die Tatsache, daß es eine rationell organisierte Autorität gibt.

Rationelle und hemmende Autorität

ERICH FROMM (1941) unterscheidet die rationelle von der hemmenden
Autorität. Die rationelle Autorität beruht seiner Meinung nach auf
der eigenen Einsicht ihrer Notwendigkeit für ein bestimmtes Ziel
oder einen bestimmten Zweck bei den Betroffenen. Die hemmende Autorität fußt dagegen nur auf einer äußeren Autorität. Als Beispiel
führt Fromm den Unterschied des Autoritätsverhältnisses zwischen
Lehrer und Schüler einerseits und zwischen Sklavenhalter und Skla-
ve andererseits an. Normalerweise gehen die Interessen des Lehrers
und die des Schülers in die gleiche Richtung, während die des Skla-
venhalters und die des Sklaven das niemals tun. Lehrer und Schüler
haben z.B. ein gemeinsames Interesse daran, daß die Leistungen des
Schülers die bestmöglichen sind. Was den Sklavenhalter und den
Sklaven betrifft, so sind hier die Interessen einander genau entgegengesetzt. Der erstere will die bestmögliche Ausnutzung erreichen, und der letztere will möglichst der Ausnutzung entgehen. FROMM
betont jedoch, daß die Aufstellung solch reiner Autoritätstypen
theoretisch sei; in der Praxis seien diese beiden Typen meist ge-
mischt.

FROMMS Art, das Problem darzustellen, kann erklären, weshalb grössere Schüler, vor allem in Examensklassen, nicht selten strenge
Lehrer solchen vorziehen, die die Zügel schleifen lassen. Natürlich
wünschen sie sich nicht die Strenge der Autorität an sich, sie sehen vielmehr das Rationelle daran ein, weil sie, den Wunsch haben,
möglichst viel zu lernen.

In einer Untersuchung von 1956 (PIKAS 1961) wurde nachgewiesen,
daß auch Kinder sich in auffallend hohem Grad eine größere Strenge
und Festigkeit der Eltern wünschten.

Um einen Einblick zu bekommen, was Erwachsene zur Stellung der
Kinder diesem Problem gegenüber meinten, arbeitete PIKAS ein Frageschema aus, das einer Reihe von Psychologen, Pädagogen und Eltern
zugeschickt wurde. Das Resultat dieser Umfrage zeigte klar, daß
sich niemand von ihnen vorgestellt hatte, der Wunsch nach Strenge
und Ordnung komme so zahlreich vor, wie es sich faktisch zeigte.

Wenn PIKAS mit seinen Untersuchungen nicht weiter gegangen wäre,
hätte seine Schlußfolgerung die sein müssen, daß man zu mehr auto-
ritätsgebundenen Erziehungsformen zurückkehren müsse, wenn doch die
sogenannte freie Erziehung nicht einmal die Kinder vorzogen, denen
sie zuteil geworden war. Die Beobachtungen, die PIKAS machte, be-
wirkten jedoch, daß er sich zu einer näheren Untersuchung des ganzen Problems entschloß.

Aufgrund seines Materials, das aus den Untersuchungen mit 656 Knaben und Mädchen im Alter von 11 - 15 Jahren stammt, gleichmäßig nach Alter, Geschlecht und Milieu verteilt, zeigt er unter Zugrundelegung von Fromms Unterscheidung von rationeller und hemmender Autorität, daß es nicht Autorität als solche ist, die sich die Jugendlichen wünschen. Es sind vielmehr die festen Rahmen, die in einer rationellen Autorität begründet sind, einer Autorität, die auf der Rücksichtnahme einem gemeinsamen Ziel gegenüber beruht.

PIKAS geht von der Theorie aus, mit dem Älterwerden vollziehe sich eine Entwicklung in der Autoritätsauffassung der Kinder, die von einer einfacheren und unnuancierten Betrachtungsweise der Autoritätsverhältnisse zu einer nuancierteren Auffassung der zunehmenden Forderung nach einer rationellen Begründung der Autorität führt.

Seine Untersuchung der 11-15jährigen bestätigt die Tatsache, daß der Wunsch nach einer rationell begründeten Autorität mit dem Alter zunimmt und daß gleichzeitig die Ablehnung einer hemmenden Autorität im selben Ausmaß wächst; doch gleichzeitig zeigt die Untersuchung auch, daß eine solche Entwicklung dann ausbleiben wird, wenn es die Eltern nicht verstehen, die ausgeübte Autorität und ihre Anforderungen an das Kind mit der natürlichen Entwicklung des Kindes abzustimmen.

Aus PIKAS' Untersuchung wurde deutlich, daß die Anerkennung der elterlichen Autorität durch die Kinder, wenn diese mit der Absicht motiviert wurde, sie zu guten Menschen zu erziehen, von 38 % im Alter von 11 Jahren auf 55 % im Alter von 13 und auf 73 % im Alter von 15 Jahren anstieg. Wenn die Eltern dagegen ihre Autorität allein damit begründeten, daß sie einfach gern über die Kinder bestimmen wollten, fiel die Zustimmung von 42 % im Alter von 11 Jahren auf 23 % im Alter von 13 und auf 8 % im Alter von 15 Jahren. Die Kinder brachten also mit zunehmenden Alter eine erhöhte Anerkennung der rationellen Autorität und eine verminderte Anerkennung der hemmenden Autorität zum Ausdruck.

Aus seiner Untersuchung ging weiter hervor, was geschieht, wenn die Erziehung nicht dem Gang der Entwicklung des Kindes angepaßt wird. In den Fällen, in denen die 15jährigen noch immer unter dem Einfluß einer hemmenden Autorität standen, waren sie in ihrem Denken unselbständig und irrational und selbst autoritär eingestellt. In den Fällen, in denen die rationelle Autorität die hemmende abgelöst hatte, waren die Kinder rationell im Denken, auf Zusammenarbeit eingestellt und zielbewußt.

Äußere Disziplin und Selbstdisziplin

Es ist wichtig, daß sich auch der Lehrer über diese Entwicklungs-

tendenzen in der Autoritätsauffassung der Kinder im klaren ist
und sie gutheißt. Nach Untersuchungen PIAGETS (1932) betrachten
die Kinder in der ersten Schulzeit den Lehrer als eine Autorität
und akzeptieren ohne weiteres die Normen, die er festsetzt. Doch
ungefähr vom 9.-10. Jahr an versuchen die Kinder sich von diesem
aufgezwungenen Normensystem freizumachen. Sie sind jetzt besser
imstand, gegenseitig aufeinander Rücksicht zu nehmen, bekommen dadurch eine nuanciertere Einstellung zur Zusammenarbeit und beginnen einander auf eine neue Art zu respektieren. Regeln und Normen
werden nicht mehr länger nur als ein Ausdruck einer personifizier-
ten Autorität oder eines egozentrierten Willens erlebt, sondern
die Regeln beginnen Normen zu repräsentieren, die jeweils in den
verschiedenen Situationen sachliche Forderungen enthalten. Dies
bedeutet, daß die Schüler für eine größere Selbständigkeit und
Freiheit reif sind.

BÜHLER (1931) hat Folgendes nachgewiesen: Bei 5-8jährigen Kindern
werden die von außen gegebenen Regeln oder Normen genau eingehal-
ten. Erst im Alter von 9-13 Jahren befreien sich die Kinder von
den äußeren Regeln und fangen an, eigene Initiative zu zeigen. Das
Wort "Kamerad" charakterisiert am besten diese Gruppen, in denen
die Forderung nach Solidarität zunehmende Bedeutung gewinnt.

ISAACS (1933) sagt: "In the middle years of childhood" kann man
beim Kind allmählich die Fähigkeit entdecken, sich in andere hineinzudenken und ihnen gegenüber eine positive Haltung einzunehmen.

Nach GOTTSCHALDT (1959) tritt vom 9.-10. Jahr eine qualitative
Veränderung im Gruppenleben der Kinder als Folge der Entwicklung
einer sozialen Einstellung ein. Er nennt, wie früher schon gesagt,
diese späteren Gruppen "Wir-Gruppen", während er Gruppen der früheren Altersstufe "Ich-Gruppen" nennt. Gruppen der späteren Altersstufe können jedoch, als Folge einer unzulänglichen sozialen Reife
der Mitglieder, ebenfalls sehr ichbetont sein.

FRØYLAND NIELSEN (1955), eine der früheren Mitarbeiterinnen PIAGETS
hat die gleiche qualitative Veränderung bei der Gruppenbildung der
Kinder nachgewiesen. Sie unterscheidet zwischen dem einfachen Drang
zur Gruppenbildung, den sie socialité nennt, und der Fähigkeit,
sich nach anderen zu richten, die sie sociabilité nennt. Der Übergang vollzieht sich in der Regel im Alter von 8 Jahren. Das Sozialitätsstadium ist durch den Drang der Kinder nach sozialem Beisammensein und dem Suchen gekennzeichnet, sich in Gruppen zusammenzu-
finden; erst im Soziabilitätsstadium haben die Kinder die Fähigkeit zur gegenseitigen Anpassung.

MORENO (1934) hat dasselbe beobachtet. Er unterscheidet zwischen
dem Identifikationsprozeß, der hauptsächlich eine gefühlsmäßige
und weniger eine bewußte Anhänglichkeit an die Gruppe darstellt,
und dem Integrationsprozeß, der ein Erlebnis der Solidarität mit

und des Verantwortungsgefühls gegenüber der Gruppe ist. Der Integrationsprozeß kommt in der sozialen Entwicklung nach dem Identifikationsprozeß und ist nur beim sozialreifen Individuum möglich. Nach MORENO sind sowohl die Kindheitsjahre als auch die späteren Jahre des Jugendlichen vornehmlich durch den Identifikationsprozeß gekennzeichnet. Die Frage ist jedoch die, ob es nicht an MORENOS soziometrischer Untersuchungstechnik liegt, daß er den Integrationsprozeß so spät ansetzt, da GOTTSCHALDTS und FRØYLAND NIELSENS Beobachtungen in experimentellen Situationen die qualitative Änderung bereits bei 8-9-10-jährigen feststellen.

Die Entwicklung zur Soziabilität, der Fähigkeit, sich nach einander richten zu können, hängt von persönlichen Faktoren ab, insbesondere vom Bewußtwerden der eigenen Möglichkeiten und Grenzen und von einer erhöhten Kenntnis der Wirkung verschiedener sozialer Faktoren.

Es versteht sich von selbst, daß die fortgesetzte Aufrechterhaltung einer formellen äußeren Disziplin den Übergang vom Sozialitätsstadium zum Soziabilitätsstadium hemmen kann.

Viele Lehrer haben ja auch die Erfahrung gemacht, daß es schwieriger ist, die Gruppenarbeit in solchen Klassen ingang zu bringen, die während längerer Zeit an einen reinen Klassenunterricht gewöhnt waren. Schüler, die erst zu einem späten Zeitpunkt mit Gruppenunterricht beginnen, haben es sehr schwer, die dazu nötige Selbständigkeit aufzubringen.

Ein allmählicher Übergang von der formellen äußeren Disziplin, die in der Person des Lehrers verankert ist, zu einer Selbstdisziplin, die in adäquaten Gruppennormen verankert ist, muß die Entwicklung der Kinder vom Sozialitätsstadium zum Soziabilitätsstadium begleiten.

JOHANNESSON (1963) zeigt, daß der Lehrer guttut, wenn er während der Vorpubertät mehr und mehr die Autorität von seiner eigenen Person auf die Normen der guten Arbeitsdisziplin überträgt, die in der Klasse zuzunehmen beginnt. Man darf nur nicht erwarten, daß alle Kinder mit allen Situationen allein fertig werden können. Sie müssen jedoch die Möglichkeiten haben, nach und nach mehr Verantwortung für die Arbeit und die Ordnung in der Klasse zugeteilt zu bekommen. Die Arbeitsregeln und Normen, die sich aus aktuellen Situationen ergeben, vermögen die Kinder leichter zu akzeptieren und zu respektieren, als Dekrete des Lehrers.

Wenn bei Schülern der Altersstufe, für die eine rein äußere Disziplin nicht mehr länger ausreicht, keine Selbstdisziplin entwickelt ist, die auf adäquaten Gruppennormen beruht, wird die Aufrechterhaltung der sozial notwendigen Disziplin erschwert.

SKEMP (1961) unterscheidet im Blick auf die Unterrichtssituation zwischen "kontrollierender Autorität" und "informierender Autorität".

Die kontrollierende Autorität erstreckt sich auf Werte. Sie entscheidet, was man darf und was man nicht darf, was gut und was schlecht ist. Sie hat Mittel, ihre Entscheidungen durchzusetzen, indem sie den Schüler belohnt oder bestraft, um ihn dazu zu bringen, das zu tun, was für gut, und das zu unterlassen, was für schlecht gehalten wird.

Die informierende Autorität betrifft Wissen. Sie teilt mit, welche Aussagen richtig und welche falsch sind - ist jedoch ohne Sanktionsmittel, um jemand dahin zu bringen, sich für die richtigen einzusetzen und die falschen abzulehnen.

In der Pädagogenrolle jedoch treffen sowohl die Kontrollfunktionen als auch die Informationsfunktionen zusammen. Um die relevante Information mitteilen zu können, ist es notwendig, den Empfänger zu kontrollieren. Hier kann zwischen den Interessen des Pädagogen und denen des Schülers ein Gegensatzverhältnis entstehen. Von den aufgestellten Forderungen des Unterrichts her gesehen, ergibt sich für den Lehrer die Notwendigkeit, kontrollieren zu können, während der Schüler nur das Bedürfnis nach Information hat, nicht nach Kontrolle.

Der Widerstand, der im Schüler durch die Kontrollfunktion geweckt wird, kann schließlich auch auf die Informationsfunktion übergreifen. Wenn der Schüler zwischen Kontrolle und Information nicht mehr unterscheiden kann, wird er sich dem Versuch der Information so widersetzen, als sei dieser ein Versuch der Kontrolle. Der Schüler kommt auf diese Weise mit seinem Widerstand gegen die Kontrolle auch dazu, Widerstand gegen die Information zu leisten, für die er sonst motiviert gewesen wäre.

In anderen Situationen, z.B. bei einer Sitzung, werden die beiden Funktionen auf zwei Personen verteilt, einen Redner und einen Diskussionsleiter, und jedermann kann zwischen den beiden Arten von Autorität unterscheiden: zwischen Information und Kontrolle.

In einer Schulsituation ist dies selten möglich, doch gibt es dort zwei andere Arten der Lösung dieses Problems.

Man kann entweder versuchen, die Funktionen auseinander zu halten, indem man den Schülern deutlich macht, wann man Informationen mitteilt, und wann man Werte kontrolliert. Die Schüler haben dann die Möglichkeit, die Information zu akzeptieren, während sie gleichzeitig der Kontrolle gegenüber Zurückhaltung üben können. Es mag jedoch seine Schwierigkeiten haben, diese Unterscheidung Kindern im Schulalter zu lehren. Ihnen muß auf pädagogischem Weg dazu verholfen werden. Ein bekannter dänischer Professor tat dies auf folgende Weise: Wenn er Informationen mitteilte, stand er hinter dem Vorlesungspult, wenn er zu Fragen kam, die ein persönliches Stellungnehmen erforderten, stellte er sich neben das Pult. Die Studenten konnten auf diese Weise immer unterscheiden, zwischen dem, was *Wissen* war, und dem, was *Werte* bedeutete. Dies setzt voraus, daß man der Versuchung widersteht, Kontrolle via Information einzuschmuggeln. Es gibt Fälle, z.B. in vielen Zeitungen, in denen man bewußt eine Meinungskontrolle via die informierende Funktion auszuüben versucht.

Die Lernmaschinen stellen eine weitere Lösung des Problems dar. Diese haben sowohl eingebaute Information als auch eingebaute Kontrolle. Aber beide Funktionen sind eindeutig zu verstehen und zu akzeptieren, da die Kontrolle nicht als persönlicher Angriff mißverstanden werden kann. Es sind vor allem die modernen Informationstheorien, die besonders zu dieser Lösung beigetragen haben. (Mehr darüber im Abschnitt über Kommunikationsprinzipien.) Diese Prinzipien sind auf keinen Fall dem maschinellen Lernen vorbehalten. Sie können ebensogut in der allgemeinen pädagogischen Praxis genutzt werden (und werden auch angewandt).

Anstatt mit einer kontrollierenden Autorität zu versuchen, dem Schüler Information aufzuzwingen, was Widerstand sowohl gegen die Kontrolle als auch gegen die Information wecken kann, sollte der Schüler erst für die Information motiviert werden. Dadurch kann dann in der nächsten Runde die damit verbundene Kontrolle akzeptiert werden.

Im ersten Fall sucht der Lehrer "vollzustopfen". Im andern Fall ist es der Schüler, der "danach verlangt". MOWRER (1950) hat bezeichnenderweise diese beiden Arten "problemschaffend" bzw. "problemlösend" genannt. Man kann auch wie LEWIN (1947) diese beiden Methoden als "Oberflächenmethoden" bzw. "Methode der inneren Motivation" bezeichnen. LEWIN behauptet, die innere Motivation käme am besten durch die Gruppenarbeitsform zustande. Durch die Probleme, die während der Gruppenarbeit entstehen, werde man "von selbst" für die Information des Lehrers motiviert. (Siehe weiteres darüber im Abschnitt über Beeinflussungsmethoden.)

Autorität und Gruppenleitung

JENKINS (1960 hat hervorgehoben, daß die Leitungsfunktion eines Pädagogen auf 3 Faktoren beruht:

Auf der *Autorität*, d.h. der Möglichkeit des Pädagogen, Entscheidungen zu treffen, die andere Menschen berühren.

Auf *Macht*, d.h. der Möglichkeit des Pädagogen, Wünsche oder Bedürfnisse zu erfüllen oder abzulehnen. Macht erhält dann eine besondere Bedeutung, wenn die Person, die im Besitz der Autorität ist, Entscheidungen trifft, die beinhalten, daß der Angewiesene etwas tun soll, dem er sich widersetzte.

Auf dem *Einfluß*, d.h. der Möglichkeit, auf jemanden einzuwirken. Dies kann mehr oder weniger gegenseitig sein. Je mehr der Lehrer empfänglich ist für die Auffassungen des Schülers, desto weniger treten seine Autorität und Macht in Erscheinung.

Wie der Pädagoge Autorität bzw. Macht und Einfluß ausübt, hat fundamentale Bedeutung dafür, wie seine Leitung von den Schülern erlebt wird.

JENKINS nennt eine Reihe von Prinzipien für die effektive Gruppenleitung eines Pädagogen:

1. Er versucht nicht, sich seiner Autorität und Macht zu begeben. Er kann dies nicht, selbst wenn er möchte, und Schüler sind realistisch genug, zu wissen, daß er es nicht soll. Er muß die Tatsache akzeptieren, daß er in der Klasse Macht und Autorität hat.Nur wenn er das getan hat, hat er die notwendige Sicherheit, mit der Gruppe zu arbeiten. Er braucht seine Autorität nicht auszuüben, um sich selbst zu beweisen, daß er sie hat.

2. Er führt mit der Klasse eine Verständigung darüber herbei, welche Autoritätsbereiche er selbst wahrnimmt, und welche er für Entscheidungen an die Klasse delegiert. Wenn das geklärt ist, handelt er in Übereinstimmung damit und mischt sich nur ausnahmsweise in Verhältnisse innerhalb des Bereiches ein, den er der Klasse überlassen hat. Er erlaubt aber dieser auch nicht, sich seinen Entscheidungen zu widersetzen.

3. Er macht sich selbst und der Klasse klar, welche Grenzen er dem Betragen setzen und handhaben will, und welche Freiheit die Klasse als Gruppe hat, Grenzen für das Verhalten der Mitglieder selbst festzusetzen. So wie er in der Handhabung dieser Grenzen konsequent ist, engt er auch diese nicht willkürlich oder ohne eine vorausgehende Warnung ein.

4. In den Bereichen, in denen die Schüler die Freiheit haben, Entscheidungen zu treffen, läßt er sie die Konsequenzen, die sich daraus ergeben, merken. Wenn bei seltenen Gelegenheiten es notwendig ist, einzugreifen,gibt er der Klasse eine offene und vollständige Erklärung dafür, weshalb es notwendig ist, und daß dadurch die grundlegende Übereinkunft nicht verletzt wird.

5. Er steht den Schülern einzeln und in Gruppen dadurch bei,
   daß er ihnen den Zweck erklärt und ein Ziel für sie aufstellt.
   Er trägt aktiv dazu bei, die Fortschritte zu würdigen, die
   im Hinblick auf das festgesetzte Ziel gemacht werden.

6. Er respektiert das Streben der Schüler, ihre Wünsche und ihre
   Bedürfnisse und erwartet, daß sie sein Streben und seine Bedürfnisse ebenso respektieren. Er achtet sorgfältig darauf,
   seine Macht und Autorität nicht unnötig zu gebrauchen. Er versteht es, den Schülern zu zeigen, daß sie, wenn sie die ver-
   langten Lernaktivitäten ausgeführt haben, sich darüber berei-
   chert und befriedigt fühlen.

7. Er ist empfänglich für die Gesichtspunkte der Schüler, so wie
   auch er erwartet, daß sie empfänglich für die seinen sind. Er
   ist bereit, auf ihre Anliegen einzugehen, um dadurch Entscheidungen treffen zu können, die in Übereinstimmung mit den existierenden Verhältnissen der Klasse sind.

JENKINS schließt: "wenn der Lehrer stets in Übereinstimmung mit diesen Gesichtspunkten handelt, werden die Schüler lernen, daß sie vol-
les Vertrauen in ihn setzen können. In einer Atmosphäre des Vertrauens sind die Schüler nicht nur imstande, den Einfluß des Lehrers zu
akzeptieren, sondern wünschen diesen geradezu. Sie erkennen die Leitung als relevant, objektiv und realistisch an. In dieser Situation
liegt ein Minimum von Unsicherheit oder Bedrohung, das jedoch ein
Maximum an Arbeit und Produktivität mit sich führt."

11. Der Prozeß der Gruppenbeeinflussung

Pädagogische Beeinflussungssituationen

Zur primären Aufgabe eines Lehrers gehört die Förderung der Kinder hinsichtlich ihres Wissens und Charakters. Der Lehrer soll also einen Einfluß ausüben, der diesem Zweck dient.

In einer Schulklasse lassen sich, auch wenn die Beeinflussung letzten Endes auf den einzelnen Schüler abzielt, 3 verschiedene Beeinflussungssituationen unterscheiden: die Beeinflussung kann auf die ganze Klasse, auf einzelne Gruppen oder auf einzelne Schüler ausgeübt werden.

Methoden zur Klassenbeeinflussung, zur Gruppenbeeinflussung und zur individuellen Beeinflussung, die in sozialer Hinsicht ganz verschieden sind, können, je nach der Situation, mehr oder weniger einseitig, mehr oder weniger systematisch angewandt werden.

Aufgrund des früher Ausgeführten, daß ein Individuum sein Verhalten nach der sozialen Situation ändert, in der es sich befindet (z.B. mit vielen anderen zusammen ist), kann man schließen, daß der Beeinflussungsprozeß in den verschiedenen Situationen auch verschieden vor sich gehen muß, und daß er ebenso einen unterschiedlichen Effekt haben kann. Die Frage ist, welche Beeinflussungssituation für den gewollten Zweck am zweckmäßigsten ist, und unter welchen Bedingungen sie dies ist.

Teils aufgrund einiger Untersuchungen, bei denen man die Effektivität dieser Beeinflussungsmethoden miteinander verglichen hat, teils aufgrund der Hauptzüge der modernen Kommunikationstheorien soll im folgenden in großen Zügen eine Übersicht darüber gegeben werden, wie der Beeinflussungsprozeß in den 3 Beeinflussungssituationen abläuft. Zuerst erfolgt eine Gegenüberstellung der Klassen- und der Gruppenbeeinflussungsmethode, anschließend wird die Gruppenbeeinflussungsmethode mit individuellen Methoden verglichen.

Zur Analyse der Beeinflussungsprozesse in der Schulsituation werden Ergebnisse der kybernetischen Forschung herangezogen. Sie ist die Wissenschaft, die mit Kontroll- und Informationstheorien arbeitet. Sie kann daher besonders die beiden wesentlichsten Funktionen der Lehrerrolle, Information und Kontrolle untersuchen.

Klassenbeeinflussungsmethoden und Gruppenbeeinflussungsmethoden

Die meisten Untersuchungen, bei denen man Klassenunterricht mit Gruppenunterricht vergleicht, sprechen für den letzteren. Das gilt für alle Bereiche, in denen man normalerweise Klassenunterricht anwendet. EVANS (1964) berichtet über einige Versuche in einem Fach, das selten für Gruppenarbeit geeignet gehalten wird. In dem einen Versuch war das Thema englischer Aufsatz. Die Versuchspersonen waren Mädchen im 1. und 2. Gymnasialjahr. Der Versuch erstreckte sich über 2 Jahre. Die Versuchsgruppen waren nach eigener Wahl zusammengesetzt und wurden nach der Gruppenmethode unterrichtet, während die Kontrollgruppen nach der Klassenunterrichtsmethode arbeiteten. Die Untersuchung betraf die Fortschritte im Fach und die Einstellungsänderung der Schülerinnen. In den beiden Bereichen waren die Ergebnisse der Gruppenmethode statistisch signifikant besser. In einer der Versuchsgruppen, die beim Start einen schlechten Zusammenhalt und eine schlechte Einstellung zum Fach aufwies, verringerte sich die Anzahl der unpopulären Gruppenmitglieder, und in der Einstellung zum Fach vollzog sich eine bedeutende Veränderung in positiver Richtung.

In einem anderen Versuch handelte es sich um das Fach Geographie. Hier fand sich zwischen Gruppenarbeit und Klassenunterricht kein Unterschied beim Fortschritt im Fach. Die Schüler jedoch, die in Gruppen arbeiten konnten, waren der Meinung, sie lernten besser und rascher. Sie schätzten die Arbeit mehr als einen aktiven Forschungsprozeß und nicht als passiven Aneignungsprozeß ein. Ihre Arbeitsmoral wurde besser und ihre Einstellung positiver. Die Zusammenarbeit von Schülern und Lehrern war intensiver.

Die verschiedene Wirkung der Gruppenunterrichtsmethode bzw. der Klassenunterrichtsmethode rührt von einer Reihe sozial- psychologischer Faktoren her, die unter unterschiedlichen Bedingungen zur Geltung kommen.

Beim Klassenunterricht vollzieht sich die Wirkung auf die Klasse vornehmlich durch Information, die vom Lehrer zu den Schülern geht, und zwar zu allen gleichzeitig und auf die gleiche Art. Der Lehrer kontrolliert bis zu einem gewissen Grad das Resultat der Einwirkung, z.B. durch Abhören des Stoffes. Darüber hinaus gibt es für Kommunikation auf umgekehrtem Weg nur begrenzte Möglichkeiten, die Schüler dazu zu bringen, Ihre Auffassung vom aufgenommenen Stoff auszudrücken. Gewöhnlich kann das nur in der Form von Antworten auf die Fragen des Lehrers geschehen. Die Art so zu fragen, daß dabei eine bestimmte Antwort erwartet wird, muß jedoch ebenfalls als ein einseitiges Kommunikationssystem betrachtet werden.

Im Grunde sollte der "Empfänger" Gelegenheit haben, Stellung zum Mitgeteilten zu nehmen. Er wollte es gründlich mit Gleichgestellten diskutieren, um es auf diese Weise gefühlsmäßig akzeptieren zu können und damit das "Empfangene" so zu haben, daß es "sitzt". Für einen solchen Verstärkungsprozeß gibt es beim Klassenunterricht we-

nig Möglichkeiten. Klassenuntericht repräsentiert also eine Einwir-
kungsform, die durch eine recht einseitige Kommunikation, einen wenig entwickelten Verstärkungsprozeß und durch mangelhafte Rückkopplung vom Schüler zum Lehrer charakterisiert ist, was eine Kontrollfunktion letztlich illusorisch macht.

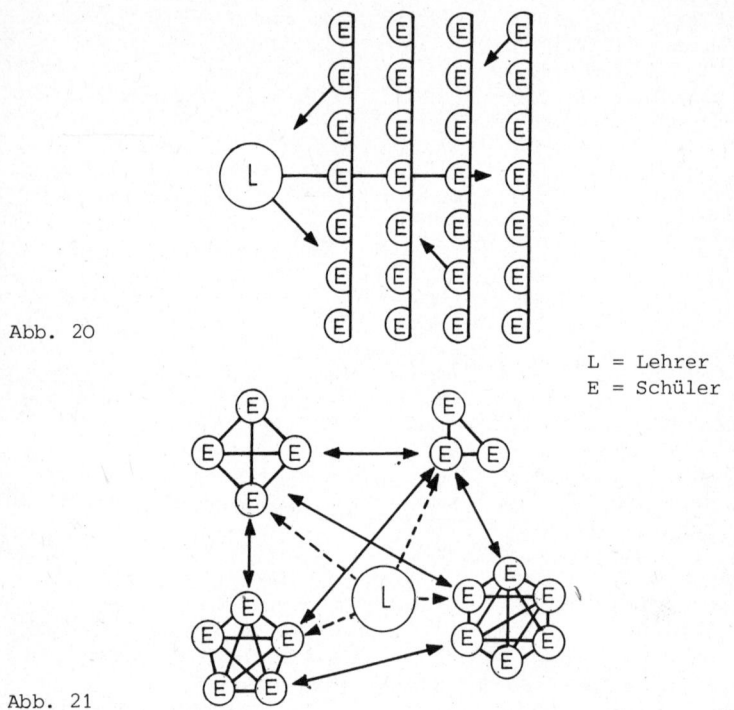

Abb. 20

L = Lehrer
E = Schüler

Abb. 21

    Dem gegenüber steht die Gruppenbeeinflussungsmethode. Der Unter-
schied zur Klassenbeeinflussungsmethode geht aus den Abbildungen
20 und 21 (FLANDERS, 1960) hervor. Dabei wird deutlich, wie viele
Möglichkeiten für gegenseitige Kommunikation, für Extra- Informationen, für Stellungnahmen und für "Verstärkung" es bei der Gruppenbeeinflussungsmethode gibt.
    Die Abbildung illustriert gleichzeitig, wie der Lehrer nur 4 Ein-
heiten (Gruppen) informieren und kontrollieren muß, anstatt 18 Einheiten (Individuen).

160

Die hier dargestellten Zusammenhänge bedeuten nicht, daß klassenweise Beeinflussung überflüssig sei. Sie erhält erst in der Wechselwirkung mit gruppenweiser Verarbeitung des Empfangenen ihren richtigen Platz.

BLOOM (POWELL, 1964) kommt durch sein Studium der verschiedenen Unterrichtsformen im Oberstufenunterricht in Austalien zu dem Ergebnis, daß die beste Art, einen Stoff *mitzuteilen* die Vorlesung sei, aber er fährt fort: selbst die schlechteste Diskussion ist besser, um das *Verständnis zu entwickeln*.

Das Verhältnis zwischen den beiden Einwirkungsformen muß jedoch schon so sein, daß die wenigste Zeit für die klassenweise Information, die meiste dagegen für die gruppenweise Verarbeitung des Stoffes aufgewendet wird.

POWELL (1964) fand heraus, daß die meisten Lehrer, entgegen ihrer eigenen Meinung, den größten Teil der ihnen zur Verfügung stehenden Zeit für sich selbst beschlagnahmten und nur ganz selten den Studierenden Gelegenheit zu eigenen Beiträgen gaben.

Der Kommunikationsprozeß

Voraussetzung für jegliche Einwirkung ist eine Kommunikation zwischen den Partnern. Sie kann verbal oder nicht- verbal, sie kann direkt oder indirekt sein.

Der Kommunikationsprozeß hat zwei Seiten: Die Mitteilung und den Empfang. Auf der einen Seite geht es darum, daß der Mitteilende versteht, sich so auszudrücken, daß der Empfänger das Mitgeteilte auffassen kann. In diesem Zusammenhang spielt die Rückkopplung vom Empfänger eine große Rolle. Auf der andern Seite geht es darum, die Mitteilung zu empfangen, die einem zu geben versucht wird.
In dieser Verbindung spielt der Verstärkungsprozeß eine große Rolle.

Kommunikation ist also in ihrem Prinzip zweiseitig: sie geht vom Mitteilenden zum Empfänger und zurück vom Empfänger zum Mitteilenden.

In der Praxis handelt es sich indessen oft nur um den einen Weg, da der Empfänger entweder aus praktischen oder prinzipiellen Gründen von der Möglichkeit abgeschnitten ist, zurückzukommunizieren.

Ein wesentlicher Unterschied zwischen der Klassenbeeinflussungsmethode und der Gruppenbeeinflussungsmethode liegt in der Art, wie die Kommunikation zwischen zwei Partnern vor sich geht.

Nach dem Prinzip des Klassenunterrichts kommt es, wie bereits erwähnt, hauptsächlich zu einer Mitteilung des Stoffes vom Lehrer zu den Schülern, und zwar zu allen Schülern auf einmal und auf die gleiche Art. Von Diskussion oder Meinungsaustausch zwischen den Partnern ist dabei keine Rede. Es handelt sich also dabei vornehmlich nur um ein einseitiges Kommunikationssystem.

Es ist aber genauso wichtig, daß es zu einer Kommunikation von Schülern *zum* Lehrer kommt. Bei einem Zweiweg- Kommunikationssystem erhalten die Schüler Gelegenheit sich auszudrücken, so daß sich ein gegenseitiges Verständnis unter ihnen selbst und zwischen ihnen und dem Lehrer einstellt. Der Lehrer verfolgt aufmerksam, was die Schüler auszudrücken suchen. Seine Fähigkeit, Informationen zu *"empfangen"*, ist ebenso entwickelt wie seine Fähigkeit, Informationen zu *"senden"*.

Er interessiert sich nicht nur dafür, ob seine eigenen Mitteilungen von den Schülern aufgenommen und verstanden wurden, sondern er ist auch offen für die Mitteilungen, die er von den Schülern empfängt.

Der Verarbeitungsprozeß

Die Information ist nur ein Teil des pädagogischen Einwirkungsprozesses. Es muß mehr dazu kommen, wenn eine mitgeteilte Information zu einem Beeinflussungserfolg führen soll. Auf der Seite des Empfängers muß es eine Verarbeitung des mitgeteilten Stoffes geben.

Anstatt auf traditionelle Weise Information zu *geben* und zu *glauben,* man könne auch damit einwirken, kann man den Empfang des Stoffes vorbereiten, indem sich die Gruppen für ihre jeweilige Aktivität ein Ziel setzen. In einem solchen Fall entsteht als natürliche Folge das Bedürfnis nach Information. Diese Information wird gewöhnlich im Klassenverband gegeben, da sich die Gruppen im voraus schon auf deren Empfang eingestellt haben.

Durch die gefühlsmäßige Stellungnahme, die der gegenseitige Meinungsaustausch der Schüler während der gruppenweise Verarbeitung hervorruft, kommt es zweifellos zu einem Einwirkungsresultat. Dieser "Verstärkungsprozeß" ist ein ebenso notwendiges Glied im Einwirkungsprozeß wie die Mitteilung des Lehrstoffes. Selbst wenn es auch bei der individuellen Verarbeitung des Stoffes zu einer "Verstärkung" kommt, scheint es doch so zu sein, daß die gruppenweise Verarbeitung stärker wirkt.

Wenn die Gruppe dem Lehrer mitteilt, wie weit sie gelangt ist, kann der Lehrer aufgrund dieser Rückkopplung dem Bedürfnis der Gruppe ausrichten.

Gruppenunterricht unterscheidet sich von einem Individualunterricht dadurch, daß die Schüler den empfangenen Stoff kollektiv verarbeiten, und eine aufgrund der Rückkopplung abgepaßte Mitteilung des Stoffes empfangen.

Die Vermittlung des Stoffes muß dabei so individualisiert werden, daß alle "Empfänger" diesen aufnehmen können. Die Verarbeitung

durch die Schüler muß sich gemeinsam vollziehen, teils um den Empfang zu "verstärken", teils um die "Selektivität", d.h. die Einstellung zum Stoff zu vergrößern.

Das will besagen, daß eine Kombination von <u>individualisierter</u>
Information (Mitteilung) und von <u>kollektiver Verarbeitung (Empfang)</u>
die zweckmäßigste Beeinflussungsform zu sein scheint.

Der Feedback- Prozeß

Rückkopplung,von der jetzt öfters die Rede war, wird in der pädagogischen Praxis in verschiedenen Formen angewandt.

Wenn die Rückkopplung vom Schüler zum Lehrer geht, z.B. bei den
verschiedenen "Abhörmethoden", dient sie in der Regel einer Kontrolle, da der Lehrer mithilfe der Rückkopplung feststellt, ob
die Schüler "mitkommen" oder "wo sie stehen".

Wenn die Rückkopplung vom Lehrer zum Schüler geht, was wohl seltener vorkommt, so liegt der Grund dafür darin, daß "der Schüler
seine Fortschritte soll verfolgen können".

Ein zentraler Begriff in der Kybernetik ist "feedback", worunter eine Rückkopplung verstanden wird, die eine regulierende Wirkung auf den "Ingangsetzer" hat. Feedback ist also mehr als bloße
Rückkopplung, nämlich zugleich auch die Wirkung, die diese hervorruft. Sie meint den ganzen Prozeß, sowohl die "Ursache"als auch
die "Wirkung".

HORWITZ (1960), der sich besonders mit dem Feedback- Prozeß im
Schulunterricht beschäftigt hat, hat 2 Modelle für die Einwirkung
ohne bzw. mit Feedback aufgestellt. Er baut dabei auf einem Modell
für zielstrebiges Verhalten auf, das von dem Psychologen KURT LEWIN
entwickelt wurde, noch bevor die ersten kybernetischen Modelle auf-
kamen. Dieses Modell schließt sowohl Rückkopplung als auch Steuerung ein. LEWIN gebrauchte seinerzeit den psychologischen Terminus
"action research" anstatt des späteren gängigen technisch betonten
Terminus "feedback" (siehe Abb. 22).

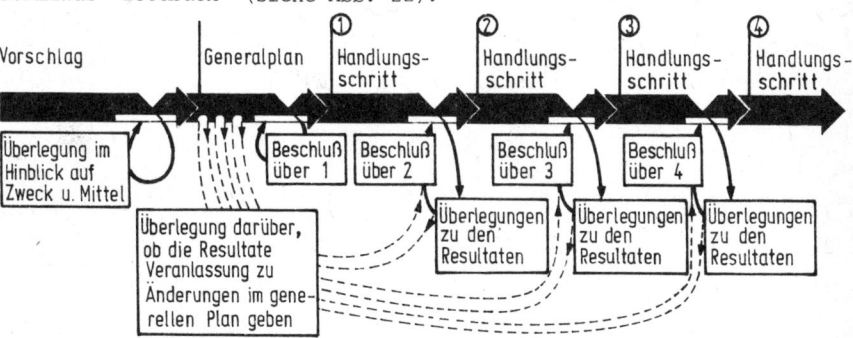

Abb. 22. Planung, Überprüfung und Ausführung

HORWITZ' Vergleich der Einwirkung ohne und mit Feedback geht aus
den Abbildungen 23 und 24 hervor.

Der erste Fall wird in der pädagogischen Praxis kaum vorkommen.
Es wird geradewegs ohne irgend eine Form von Rückkopplung auf das
geplante Ziel hin gesteuert (siehe Abb. 23).

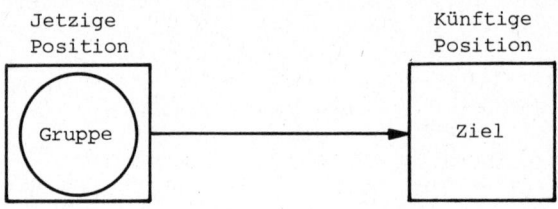

Abb. 23. Einfaches Modell der Gruppen-Zielsetzung und Handlung

Im zweiten Fall wird Feedback systematisch angewandt. Es geht um
eine Wechselwirkung zwischen Zielsetzung, Aktivität der Gruppe und
einer Beurteilung dessen, "wo man steht". Die Gruppe wird auf ein
geplantes Ziel hin inganggesetzt. Darauf folgt ein Schritt, mit
dem man zusammenzufassen versucht, "was man erreicht hat". Von diesem neuen Ausgangspunkt aus wird die Zielsetzung aufs neue beurteilt
und möglicherweise modifiziert. Die neugewonnene Erkenntnis wird
für eine nähere Planung des nächsten Schrittes gebraucht. Dann folgt
wieder ein Zyklus von Handlungen, Zusammenfassung und Neuüberprüfung
des Gesamtziels und die Entscheidung darüber, welche folgenden Handlungen ausgeführt werden sollen und wie sie auszuführen sind (siehe
Abb. 24).

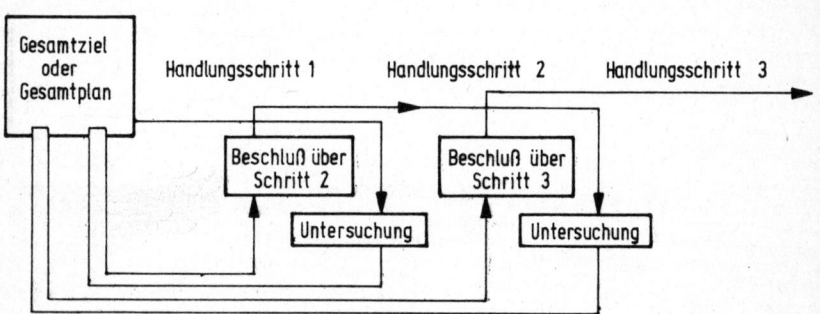

Abb. 24

164

HORWITZ stellt die besondere Bedeutung des Feedback- Prozesses in drei Punkten heraus: Der Lernprozeß wird weniger formell, dafür aber relevanter, die Motivierung für die Teilnahme wird größer, und die sozialen Beziehungen zwischen Lehrer und Schüler werden besser.

Besonders bei der Gruppenarbeit ist das Feedback unerläßlich. Ohne ein stetes Feedback von der Gruppe zum Lehrer wird die Gruppenarbeit für das Lernen vermutlich keinen großen Wert haben. Nur darf es nicht die Form einer Kontrollmethode annehmen, die die Selbständigkeit der Gruppe hemmt. Es soll eher die Art und Weise sein, sich selbst zu kontrollieren, ob man auf dem rechten Wege ist.

Gleichzeitig muß es auch zu einem Feedback vom Lehrer zum Schüler kommen. Gruppenaktivität während der Aufgabenlösung involviert die Annäherung an ein Ziel. Die Aktivität schließt, wie früher ausgeführt wurde, sowohl *Richtung* als auch *Bewegung* ein. Die Mitglieder der Gruppe müssen wissen, ob sie sich *auf* das Ziel oder *von* ihm *weg* bewegen, und sie müssen außerdem wissen, *wo sie im Verhältnis zum Ziel stehen.*

PRYER & BASS (1959) untersuchten die Bedeutung des Feedback- Prozesses für die gruppenweise Durchführung von Aufgaben. Sie verglichen die Effektivität der Aufgabenlösung bei Gruppen, die Auskünfte über den Fortschritt auf das festgelegte Ziel zu erhielten, mit Gruppen, die dieses Feedback nicht bekamen. Sie fanden, daß das Interesse der Gruppe an der Aufgabe mit Feedback größer war. Während der Diskussionsperiode zeigte die Gruppe ohne Feedback mehr Langeweile und Mißmut als die Gruppe mit Feedback. Gruppen, die Feedback erhielten, "lernten zu lernen".

JENKINS (1948) stellte bei einer Untersuchung fest, daß Feedback für die Operationen der Gruppe wichtig war, da sie ihren Leistungsstand kennen mußten, wenn sie weiterhin besser werden sollte.

Mitglieder von Gruppen, die über den Fortschritt im unklaren waren, wurden gegeneinander aggressiv oder "räumten das Feld" und wurden passiv und apathisch.

Noch wichtiger ist der Feedback- Prozeß auf der Ebene des Gefühls. Wenn Gruppen eine Handlung des Lehrers als unfreundlich oder als gegen die Gruppe gerichtet interpretieren, und dies nicht zum Ausdruck bringen können, dann werden die Gruppenmitglieder aggressive Gefühle entwickeln. In einem solchen Fall ist den Partnern jede Möglichkeit versagt, eine gegenseitige Verständigung zu erreichen. Wenn die Gruppe hingegen ihren Gefühlen Ausdruck geben darf in Fällen, in denen sie die Aussage oder das Gebot des Lehrers nicht akzeptiert, wird das Feedback als Katharsis wirken. Nach einer solchen zeigt die Gruppe gewöhnlich dem Lehrer gegenüber größere

involvieren → in sich schließen, enthalten

165

Freundlichkeit. Diese Zusammenhänge wurden u.a. in einem Experiment von THIBAUT & COULES (1952) untersucht, in dem es um die Bedeutung der Kommunikation für die Reduktion interpersoneller Feindschaft ging. Das Experiment zeigte, daß Aggressionshandlungen abnahmen, wenn die Gruppenmitglieder mit demjenigen kommunizieren konnten, der die Feindschaft verursacht hatte. Alle, die dies nicht konnten, zeigten nach dem Versuch weniger Freundlichkeit.

LEAVITT & MUELLER (1951) untersuchten, wie das Weitergeben von Informationen (von einer Person zu einer anderen) von dem Feedback (vom Empfänger zum Sender) beeinflußt wird. Sie stellten die Hypothese auf, daß das Mitteilen einer Information ein ineffektiver Prozeß sei, wenn es nicht zu einem Feedback zum Mitteilenden komme, so daß er entscheiden kann, wie weit er mit dem Einwirkungsversuch gekommen war. Das Experiment zeigte: wenn der Empfänger mit dem Mitteiler frei kommunizieren konnte, wurde die übermittelte Information relevanter und der ganze Kommunikationsprozeß verbesserte sich. Der Feedback-Prozeß brachte die Partner dazu, eine gemeinsame Sprache zu sprechen.

Mit anderen Versuchen wurde nachgewiesen, daß Feedback besonders in der Anfangsphase für die Genauigkeit des Verstehens von Bedeutung ist. Wenn dann nach und nach die Schüler mit der Kommunikationsform des Lehrers vertraut werden und die Kommunikationsinhalte zu interpretieren verstehen, ist nicht mehr so viel Feedback nötig. Gleichzeitig mit der Steigerung des Vermögens der Schüler, die Kommunikation des Lehrers aufzunehmen, wird die Fähigkeit des Lehrers verbessert, ihnen Informationen auf die Art zu senden, die sie verstehen und die ihnen den Empfang erleichtert.

MC NEIL (1962), der dieses Problem bei Pädagogikstudenten studiert hat, fand heraus, daß deren Unterricht sich besserte, wenn das Feedback folgende Fakten einschloß:

1. Die Angabe, in welchem Umfang die Studenten die Inhalte verstanden.

2. Die Kenntnis der Schwierigkeiten, die die Studenten dabei hatten.

3. Eine Erklärung darüber, wie das Unterrichtsverhalten modifiziert werden kann.

Wie nützlich ein solches Feedback für den Lehrer sein kann, zeigt eine Untersuchung von GAGE ET AL. (1960). 176 Lehrer mußten sich selbst im Hinblick auf 12 verschiedene Formen des Lehrerverhaltens beschreiben. Darauf sollten sie darstellen, wie nach ihrer Meinung die Schüler sie im Hinblick auf dieselben 12 Verhaltensweisen sahen. Gleichzeitig erhielten alle Schüler der 176 Klassen die Aufgabe, ihren Lehrer und den idealen Lehrer unter Be-

modifiziere → einschränken, abwandeln, näher bestimmen,

166

rücksichtigung derselben 12 Verhaltensweisen zu beschreiben. Die
Lehrer wurden darauf in zwei Gruppen aufgeteilt: eine Experimentalgruppe und eine Kontrollgruppe. Nur die Lehrer der ersteren
erhielten die beiden Beschreibungen ihrer Schüler ausgehändigt.

Nach zwei Monaten erfolgte erneut die Beschreibungsprozedur
durch die Lehrer und Schüler. Beim Vergleich der ersten und der
zweiten Beschreibung ihres Lehrers durch die Schüler mit der Beschreibung eines Ideallehrers fand man, daß die Lehrer in der Experimentalgruppe im Verlauf der 2 Monate ihr Verhalten auf 10 der
12 in Frage kommenden Verhaltensgebieten in positiver Richtung
verändert hatten. Die Lehrer der Kontrollgruppe hatten sich ebenfalls in positiver Richtung geändert, doch nicht im gleichen Maße
wie die Lehrer der Experimentalgruppe. Der Unterschied war statistisch signifikant.

Beim Vergleich der Beschreibung des Lehrerverhaltens durch die
Schüler mit der Lehrerbeschreibung des Bildes, das nach ihrer Meinung die Schüler von ihnen hatten, zeigte es sich, daß in der Experimentalgruppe im Gegensatz zur Kontrollgruppe von der ersten
zur zweiten Beschreibung eine statistisch signifikante Verbesserung der Genauigkeit bei 9 der 12 entsprechende Verhaltensformen
eingetreten war, mit der die Lehrer sich selbst sahen.

Die Untersuchung zeigt also, wie ein Feedback an und für sich
schon ohne den Einschlag pädagogischer Belehrung, ein verbessertes
Verständnis der Lehrer für das Verhalten der Schüler schafft.

Im Zusammenhang mit der Realisierung des Feedback- Prozesses
stellt sich u.a. die Frage, unter welcher Form es vor sich gehen
und wann von ihm Gebrauch gemacht werden soll.

TORRANCE (1953) untersuchte die Wirkung verschiedener Formen
von Feedback auf Gruppen, die mit dem Lösen von Aufgaben beschäftigt waren, sowohl im Hinblick auf den Fortschritt bei den
erreichten Resultaten, als auch auf das an den Tag gelegte Verhalten.

An der Untersuchung nahmen eine größere Anzahl von Gruppen teil,
die in 5 Kategorien eingeteilt wurden, von denen jede ihr Feedback
in folgenden Formen bekam:

A. Als Expertenkritik
B. Als systematische nicht- autoritäre Kritik
C. Als von der Gruppe ausgeübte Selbstkritik
D. Als unsystematische nicht- autoritäre Kritik
E. Keine Kritik (Kontrollgruppen).

Feedback wurde zwischen zwei Gruppenaufgaben gegeben. Das Resultat
war, daß A und B bei den erreichten Resultaten den größten Zuwachs
hatten. C und D wiesen keine Verbesserungen auf. In der Beurteilung
des gezeigten Verhaltens lag A am höchsten, B am nächsthöchsten und
C an dritter Stelle, während D tiefer als die Kontrollgruppe lag.

Ein unsystematisches Feedback kann demnach schlimmer sein als - keines.

HOLM (1964) untersuchte die Bedeutung des Feedback- Prozesses für das Lernresultat unter besonderem Hinblick darauf, wielange nach dem Einsetzen der Lernaktivität Feedback am besten gegeben werden könne. Der Versuch wurde mit 600 elfjährigen Schulkindern unternommen, die eine Reihe sprachlicher Aufgaben gestellt bekamen. Feedback, d.h. Auskünfte vom Lehrer an die Schüler über ihre Resultate wurden zu 4 verschiedenen Zeitpunkten gegeben:

> nach jeder Teilaufgabe
> nach der ganzen Übung
> am Tag darauf
> eine Woche später.

Ergebnis: Je mehr Zeit verstrich, bis die Schüler Feedback erhielten, desto schlechter wurde das Lernresultat, gemessen am Fortschritt, der bei einer darauf folgenden Probe konstatiert werden konnte.

Aus dieser Untersuchung kann man keine generellen Schlußfolgerungen über den optimalen Zeitpunkt für Feedback ziehen. Dieser wird je nach den Unterschieden einesteils bei den Teilnehmern und andernteils beim Thema und in den Methoden variieren. Es kommt darauf an, z.B., ob es sich um Klassenunterricht oder Gruppenunterricht handelt. Aber die Untersuchung zeigt die Bedeutung des Feedback- Prozesses für das Lernen. Allein schon durch Variieren des Zeitpunktes für Feedback- Einsatz verursachte man Unterschiede bei den Lernresultaten. Erforderlich sind weitere Versuche, um herauszufinden, wann Feedback unter den unterschiedlichen Bedingungen am zweckmäßigsten stattfinden soll.

Die Schlüsselperson

Aus Abb. 21 geht ein anderer für den Beeinflussungsprozeß wichtiger Umstand hervor. Man hat festgestellt, daß mit zunehmender Gruppengröße sich mehr und mehr Mitglieder einer direkten Einwirkung durch den Mitteiler entziehen. An dessen Stelle entstehen "Schlüsselpersonen", die zur Information (oder zum Mitteiler) Stellung nehmen und ihre Beurteilung an die übrigen weitergeben. Die Kommunikation geht dadurch in zwei Schritten vor sich.

Bei Massenkommunikationen sind es die Meinungsmacher, die hinterher am Arbeitsplatz oder im Bekanntenkreis für die übrigen "den Text auslegen".

Bei einer Versammlung sind sie für die Stellungnahme der Versammlung zu dem Vorschlag entscheidend.

In der Klassensituation geben sie bei der Entscheidung, ob man "sich für die Sache einsetzen soll" oder ob der Mitteiler "in Ordnung ist", den Ausschlag.

GOLD (1958) weist nach, daß die Schüler die Macht haben, in mancher Hinsicht als "Torwächter" zu fungieren und zu bestimmen, ob der Lehrer mit seinem Stoff zurande kommen wird.

Wenn der Lehrer mit der ganzen Klasse gleichzeitig kommuniziert, wird die Kommunikation, wie bereits ausgeführt, vornehmlich mit den "Pflichtbewußten" vor sich gehen. Sollten diese mit den Schlüsselpersonen der Klasse identisch sein, dann ist die Sache in Ordnung. Das ist jedoch nicht immer der Fall. Sind sie es nicht, dann werden diese Schlüsselpersonen eher den Betrebungen des Lehrers entgegenarbeiten.

Dem kann auf zwei Arten begegnet werden, die beide Gruppenbeeinflussungen voraussetzen. Man kann entweder die Gruppen so klein machen, daß überhaupt keine Schlüsselpersonen aufkommen (vgl. hierzu die Untersuchungen über Gruppengrößen), oder man kann versuchen, größere Gruppen in Übereinstimmung mit ihren Schlüsselpersonen zu beeinflussen, indem man ein Zweischritt- Kommunikationssystem aufbaut, so wie es Abb. 21 zeigt. Durch eine solche Gruppeneinteilung geht der Feedback- Prozeß ebenfalls am besten in zwei Schritten durch einen Referenten der Gruppe vor sich.

Die Schlüsselperson muß beim Empfang der Information durch die Gruppe keinesfalls immer die gleiche sein wie die Schlüsselperson im Feedback- Prozeß, und keine von ihnen braucht identisch mit dem unformellen Leiter der Gruppe zu sein.

12. Beeinflussung des einzelnen über die Gruppe

Innere Beeinflussung und Oberflächenbeeinflussung

Es ist allgemein bekannt, daß man bei seinen Beeinflussungsversuchen nur schwierig zu Resultaten kommt, wenn eine organisierte Gruppe dagegen Widerstand leistet. Die Beeinflussung muß in einem solchen Fall in Übereinstimmung mit der Gruppe vor sich gehen. Doch darf daraus nicht geschlossen werden, man könne deshalb leichter außerhalb der Gruppe durch individuelle Beeinflussung zu Resultaten gelangen.

Aus der auf Seite 102 beschriebenen Untersuchung von BERKOWITZ (1954) ging hervor, daß man die einzelnen Mitglieder durch die Gruppe zu verstärktem Einsatz beeinflussen kann, wenn die Gruppe in sich stark gebunden und nicht nur lose untereinander verknüpft ist.

LEWIN (1947) hebt hervor, daß die Methoden der Gruppenbeeinflussung richtig angewandt, auf die individuellen Gesichtspunkte des einzelnen Teilnehmers mehr Rücksicht nehmen als andere Beeinflussungsmethoden, da das Beeinflussungsresultat ein Produkt der Meinungen aller Teilnehmer ist.

Die Gruppenbeeinflussungsmethode wirkt nach LEWIN "von innen" im Gegensatz zu allen anderen Beeinflussungsmethoden, die er "Oberflächenmethoden" nennt (= Methoden, die das Verhalten des Individuums von außen zu beeinflussen suchen, indem sie es in die Richtung des gewünschten Verhaltens pressen). Die Oberflächenmethode, durch die eine Person zwar überredet, nicht aber überzeugt werden könne, schaffe einen unglücklichen Zustand beim Individuum mit mehr Aggressivität, weniger Sensitivität und einer geringeren Fähigkeit, konstruktiv zu handeln. Man bringe das Individuum in Abwehrbereitschaft.

Beeinflussung bereits vorhandener Einstellungen

Daß der einzelne am leichtesten durch die Gruppe beeinflußt werden kann, an die er sich gebunden fühlt, gilt auf allen Gebieten. Die Vorteile einer Gruppenbeeinflussungsmethode kommen jedoch besonders deutlich zur Geltung, wenn es sich darum handelt, eine bereits vorhandene Einstellung zu verändern.

Einige Versuche zielen auf die Veränderung von Eßgewohnheiten. Jede Hausfrau wird bestätigen können, daß es in diesem Bereich schwierig sein kann, Veränderungen herbeizuführen. Dies hängt u.a. damit zusammen, daß für Eßgewohnheiten schon zu einem sehr frühen Zeitpunkt der Entwicklung des Individuums der Grund gelegt wird, und dazu auch noch unter besonders emotionell betonten, gewöhnlich "belohnenden" Formen. Von einer Beeinflussungsmethode, die auf diesem Gebiet effektiv ist, darf angenommen werden, daß sie auch auf den meisten anderen Gebieten wirkungsvoll sein wird. Anders gesagt: Kann man die eingewurzelten Eßgewohnheiten einer Person verändern, dann kann man auch die Person ändern.

Eines der ersten Experimente dieser Art ist von DUNCKER (1938) unternommen worden, doch in größerem Umfange wurden solche Experimente während des zweiten Weltkrieges von LEWIN und seinen Mitarbeitern (LEWIN , 1947, 1951, 1953, 1958) durchgeführt. Um die Zwangsrationierung von Eßwaren zu vermeiden, sollten die Leute dazu gebracht werden, daß *von sich aus* ihren Eßwarenverbrauch einschränkten. Mit LEWINS Experimenten untersuchte man, welche Beeinflussungsmethoden für die Erreichung dieses Zieles am zweckmäßigsten seien. Man verglich die Gruppenbeeinflussungsmethode teils mit der üblichen Vortragsform, teils mit individueller Beeinflussung. Einige dieser Experimente sollen kurz besprochen werden.

In einem der Versuche waren die Versuchspersonen Hausfrauen, die man in 6 Gruppen von je 13- 17 Personen einteilte. Das Ziel war, die Hausfrauen dazu zu bringen, künftig Innereien auf den Tisch zu bringen, was zu diesem Zeitpunkt in den USA nicht üblich war. Drei der Gruppen bekamen einen lebendigen und interessanten Vortrag über die Vorteile zu hören, die das Essen von Innereien mit sich bringe, über den Nutzen der Gesellschaft, der darin gesehen werden müsse, über den hohen Nährwert, den hochgradigen Vitamin- und Mineralgehalt der Innereien u.s.w., und es wurden gleichzeitig verschiedene verlockende Kochrezepte verteilt. Abgeschlossen wurde die Aktion damit, daß die Hörer aufgefordert wurden, sich für die Sache einzusetzen. Die übrigen drei Gruppen bekamen kurz das Problem vorgelegt und diskutierten es dann drei Viertelstunden lang, d.h. ebenso lang, wie der Vortrag dauerte. Die Diskussion wurde mit dem Gruppenbeschluß beendet, man wolle sich für die Sache einsetzen. Einige Zeit später untersuchte man, wer nun praktisch bei den Mahlzeiten Innereien auf den Tisch brachte, d.h. wer faktisch seine Einstellung verändert hate.

Ergebnis: Auf dem Speisezettel standen Innereien bei 3% Hausfrauen, die den Vortrag gehört hatten, und bei 32% der Hausfrauen, die an der Gruppendiskussion teilgenommen hatten. Bei einer Nachkontrolle ein Jahr später fand man, daß der größte Teil der Gruppenbeeinflußten beim Gebrauch von Innereien blieb, während der größte Teil der "Überredeten" damit wieder aufgehört hatten.

Ein anderer Versuch unter der Leitung von M. RADKE galt der Steigerung des Verbrauches von frischer Milch. Die Versuchspersonen waren Hausfrauen aus einer Stadt im Westen. Einige von ihnen bekamen einen Vortrag über die Bedeutung eines großen Milchverbrauches zu hören. Andere nahmen an einer Gruppendiskussion teil, der die Gruppe Schritt um Schritt auf den Beschluß hinführte, den Milchverbrauch zu steigern. Die Zeit, die für beide Gruppen für den Vortrag bzw. die Gruppendiskussion zur Verfügung stand, war gleich. Die Veränderung im Milchverbrauch wurde nach 2 bzw. 4 Wochen untersucht. Das Resultat zeigt Abb. 25.

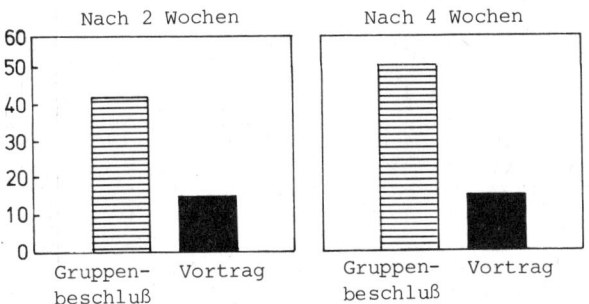

Abb. 25. Prozentualer Anteil der Mütter, die einen gesteigerten Milchverbrauch angaben.

171

In einem dritten Versuch wurde die Wirkung der individuellen Beeinflussung durch Gruppenbeschlüsse verglichen. Die Versuchspersonen
waren Mütter vom Lande, die in der Klinik einer Stadt ihre Kinder
zur Welt gebracht hatten, und die zu einer nicht- traditionellen
zweckmäßigeren Ernährung der Säuglinge beeinflußt werden sollten.
Vor ihrer Entlassung aus der Klinik wurden sie über einen zweckmä-
ßigen Ernährungsplan für Säuglinge (u.a. durch Gebrauch von Orangensaft) unterrichtet. Die Hälfte von ihnen wurde individuell während eines Gespräches mit dem Arzt unterrichtet. Die andre Hälfte
erhielt die Aufklärung gruppenweise in Sechsergruppen, in denen
man miteinander das Problem unter der Leitung des Arztes diskutierte. Für beide Unterweisungsformen waren 25 Minuten angesetzt. Nach
2 bzw. 4 Wochen wurde untersucht, wie es sich in den beiden Gruppen mit dem Verbrauch verhielt. Das Resultat kann Abb. 26 entnom-
men werden.

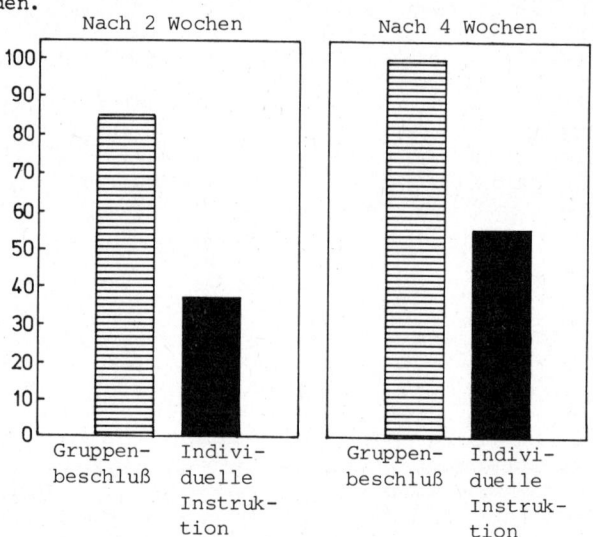

Abb. 26. Prozentualer Anteil der Mütter, die sich an die Anwei-
sung, Orangensaft zu gebrauchen, hielten, gruppenweise
bzw. individuell nachgewiesen.

Wenn hier das Resultat auf einem viel höheren Niveau liegt als bei
den beiden vorher besprochenen Untersuchungen, so hängt das mit
der besonderen Situation der Mütter zusammen. Sie werden von einem
Arzt beraten, den sie als Spezialisten voll und ganz anerkennen. Dennoch kommt es erst zu einer 100% igen Wirkung, wenn der Spezialisten-
einfluß mit dem "Gruppeneffekt" kombiniert wird. Der Spezialisten-
einfluß allein reicht nur gute 50%.

Unter der Leitung von WILLERMANN hat man genauer untersucht, was herauskommt, wenn einige der Versuchspersonen schon im voraus eine bestimmte Einstellung haben. Bei der Untersuchung, die während des Krieges durchgeführt wurde, sollten Gäste einer Studentenmensa freiwillig ihren Brotverbrauch von Weißbrot auf Schwarzbrot umstellen. Man ermittelte, wer die eine und wer die andere Brotsorte vorzog, abgestuft nach "stark" und "sehr stark". Zu einer 5. Kategorie zählte jene, die keiner bestimmten Sorte den Vorzug gab. Das Resultat zeigt Abb. 27.

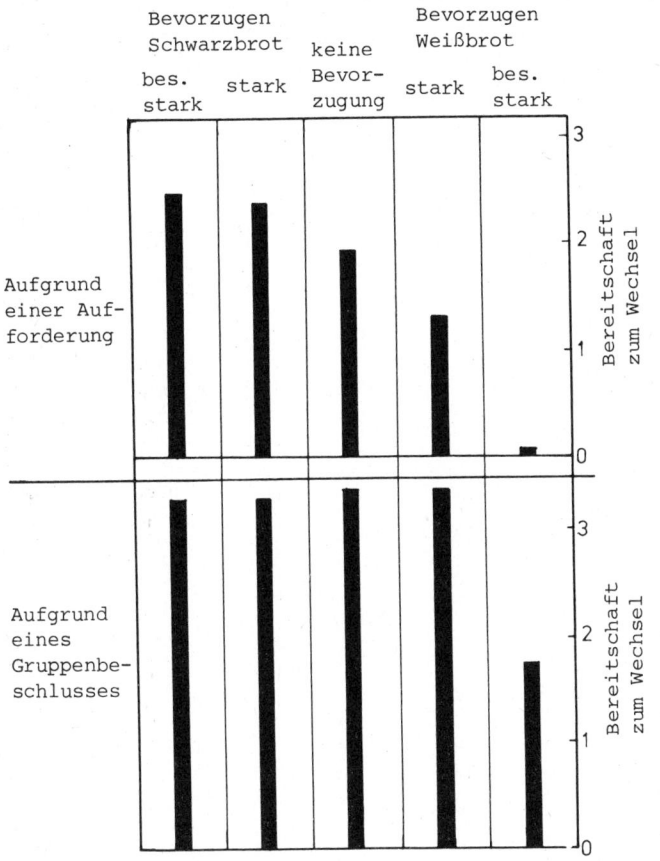

Abb. 27. Zusammenhang zwischen einer bereits vorhandenen Einstellung gegenüber Weiß- oder Schwarzbrot und der Bereitschaft zum Übergang zur anderen Sorte aufgrund einer Aufforderung bzw. eines Gruppenbeschlusses.

Solche Resultate lassen sich durch viele andere Untersuchungen und auch durch praktische Erfahrungen stützen. Es bleibt der Schluß: wenn es sich um die Beeinflussung von Personen handelt, die schon im voraus eine bestimmte Einstellung haben, ist es nur via Gruppe möglich, eine Wirkung zu erzielen. Konsequenzen werden in vielen Bereichen gezogen, z.B. bei der Behandlung von Kriminellen, wo man über die Gruppe versucht, für den einzelnen einen Normensatz aufzubauen, der in Übereinstimmung mit dem der Gesellschaft steht. Bei der Behandlung von Alkoholikern hat man ein Ring- in- Ring System aufgebaut, das auf dem Verhältnis der Gruppenzugehörigkeit basiert. Auch die Reklameindustrie hat herausgefunden, daß man Leute am leichtesten und am effektivsten gruppenweise beeinflussen kann. Weshalb sollte sich nicht auch die Schule dieser effektivsten Methode bedienen, die richtig angewandt sowohl das Lernen steigert, als auch das soziale Verständnis bei den Schülern fördert.

Beeinflussung gruppenverankerter Haltungen

Wenn man innerhalb der täglichen Routine Veränderungen einführt, ohne sich vorher zu vergewissern, daß die Betroffenen auch mit der Sache einverstanden sein werden, dann wird man wahrscheinlich verborgenen oder offenen Widerstand hervorrufen (ZANDER, 1950).

Es ist besser, ein solches Problem der Gruppe zur Entscheidung vorzulegen. Der Widerstand, den das Individuum gegen die Beeinflussung aufbringen wird, wenn es allein wäre, z.B. aus Unsicherheit oder aus Rücksicht auf "die andern", braucht in einer Gruppensituation nicht in Erscheinung zu treten. Der einzelne ist leichter für irgend etwas zu erwärmen, "wenn die andern mitmachen". Das Umgekehrte kann natürlich auch der Fall sein. Wenn die Gruppe dagegen ist, wird in einem auch der einzelne mit der Gruppe gehen - und also dagegen sein. Ein solches Ergebnis könnte vielleicht zu dem Versuch führen, die Zustimmung anderer einzelner zu bekommen. Das würde jedoch nur zu einer Oberflächenlösung führen. Wenn nur eine Minderheit mitgeht, wird diese in einen Gegensatz zur Gruppe geraten. Wenn man schon jeden einzelnen überredet, jedoch die Gruppe als solches nicht zur Zustimmung gebracht hat, wird dies nur eine latente Unzufriedenheit bedeuten mit allem, was daraus folgt. Wenn das, was man durchbringen will, sachlich fundiert ist, wird eine vollkommen durchgeführte Gruppenbehandlung auch zu der Gewünschten Gruppenentscheidung führen. Wenn der Vorschlag diese Belastungsprobe nicht ertragen kann, dann ist er es auch nicht wert, verwirklicht zu werden.

Zwei amerikanische Sozialpsychologen (COCH & FRENCH, 1948) haben durch ein Experiment die Bedeutung dieser Zusammenhänge nachgewiesen. Sie verglichen die Wirkung von drei verschiedenen Arten, Ver-

174

änderungen einzuführen, miteinander:

1. Durch bloße Beauftragung der Teilnehmer, die Arbeit von nun an auf die neue Art auszuführen.

2. Durch Hereinnahme von Vertretern der Teilnehmer in die Planung der Veränderungen.

3. Durch Zulassung der ganzen Gruppe zur Planung der Veränderungen.

Die Gruppe bestand aus 18 bzw. 13 und 15 Männern. In allen Fällen waren die Veränderungen, die man einführen wollte, technisch gesehen Verbesserungen, die sowohl eine Erleichterung der Arbeit als auch eine Erhöhung des Verdienstes bedeuten konnten. Man verfolgte die Wirkungen während 30 Tagen, gemessen am Umfang der Produktion. Die Durchschnittsproduktion vor der Veränderung betrug 60 Einheiten pro Stunde. Durch die Veränderung fiel zunächst der Umfang der Produktion in allen Gruppen als Folge der Umgewöhnung und der Anlernung, doch im Verlauf weniger Tage stabilisierte sich der Produktionsumfang auf einer neuen Ebene. Die Gruppe, der die Veränderung verordnet worden war, produzierte jetzt zwischen 45 und 60 Einheiten. Die Gruppe, die durch Vertreter mitgewirkt hatte, erhöhte ihre Durchschnittsproduktion auf 65 Einheiten. Die Gruppe, die selbst bei der Einführung der Veränderung mitgewirkt hatte, erhöhte ihre Produktion auf 75 Einheiten in der Stunde. Bei der Verteilung oder Zuteilung ist ebenfalls die Gruppenentscheidung notwendig, um einem geheimen Widerstand vorzubeugen. Der einzelne ist bei einer Gruppenentscheidung nicht so geneigt, sich übervorteilt zu fühlen, wie wenn die Verteilung von außen vorgenommen wird.

Wie ein Gruppenbeschluß ein Verteilungsproblem lösen kann, wird durch folgendes Beispiel illustriert (nach MAIER, 1952). Der Leiter einer Büroabteilung bekam um 15 Uhr vom Chef zu wissen, daß zwei der der drei Schreibmaschinendamen 2 Stunden länger im Büro bleiben müßten, um eine dringende Arbeit zu erledigen.

Der Leiter wandte sich darauf an jede einzelne der drei Damen und fragte jede für sich, ob sie die beiden Zusatzstunden übernehmen könne. Alle drei mußten absagen: gerade an diesem Tag war es ihnen, so kurz nur angekündigt, nicht möglich.

Jetzt hätte der Leiter zwei Damen, eventuell alle drei beauftragen können, die Arbeit zu übernehmen. Stattdessen rief er sie als Gruppe zusammen, trug ihnen das Problem vor, und brachte die Gruppe dazu, die Notwendigkeit zu akzeptieren, daß mindestens zwei die Überstunden machen mußten. Jede von ihnen war jedoch der Meinung, dies müßten die beiden anderen sein. Während der Diskussion kam das Motiv der Absage zur Sprache. Sie hatten sich alle drei auf 14 Uhr verabredet. "Ach du sollst ja nur Frl. Hansen treffen", sagte die eine.

"Ja, was soll das schon, du willst ja nur deinen Mann treffen", antwortete die andere. Die dritte sollte von einem neuen Freund abgeholt werden, den sie erst am Samstag zuvor kennengelernt hatte.

Nun ergab sich die Lösung von selbst. Die eine rief Frl. Hansen an und verschob die Verabredung, die andere telefonierte mit dem Ehemann und tat dasselbe.

Hätte der Leiter seine Entscheidung getroffen ohne diesen vorausgegangenen Erklärungsprozeß, dann hätte das großen Widerstand und manche negative Gefühle geweckt. Selbst wenn er zufällig die gleichen beiden Damen zu bleiben gebeten hätte, womit also die sachliche Seite der Angelegenheit dieselbe gewesen wäre, wären diese sicherlich Gegner der Lösung gewesen. Nachdem sie selbst die Entscheidung fällen konnten, es müsse "selbstverständlich" Frl. No. 3 ihren neuen Freund treffen, verrichteten sie mit einem Hochgefühl die Überstunden. Es sind verschiedene Faktoren, die zur Effektivität der Gruppenbeeinflussungsmethode beitragen. LEWIN (1947) sieht einen Grund, daß eine Veränderung via Gruppe leichter vor sich gehe, in der Abneigung des Individuums, sich allzusehr von den Normen der Gruppe abzusetzen. Das Individuum kann nur verändert werden, wenn die Gruppe ihre Haltung ändert.

Die Bedeutung dieses Faktums für die Schule geht aus einer Untersuchung LINDGRENS (1956) hervor. Er konnte belegen, daß der Fortschritt des einzelnen Schülers wesentlich davon abhängt, in welchem Umfang die Gruppe selbst daran interessiert ist, und ob sie dem einzelnen die Möglichkeit gibt, eine positive Reaktion der Gruppe auf sein Lernbestreben erwarten zu dürfen.

CARTWRIGHT und ZANDER (1960) heben hervor, daß eine Haltung, eine Gruppennorm, das Eigentum der ganzen Gruppe sei. Wenn man diese Norm und dadurch das Verhalten ändern wolle, könne das am besten geschehen, indem man die ganze Gruppe an der Entscheidung darüber teilnehmen lasse, ob eine Änderung notwendig sei.

SHERIF & SHERIF (1956) zeigen auf, daß logische Argumentation und Aufklärung nicht genügen, die Haltung eines Individuums zu verändern, weil eine solche Haltung gewöhnlich in der Gruppe verankert ist, zu der die Person ein Zugehörigkeitsverhältnis spürt. Eine solche Haltung ist das Resultat einer aktiven Teilnahme am Gruppenleben, und deshalb muß eine Änderung ebenfalls durch aktive Teilnahme und Stellungnahme zusammen mit den übrigen in der Gruppe vor sich gehen. Die Veränderung eines Individuums allein vorgenommen, könnte das Risiko mit sich führen, daß das Individuum seine Sicherheit verliert, die ihm bisher die Gruppe gegeben hatte.

176

Ein zentraler Punkt bei dem Versuch, eine effektive und dauernde Haltungsänderung zu schaffen, ist nach SHERIF & SHERIF (1956) das persönliche Engagement (das aktive Geben und Nehmen) des Individuums in einer Gruppe. Dadurch wird die neue Haltung in der Gruppe verankert. Eine Haltungsänderung bedeutet ja, daß man plötzlich sich auf etwas Unbekanntes einlassen soll, und so etwas tut man ungern allein. Es geht leichter, wenn man die Unterstützung einer Gruppe spüren darf. Besonders leicht geht es natürlich, wenn es sich um eine Gruppe handelt, in der man sich akzeptiert weiß und sich zuhause fühlt.

Eine dauernde Haltungsänderung eines Individuums vollzieht sich deshalb am ehesten in einer Referenzgruppe, d.h. in einer Gruppe, mit der es sich verbunden fühlt, deren Normen es für sich als bindend betrachtet und nach denen es leben will auch dann, wenn es sich nicht in der Gruppe befindet.

Genau das war es, was in LEWINS Versuchen über die Effektivität der Gruppendiskussionsmethode geschah. Durch die Diskussion Gleichbetroffener in der Gruppe - im einen Versuch Hausfrauen, im andern frischgebackene Mütter - wurde für die Teilnehmer eine Referenzgruppe geschaffen. Eine solche Gruppe Gleichbetroffener macht es den Teilnehmern möglich, sich mit ihr zu identifizieren, weshalb es zu keinem Widerstand gegen die vorherrschenden Gesichtspunkte kam und weshalb sich die Teilnehmer an die Beschlüsse der Gruppe mehr gebunden fühlten. Das vollzieht sich nicht, wenn man nur passiv einem Vortrag zuhört oder irgend einer anderen "Verkaufs"methode ausgesetzt ist.

Auf dieselbe Art und Weise versucht man in der genannten Behandlung z.B. Krimineller oder Alkoholiker eine Gruppe Gleichbetroffener zu schaffen, die als Referenzgruppe fungieren und die Mitglieder dadurch veranlassen kann, die sozial akzeptablen Normen einzuhalten, die vorher schon in der Gruppe indoktriniert sind.

Eine Untersuchung von NEWCOMB (1943) zeigte die Bedeutung der Referenzgruppe für Verhaltensänderungen. Sie beschäftigt sich mit den Haltungen von College- Studentinnen zu bestimmten sozialen Themen während ihres gesamten Studiums (1935- 1939).

Bennington College für Frauen wurde in den Dreißigerjahren eröffnet. Mit den Haltungsuntersuchungen wurde im ersten Jahr begonnen. Es handelte sich um 250 Studentinnen, die geographisch gesehen, recht isoliert lebten. Nur ein Wochenende monatlich wurde außerhalb des Schulbereiches verbracht. Man hatte ein eigenes Post- und Telegraphenamt, eine eigene Tankstelle und gute Möglichkeiten für Freizeitbeschäftigungen. Die meisten Studentinnen kamen aus wohlhabenden Kreisen mit konservativen Haltungen.

Die Atmosphäre der Schule konnte als demokratisch und progessiv bezeichnet werden. Das College wurde mit viel aktiver Gruppenbeteiligung

betrieben. Die Fakultät hatte liberale Anschauungen über politische
und soziale Themen, und die Lehrer betrachteten es als pädagogische
Aufgabe, die Studentinnen für liberale und soziale Themen zu interessieren. Jedes Jahr innerhalb der vierjährigen Periode wurde die
Haltung der Studentinnen mithilfe von Fragebogen und Interviews gemessen. Die Stärke der College- Gesellschaft, die Haltung der Studentinnen zu ändern, ging u.a. aus der Tatsache hervor, daß in jedem
Jahr der Seniorenjahrgang liberaler war als der Anfängerjahrgang.

Für die Mehrzahl der Studentinnen wurde im Laufe des Studiums die
College- Gesellschaft mit ihrer liberalen Atmosphäre zu ihrer Referenzgruppe. Die Haltung der jungen Damen änderte sich von einer konservativen zu einer liberalen. Die Studentinnen, die am besten mit
der liberalen Atmosphäre Schritt hielten, errangen rascher Führer-
posten und kamen zu größerem Prestige.

NEWCOMB unternahm in den Jahren 1936, 37 und 38 Nachuntersuchungen
(Fragebogen). Ergebnis: Je länger der Aufenthalt im College war, des-
größer und anhaltender waren die Veränderungen der Haltung in liberaler Richtung.

Es gab jedoch eine Anzahl von Studentinnen, die ihre Haltung nicht
nennenswert änderten, und etliche, bei denen es zu starkem Widerstand
kam. NEWCOMB fand, daß sie andere Referenzgruppen hatten, vornehmlich
die Familie und Freunde außerhalb der College- Gesellschaft.

Wenn man klären will, weshalb die einen die Referenzgruppe wechseln
und andere nicht, ist nach NEWCOMB folgendes nötig:

1. Ein gewissenhaftes Studium der Lebensgeschichte eines jeden Individuums.

2. Eine Analyse der Situationsfaktoren (wie z.B. das persönliche
   Rivalisieren und der daraus sich ergebenden Siege und Nieder-
   lagen).

3. Eine Analyse unformeller Cliquen, ihrer Beziehungen untereinander und zur Gesellschaft.

13. Beeinflussung der Verhältnisse von Gruppen untereinan

Gruppen in Harmonie und Spannung

Im Unterricht wie im Leben der Schüler außerhalb der Klasse hat de-
formelle Leiter - der Pädagoge - es nicht nur mit einer einzelnen
Gruppe zu tun, sondern oft gleichzeitig mit mehreren Gruppen.

Deshalb ist die Frage nach dem Verhältnis der Gruppen untereinander
den Intergruppenbeziehungen - von großem pädagogischem Interesse.

Weshalb ist das Verhältnis bestimmter Gruppen von Harmonie geprägt

während das anderer Gruppen von Spannunger   t
ist? Unter welchen Voraussetzungen entsteh   --
chen pädagogischen Wegen können sie beseit
  Dies haben die amerikanischen Psychologen
1956) mit einer Reihe großzügiger Experimen   t.
(1949 - 1954).
  Zunächst interessierte man sich besonders
hung. Diese Experimente sind unter dem Titel
und Spannung" beschrieben (SHERIF & SHERIF, 1   i-
te man sich der pädagogischen Frage der Konfl
SHERIF, 1956).
  Die Experimente, die in einem isoliert geleg   i-
ner Gebirgsgegend in Connecticut vor sich ging
schiedenen Knabengruppen von je etwa 20 Jungen
Jahren (in der Vorpubertät) durchgeführt und ha   -
lichen Lagerlebens.
  Man bot diesen Lageraufenthalt frei an. Die au   -
personen waren gleichen Geschlechts, gleichen Al
Intelligenz, hatten das gleiche soziale Milieu, w   n
Rasse u.s.w., um Konfliktursachen dieser Art ausz
  Außerdem wurden sie vorher einer psychologischer   -
fen, um Personen mit individuellen Abnormitäten, K   a-
tionen u.s.w. auszuschließen, so daß Konfliktursacl   n
solchen individuellen Verhältnissen verursacht werd
  Und schließlich waren die Teilnehmer so ausgewähl   n
ihnen den anderen kannte, um eine bereits vorhanden
Antipathie auszuschließen.
  Der isolierte Ort und eine vorausgegangene Absprach   -
lien der Jungen beugten Störungen von außerhalb vor,
Konflikte hätten verursachen können.
  Keiner der Teilnehmer wußte, daß er an einem Experim
Die verschiedenen Studien wurden z.B. Gruppenübungen,   a-
gerleben, Training in Führung etc. genannt. Das ganze   rk-
te auf die Teilnehmer wie ein gewöhnliches Ferienlager,   n-
ter völlig lebensnahen Bedingungen vor sich gehen konnt   n-
schaftler fungierten als Lagerleitung.
  Die sorgfältigen und umfassenden Beobachtungen gaben gleichzeitig
die Gewähr dafür, daß man die Interaktion kontrollieren und beschreiben konnte. z.B. wurden verborgene Mikrophone und Filmkameras eingesetzt, um den natürlichen Verlauf der sozialen Interaktion während
der speziellen Experimente nicht zu stören. Außerdem wurden in bestimmten Zeitabständen soziometrische Technik und Verhaltensbeschreibung
angewandt.

Eigengruppen- und Fremdgruppenbildung

Mit den Experimenten des Jahres 1949 studierte man besonders die
Bildung von Eigengruppen und die Festigung des inneren Haltes der
Gruppen. Im ersten Ablauf der Untersuchung erhielten die Jungen
die Erlaubnis, ihre eigenen Gruppen zu bilden, ganz nach ihrem
Gutdünken und unter der Berücksichtigung ihrer Neigungen und Interessen, gewöhnlich 2-3-4 Individuen. Sie durften ihre Lagerbe-
schäftigungen selbst wählen, wobei sie freien Zutritt zu den verschiedenen Spielen und Lagerarbeiten hatten. Es gab keine unter-
schwelligen Spannungen zwischen diesen Gruppen. Sie hatten - im
Gegenteil - ein positives Verhältnis zueinander.

Im zweiten Durchgang wurden die Jungen in 2 Gruppen eingeteilt.
Man sorgte gleichzeitig dafür, daß die spontane Bildung von Gruppen unterbunden wurde, indem man deren Mitglieder auf die beiden
neuen Gruppen verteilte. Mithilfe verschiedener Wettveranstaltungen und Gruppenaktivitäten wurden die neugebildeten Gruppen innerlich schnell gefestigt. Da jede Gruppe verschiedene Symbole, Farben, Namen u.ä. für sich wählte, wurde die Identifikation mit der
neuen Gruppe gefördert, und die alten Freundschaftsbindungen wurden
im Laufe weniger Tage vergessen. Es entwickelte sich rasch eine Tendenz, die Territorien und Gegenstände innerhalb des Lagers als "unser" oder als "den andern" gehörend zu betrachten.

In jeder der beiden Gruppen entwickelten sich Normen für das Verhalten der Mitglieder teils innerhalb der Gruppe, teils der andern
Gruppe gegenüber. Die Gruppe wurde zur Referenzgruppe ihrer Mitglieder. In der Eigengruppe entwickelte sich, aufgrund des Verhältnisses zur Fremdgruppe, auch eine gewisse Rollenverteilung und Status-
differenzierung, u.a. mit einem starken Leiter in jeder Gruppe und
einem Sündenbock in derjenigen Gruppe, bei der es nicht so recht
klappte.

Intergruppen - Konflikte

Im dritten Durchgang experimentierte man mit Konflikten zwischen den
Gruppen. Diese wurden durch verschiedene Wettveranstaltungen, u.a.
durch Tauziehen und andere Aktivitäten in Gegensatzverhältnisse gebracht, so daß die eine Gruppe jedesmal in eine frustrierende Situati
geraten mußte. Man überprüfte hier die Annahme, daß bei Gegenüberstel
lung von 2 Eigengruppen unter frustrierenden Bedingungen sich negative Fremdgruppen-Haltungen entwickelten, Vorurteile und Sterotypien,
die für die Gruppe zur Norm würden.

Mit der Zeit begannen die Gruppen abschätzig übereinander zu sprechen und gingen schließlich zu Schimpfnamen über. Je deutlicher
sich die Intergruppen-Rivalisierung zeigte, desto häufiger kam es zu
feindlichen Äußerungen gegenüber der Fremdgruppe. Das Resultat der In
tergruppen-Konkurrenz war für die siegende Gruppe ein verstärkter Ei-

gengruppen- Stolz und eine verstärkte Identifikation, während die verlierende Gruppe stark frustriert wurde. Der Leiter wurde rachsüchtig und ließ seine Gruppe darunter leiden, die nun durch Konflikte zersplittert wurde und von einer Auflösung von innen her bedroht war. Sie wurde jedoch während des nächsten Experiments wieder gefestigt.

Die Lagerleitung arrangierte eine Zusammenkunft, um "das Geschehene vergessen zu lassen". Beide Gruppen behaupten, die andere sei an dem Zwist schuldig, sagten jedoch ihr Erscheinen zu. Die Zusammenkunft war jedoch eine in den Versuch eingeplante Phase und enthielt eine Frustrationssituation, die so aussehen sollte, als wäre sie von einer der Gruppen verursacht. Die Erfrischungen standen auf einem Tisch, doch war die Hälfte davon verdorben und unappetitlich. Gleichzeitig hatte man es so arrangiert, daß die eine Gruppe, früher als die andere kommen sollte. Die nahm sich natürlich sofort die gute Hälfte. Als die andere Gruppe kam und die kläglichen Reste sah, die für sie übrig geblieben waren, protestierten sie kräftig. Die zuerst gekommene Gruppe rechtfertigte sich damit: "Wer zuerst kommt, mahlt zuerst". Die andere übernahm darauf die Reste, wobei der zuerstgekommenen Verhöhnungen, Beleidigungen und Spottnamen ins Gesicht geschleudert wurden. Am nächsten Morgen rächte sich diese dann damit, daß sie den Tisch systematisch verschmutzte, um für die andern die Küchenarbeit schwieriger zu machen. Als diese den so schlimm zugerichteten Tisch sahen, machten sie dessen Zustand noch schlimmer, indem sie Kakaopulver, Zucker, Sirup etc. über ihn verstreuten und Plakate mit drohenden und herabsetzenden Aufschriften an die Wände hingen, worauf sie den Raum verließen. Beim Lunch stiegen die Feindseligkeiten zwischen den Gruppen auf einen solchen Höhepunkt, daß sie sich sofort jeweils in einer Ecke des Speisesaals zusammenscharten und einander Schimpfworte und Spitznamen zuriefen und mit Eßwaren, Tassen und Eßbestecken nacheinander warfen. Dann gebot die Lagerleitung dem Kampf Einhalt. Keine der Gruppen wußte, wer mit dem Streit begonnen hatte, doch alle waren davon überzeugt, daß es jemand von der anderen Gruppe gewesen war. Zu diesem Zeitpunkt war das Experiment zuende, der Konflikt jedoch nicht. Es bedurfte der ernsthaften Anstrengungen der Leitung während zweier Tage, den Kampf zuende zu bringen.

Der Versuch zeigt die Wirkung von Intergruppenkonflikten auf die Aktivität der Gruppe:

Sie verstärken den Zusammenhalt und die Solidarität der Eigengruppe.

Sie verursachen negative Vorurteile und Stereotypien gegen die Fremdgruppe.

Sie verändern das Gruppenmuster in Richtung eines mehr hierarchischen Aufbaus, wenn dies eine effektive Handlungsweise einer Fremdgruppe gegenüber erfordert.

Konfliktlösung

In den Experimenten des Jahres 1954 studierte man besonders, wie ein Konflikt auf pädagogischem Weg beendet werden konnte. Der Versuch begann, wie der erste, mit einem Stadium der Eigengruppen-Bildung; darauf folgte die Konfliktauslösung und schließlich das wesentliche Stadium des Spannungsabbaus und der Konfliktlösung.

Im übrigen brauchte die Leitung gar keine besonderen Situationen zu arrangieren, um die Jungen in ein Gegensatzverhältnis zueinander zu bringen, da sie in 2 Autobussen zum Lager fuhren. Allein dies genügte schon, die beiden Gruppen so in sich zu festigen, daß sie sich in einer Eigengruppen- Fremdgruppen- Beziehung befanden. Die beiden Parteien standen bereits einander so ausgesprochen feindlich gegenüber, daß nur noch ein paar Tauzieh- Wettkämpfe dazukommen mußten, um den Konflikt lichterloh zum Auflodern zu bringen.

SHERIF diskutierte die verschiedenen Annahmen, wie streitende Parteien zu einem Vergleich gebracht werden können:

1. Eine konsequente Aufklärung über die "andern" und das Wissen über sie, sind sowohl bei "kalten" als auch bei "warmen" Konflikten wirkungslos, wenn diese gefühlsbeladen sind.

2. Man könnte die Gruppen von innen her aufspalten (z.B. durch Aussetzen individueller Belohnungen). Das kann zwar experimentell getan werden, jedoch nur selten in wirklichen Situationen, in denen die Gruppen sich stark verfestigt haben.

3. Die beiden Gruppen könnten in einem gemeinsamen Sportkampf gegen eine Mannschaft aus einem in der Nähe liegenden Dorf vereinigt werden. Die Methode "des gemeinsamen Feindes" kann effektiv sein, ist aber nicht besonders pädagogisch, da sie den negativen Konflikt einfach nur in ein größeres Feld verpflanzt.

Keine dieser 3 Möglichkeiten wurden in den Versuchen benutzt. Vielmehr versuchte man es mit folgenden Maßnahmen:

4. Der Leiter der Gruppe sollte den Konflikt zuende bringen. SHERIF Versuch zeigte, daß das nur gelingt, wenn der Leiter selbst es war, der den Konflikt wachhielt. Will sich die Gruppe auf den Konflikt einlassen, dann wird der Leiter sehr bald abgesetzt werden, wenn er sich nicht für dieses Ziel einsetzt, was bei SHERIF Versuch denn auch geschah.

5. Die Parteien sollten unter ansprechenden und "belohnenden" Formen zusammengebracht werden. SHERIF versuchte es 7 mal mit derartigen Situationen, in denen die Gruppen so weit wie möglich

sich selbst überlassen waren. Z.B. aßen sie miteinander, sahen miteinander Filme an, schossen miteinander Feuerwerk ab. Ergebnis: Kontakt allein kann eine zwischen Gruppen existierende Spannung nicht mindern, auch wenn die Kontaktsituation an und für sich dazu einlädt.

6. Eine Zusammenarbeit der beiden Gruppen für ein gemeinsames übergeordnetes Ziel sollte den Konflikt beenden. Es sollte ein Ziel sein, das für beide Gruppen sehr attraktiv war, und das gleichzeitig von einer Gruppe allein nicht erreicht werden konnte. Gleichzeitig ging man davon aus, daß die Spannungen nicht schon nach einem einzelnen Versuch verschwinden würden, sondern daß die Zusammenarbeit sich erst nach und nach, infolge einer Reihe solcher gemeinsamer Bestrebungen, ein übergeordnetes Ziel zu erreichen, intensivieren würde.

Während der folgenden 6 Tage wurden dann von der Leitung eine Reihe solcher Situationen arrangiert. 3 davon waren folgende:

1. Die Wasserversorgung des Lagers war unterbrochen, weil die Abflußrohre des Tanks verstopft waren. Da die Jungen erhitzt und durstig waren, machten sie sich alle daran, Wasser herbeizuschaffen. Es wurde eine allgemeine Befriedigung festgestellt, als dies gelang, doch konnte die Situation noch nicht ausreichen, den existierenden Konflikt aus der Welt zu schaffen.

2. Die Jungen wollten gern einen Film sehen. Die Leitung erklärte, daß sie selbst nur die Hälfte des Geldes, das nötig sei, um den Film aus der in der Nähe gelegenen Stadt zu beschaffen, zur Verfügung stellen könne. Der Film konnte also nur herbeigeschafft werden, wenn die Jungen den Rest durch Zusammenlegen bestritten. Der Betrag war so groß, daß sich beide Gruppen an der Lösung der Aufgabe beteiligen mußten. Man bekam den Film und sah ihn sich an, aber auch diese Situation genügte noch nicht.

3. Während eines Ausflugs sollten Verpflegungsmittel für die Jungen auf einem Lastwagen geholt werden, der jedoch nicht zum Starten gebracht werden konnte. Die Jungen kamen deshalb auf die Idee, den Wagen mit einem Tau in Gang zu setzen. Es weckte Begeisterung, als es gelang, und als dann die Lebensmittel eintrafen, entschlossen sich die beiden Gruppen, das Essen gemeinsam zu bereiten, was sie vorher noch nie getan hatten. Jedoch blieb beim Essen jede Gruppe für sich. Als der Wagen dann am Abend wieder Verpflegung holen sollte, "versagte" er wieder, und das Tauziehen wiederholte sich mit demselben Erfolg. Doch dieses Mal hatten sich die beiden Gruppen in einer einzigen Mannschaft angestrengt, während sie beim

ersten Ingangsetzen in zwei Gruppen aufgeteilt gewesen waren.
Dieses Mal aßen sie auch gemeinsam. Das gleiche Tau, mit dem
man sich gegenseitig in Streit gezerrt hatte, war es nun, das
die beiden Gruppen vereinigte und sie auf den gemeinsamen Weg
brachte.

Literaturverzeichnis

Allport, F.H.: Social Psychology. Boston 1924.
Anderson, H.H. & Brewer, J.E.: Studies of Teacher's Classroom Personalities I, II, III, Appl. Psychol. Monogr. No. 6,
  1945. No. 8, 1946, No. 11, 1946.
Anderson, H.H. & Brandt, H.F.: A study of motivation involving
  self-announced goals of fifth grade children and the concept
  of level of aspiration. J. Soc. Ps. 1939, 10, 209-232.
Asch, S.E.: Effects of Group Pressure Upon the Modification
  and Distortion of Judgements. i: *H. Guetzkow* (Ed.): Groups,
  Leadership and Men. N. Y. 1951.
Aubert, Vilhelm: Sosiologi. Oslo 1964.

Back, Kurt, W: Influence Through Social Communication. J. Abn.
  Soc. Ps. 1951, 46, 9-23.
Bales, R.F.: Interaction process analysis: A method for the
  study of small groups. Cambridge 1950.
Bales, Robert, F.: The Equilibrium problem in small groups.
  i: *Parsons, T., R.F. Bales,* and *E.A. Shils:* Working papers
  in the theory of action. Glencoe, ill. 1953
Bales, Robert, F.: Task Roles and Social Roles in Problem
  Solving Groups. i: *Maccoby, Newcomb & Hartley:* Reading in
  social psychology. New York, 1958.
Bales, R.F., Strodtbeck, F.L., Mills, T.H. & Roseborough, M.E.:
  Channels of Communications in Small Groups. Amer. Social. Rev.
  1951, 16, 461-468.
Bales, R.F. & Borgatta, E.F.: Size of Groups as a Factor in the
  Interaction Profile. i: *Hare, Borgatta* and *Bales:* Small
  Groups. N. Y. 1955.
Bales, R.F. & Strodtbeck, F.L.: Phases in group problem solving.
  J. Abn.Soc.Ps. 1951, 46, 485-495.
Bass, B.M.: Orientation Inventory. Palo Alto 1962.
Bavelas, A.A.: A mathematical model for group structure. Appl.
  Antrop. 1948, 7, 16-30.
Benne, K. D. & Sheats, D.: Functional roles and group members.
  J. Social Issue, 1948, 4, 41-49.
Berenda, R.H.: The Influence of the Group on the Judgements
  of Children. New York, 1950.
Berkowitz, L.: Sharing leadership in small, decision-making
  groups. J. Abn. Soc. Ps., 1953, 48, 231-238.
Berkowitz, L.: Group standards, cohesiveness and productivity.
  Hum. Relat. 1954, 7, 509-519.

Berkowitz, L.: Personality and group position. Sociometry, 1956, 19, 210-222.

Bettelheim, B.: Individual and mass behavior in extreme situations. J. Abn. Soc. Ps. 1943, 38, 417-452.

Betaenkning nr. 253. Undervisningsvejledning for folkeskolen. København, 1960.

Bjergstedt, Åke: Interpretations of Sociometric Choice Status, Kbh. 1956.

Blake, R & Mouton, J.S.: Overevaluation of own group's product in intergroup competition. J. Abn. Soc.Ps. 1962, 64, 237-238.

Bloom, B.S.: The thought processes of students in discussion. i: Powell, J. P.: Experimentation and teaching in higher education. Educ. Res., 1964, 6, 179-191.

Bovard, E.W.: The experimental production of interpersonal affect. J. Abn. Soc.Ps. 1951, 46, 521-528.

Brown, George I.: Which pupil to which classroom climate? Elementary school journal, 1960, 60, 265-269.

Buswell, M.M.: The relationship between the social structure of the classroom and the academic success of the pupils. J. Exp. Educ. 1953, 3, 37-52.

Bühler, Charlotte: Kindheit und Jugend. Leipzig, 1931.

Calvin, Allen D., Hoffman, Frederick K., and Harden, Edgar L.: The effect of intelligence and social atmosphere on group problem solving behavior. J. Soc. Psychol., 1957, 45, 61-74.

Carmichael, Leonard: Manual of Child Psychology. N. Y. 1946.

Carter, L.F.: Leadership and Small Group Behavior. i: Sherif og Wilson: Group Relations at the Cross Roads. N. Y. 1953.

Carter, L.F.: Recording and Evaluating the Performance of Individuals as Members of Small Groups. Personnel Psychol., 1954, 7, 477-484.

Carter, L.F., et al.: The Behavior of leaders and other group members. J. Abn.Soc.Ps., 1950, 46, 589-595.

Carter, L.F., Haythorn, W. & Howell, M.: A further investigation of the criteria of leadership. J. Abn.Soc.Ps., 1950, 45 350-358.

Carter, L.F. et al: The relation of Categorizations and Ratings in the Observation of Group Behavior. Hum. Relat. 1951, 4, 239-254.

Cartwright, D & Zander, A.F.: (Eds.): Group Dynamics: Research and Theory. Evanston I11., 1953.

Cattell, R.B.: The Concept of Cocial Status. J. Soc. Psychol. 1942, 15.

Cattell, R.B.: New Concepts for measuring leadership in terms of group syntality. Hum. Relat. 1951, 4, 161-184.

Chapman, D.W. and *Volkmann, J.:* A sicial determinant of the level of aspiration. J. Educ. Ps. 1939, 34, 225-238.

Chowdhry, K. and *Newcomb, T.M.:* The relative abilities of leaders and nonleaders to estimate opinions of their own groups. J. Abn. Soc. 1952, 47, 51-57.

Christie, L. S., Luce, R.D. and *Macy, J. Jr.:* Communications and learning in task oriented groups. Cambridge, Mass. Res. Lab. Electronics. 1952.

Clark, H.: The crowd. Psychol. Monogr., 1961, 21, 26-36.

Coch, Lester & French, John, R.P. jr.: Overcoming Resistance to Change. Hum. Relat. 1948, 1, 512-532.

Connor, D.V.: Behavior in class groups of contrasting climate. Brit. J. Educ. Psychol. 1960, 30, 244-249.

Cooley, Charles H.: Primary Groups. 1909.

Cornwall, J.: Sociometric analysis in a residential training college. i: *K. M. Evans:* Sociometry in school. II. Educ. Res. 1964, 6, 121-128.

Crutchfield, Rich. S.: Conformity and Character. Amer. Psychol. 1955, 10, 191-198.

Dashiell, J.F.: An experimental analysis of some group effects. J. Abn. Soc.Ps. 1930, 25, 190-199.

Deutsch, Morton: A Theory of Cooperation and Competion. Hum. Relat. 1949, 2, 129-152.

Deutsch, Morton: An experimental study of the effects of co-operation and competition upon group process. Hum. Relat. 1949, 2, 199-231.

Deutsch, Morton: Social relations in the classroom and grading procedures. J. Educ. Res., 1951, 45, 145-152.

Dittes, J. E. & Kelley, H.H.: Effects of different conditions of acceptance on conformity to group norms. J. Abn. Soc. Ps. 1956, 53, 100-107.

Duncker, K.: Experimental modification of children's food preference through social suggestion. J. Abn. Soc. 1938, 33, 489-507.

Dusen, A.C. van: Measuring leadership ability. Personnel Psychol. 1948, 1, 67-79.

Evans, K.M.: Sociometry in school - II. Applications. Educ. Res. 1964, 6, 121-128.

Festinger, L., Schachter, S. and Bach, K.: Social pressures in informal groups. New York, 1950.

Festinger, L. et al.: The Influence Process in the Pressure of Extreme Deviates. Hum. Relat. 1952, 5, 327-46.

Festinger, L. and *Thibaut, J.:* Interpersonal Communication in Small Groups, J. Abn. Soc. Ps. 1951, 46, 92-99.

Fiedler, Fred e. and *Meuwese, W. A.T.:* Leader's contribution to task performance in cohesive and uncohesive groups. J. Abn. Soc. Ps., 1963, 67, 83-87.

Flanders, Ned A.: Diagnosing and Utilizing Social Structures in Classroom Learning i: 59. Yearbook, NSSE.: The Dynamic of Instructional Groups, 1960.

Flanders, Ned A.: Personal-social anxiety as a factor in experimental learning situations. J. Educ. Res. 1951, 45, 100-110.

Flanders, Ned A., and *Havumaki, S.:* Group Compliance to Dominative Teacher Influence. Hum. Relat. 1960, 13, 67-82.

Flanders, N.A. & Havumaki, S.: The effect of teacher-pupil contacts involving praise on the sociometric choice of students. J. Educ. Psychol. 1960, 51, 65-68.

Freedmann, R., Hawley, A.H., Landecker, W.S. & Miner, H.M.: Principles of Sociology. New York 1952.

French, John, R.P. jr: Organized and Unorganized Groups under Fear and Frustration. Iowa Studies in Child Wellfare. Studies in Vector and Topological Psychology Vol. XX, 1944.

Fromm, Erich: Escape from Freedom, N. Y, 1941.

Frøyland-Nielsen, Ruth: Barnets sociale udvikling. København 1955.

Gage, N.L., Runkel, J. and Chatterjee, B.B.: Equilibrium Theory and Behavior Change: An Experiment in Feedback from Pupil to Teachers. University of Illinois 1960.

Gibb, C.A.: The Sociometry of Leadership in Temporary Groups. Sociometry, 1950, 13, 226-243.

Gibb, C.A.: The principles and traits of leadership. J. Abn. Soc. Ps. 1947, 42, 267-284.

Gibb, C.A.: Leadership. i: *Lindzay, G.:* Handbook of Social Psychology. 1954.

Gibb, C.A.: Classroom Behavior of the College Teacher. Educ. Psychol. Measurement, 1955, 15, 243-263.

Gibb, J.R.: The effects of group size and of threat reduction upon creativety in an problem solving situation. Amer. Psychol. 1951, 6, 324 f.

Gibb, J.R.: Sociopsychological Processes of Group Instruction. i: 59 Yearbook, NSSE: The Dynamics of Instructional Groups. University of Chicago, 1960.

Gold, Martin: Power in the classroom. Sociometry, 1958, 21, 50-60.

Goldschmidt, V.: Gruppe og samfund. Kbh. 1962.

Goodenough, Florence L.: Interrelationship on the behavior of young children. Child Development, 1930, 1, 29-48.

Gottschaldt, K.: Zur Psychologie der Wir-gruppe. Zeitschr. Psychol. 1959, 193-229.

Gould, R. & Lewis H.B.: An experimental investigation of

changes in the meaning of level of aspiration. J. Exp. Psychol.
1940, 27.

Green, E.H.: Group Play and Quarrelling Among Preschool Children.
Child Development, 1933, 4, 302-07.

Gronlund, Norman, E.: Sociometry in the classroom. N. Y. 1959.

Guetskov, H. and Simon, H.A.: The impact of certain communication nets upon organization and performance in task-oriented
groups. Mgmt. Sci. 1955, 1. 233-250.

Haigh, Gerard V. and Schmidt, Warren H.: The learning of sub-
ject matter in teacher-centered and group-centered classes.
J. Educ. Psychol. 1956, 47, 295-301.

Halpin, A.W.: The leadership behavior and combat performance
of airplane commanders. J. Abn. Soc. Ps. 1954, 49, 19-22.

Hamlin, R.L.: Group Integration during a Crisis. Hum. Relat.
1958, 11, 67-75.

Hanfmann, Eugenia: Social Structure of a Group of Kindergarten Children. Amer. J. Orthopsychiatry, 1935, 5, 407-410.

Hare, A.P.: A study of interaction and consensus in different
sized groups. Amer. Soc. Rev. 1952, 17, 261-267.

Hare, A.P.: Small group discussions with Participatory and
Supervisory leadership. J. Abn. Soc. Ps. 1953, 48, 273-275.

Hare, A.P.: Handbook of Small Group Research. N. Y. 1962.

Hare, A.P. & Bales, R.F.: Seating position and small group
interaction. Sociometry, 1963, 26 (4), 480-486.

Hartley, E.L.: Problems in Prejudice. N. Y. 1946.

Harvey, O. J.: An experimental approach to the study of
status relations in informal groups. Amer. Sociol. Rev.
1953, 18, 357-367.

Harvey, O. J. & Consalvi, C.: Status and conformity pressure
in informal groups. J. Abn. Soc. Ps. 1960, 60, 182-187.

Harvey, O.J. and Rutherford, J.: Status in the informal group:
Influence and influencebility at different age levels.
Child Development 1960, 31, 377-385.

Heikkinen, Vainö: On the changes in the eductional attitudes
of young teacher. Res. Bull. No. 13. Helsinki Institute of
Educ., Univ. of Hels... 1963.

Heise, G.A. and Miller, G.A.: Problem solving by small groups
using various communication nets. J. Abn. Soc. Ps. 1951,
46, 327-336.

Hemphill, J.K.: Situational factors in leadership. Ohio State
Univer. Educ. Res. Monogr. 1949, No. 32.

Hemphill, J.K.: Relations between the size of the group and
the behavior of "superior" leaders. J. Soc. Ps. 1950, 32,11-22.

Hemphill, J.K.: Group Dimensions. A Manual for Their Measurement. Research Monograph No. 87. Ohio State Univer. 1956.
Hilgard, E.R., Sait, E.M. and Margaret, G.A.: Level of aspiration as affected by relative standing in an experimental social group. J. Exp. Ps. 1940, 27, 411-421.
Hoffmann, L.R., Harburg, E. og Maier, N.R.F.: Differences and disagreement as factors in creative group problem solving. J. Abn. Soc. Ps. 1962, 64, 206-214.
Holm, Rolf: Immediate and delayed feedback of Education. Uppsala Uni of verbal material. The Institute of Education. Uppsala University, 1964.
Homans, G.C.: The human group. N.Y. 1950.
Horowitz, M.W., Lyons, J., and Perlmutter, H.U.: Interactions of forces in discussion groups. Hum. Relat. 1951, 4, 57-76.
Horwitz, Murray: Feedback Processes in Classroom Groups. i: 59 Yearbook, NSSE: The Dynamics of Instructional Groups, University of Chicago, 1960.
Howells, Lloyd T. og Becker, Selwyn W.: Seating arrangement and leadership emergence. J. Abn. Soc. Ps. 1962, 64, 148-150.
Hurlock, Elisabeth B.: The use of group rivalry as an incentive. J. Abn. Soc. Ps. 1927, 22, 278-290.
Husén, Lennart, et al.: Elever - Lärare - Föräldrar. Stockholm, 1959.
Hymann, H.: The Psychology of Status. Archives of Psychology 1942, No. 269.
Hyman, H.: The relation of the reference group to judgements of status. i: *Bendix R. & S.M. Lipset:* Class, status and power. Glencoe, Illinois 1957.

Isaacs, Susan: Social Development in Young Children, London, 1933.

Jenkins, David H.: Feedback and Group Self-evaluation. J. Social Issues, 1948, 5, 50-60.
Jenkins, David H.: Characteristics and Functions of Leadership in Instructional Groups. 59. Yearbook, NSSE: The Dymanics of Instructional Groups, Chicago 1960.
Jenning, Helen Hall: Leadership and Isolation. Toronto 1943.
Jensen, Jesper og Thomas Sigsgaard: Kammeratvalg i skoleklasser. En sociometrisk undersøgelse. København 1961
Johannesson, I.: Ledare och despoter. Två sociale typer i skolklassen. Studier i människokunnskap tilägnade John Landquist. Lund 1946.
Johannesson, Ingvar: Sociala relationer mellan barn i folkskolklasser. Lund 1954.
Johannesson, Ingvar: Läraren och klassens sociale liv. Folkskolan,

1963, 17, 19-25.
Jones, Stephen C. and *Victor H. Vroom:* Division of labor and performance under cooperative and competitive conditions. J. Abn. Soc. Ps. 1964, 68, 313-320.

Kelley, Harold H.: Communication in Experimentally Created Hierarchies. Hum. Relat. 1951, 4, 39-56.
Kelley, Harold H.: Two functions of reference groups. i: Swanson, Newcomb, and Hartley: Readings in social Psychology. N.Y. 1952.
Klaus, Georg: Kybernetik in philosophischer Sicht. Berlin 1962.
Klineberg, Otto: Social Psychology, N.Y. 1954.
Kondratjewa, S.W.: Entwicklung organisatorischer Fähigkeiten bei älteren Schülern. Pädagogik, 1964, 2, 132-140.
Koskenniemi, M.: De sociala typerna i skolklassen. Skola och Samhälle, 1948.
Koskenniemi, M.: Comments on group work on school. Ann. Acad. Sci. Fenn. 67. Helsinki 1950.
Koskenniemi, M.: The substitute teacher as indicator, Ann. Acad. Sci. Fen. B III, 2, Helsinki 1957.
Kuhlen, Raymond G., and *Edward G. Collister:* Sociometric Status of Sixth- and Ninth-Graders Who Fail to Finish High School. Educ. and Psychol. Measurement, 1952, 12, 623-637.

League, Betty Jo og Jackson, Douglas N.: Conformity, veridicality, and self esteem. J. Abn. Soc. Ps. 1964, 68, 113-115.
Leavitt, H. J.: Some effects of certain communication patterns on group performance. J. Abn. Soc. Ps. 1951, 46, 38-50.
Leavitt, H. J. og Knight K.E.: Most "efficient" solutions to communication networks: Empirical versus analytical search. Sociometry, 1963, 26, 260-267.
Leavitt, H.J. and *Mueller, R.A.:* Some effects of feedback on communication. Hum. Relat. 1951, 4, 401-410.
Lefkowitz, M., Blake, R.R. and *Mouton, J.S.:* Status factors in pedestran violation of traffic signals. J. Abn. Soc. Ps. 1951, 51, 704-706.
Lewin, Kurt: A Dynamic Theory of Personality. N.Y. 1935.
Lewin, Kurt: Principles of Topological Psychology. N.Y. 1936.
Lewin, Kurt: Behavior and development as a function of the total situation. i: *Carmichael L.:* Manual of Child Psychology, 1946.
Lewin, K.: Frontiers in group dynamics. Concept, method and reality in social science: Social equilibria and social changes. Hum. Relat. 1947, 1, 5-41.
Lewin, Kurt: Resolving Social Conflicts. N.Y. 1948.

Lewin, Kurt: Field Theory in Social Science. N.Y. 1951.

Lewin, Kurt: Studies in Group Decision. i: *Cartwright & Zander:* Group Dynamics. N.Y. 1953.

Lewin, Kurt: Group Decision and Social Change. i: *Maccoby, Newcomb, Hartley:* Readings in social psychology. N.Y. 1958.

Lewin, Kurt, Ronald Lippitt & Ralph K. White: Pattern of Aggresive Behavior in Experimentally Created "Social Climates". Soc. Ps. 1939, 10, 271-299.

Linde, Thomas F. og. Patterson, C.H.: Influence of Ortopedic Disability on Conformity Behavior. J. Abn. Soc. Ps. 1964, 68, 115-118.

Lindgren, H.C.: Educational Psychology in the Classroom. New York, 1956.

Linton, R.: The cultural background of personality. New York, 1945.

Lippitt, R.: Field Theory and Experiment in Social Psychology. Autocratic and Democratic Group Atmospheres. Amer. J. Sociol. 1939, 45, 26-49.

Lippitt, R.: An Experimental Study of the Effects of Democratic and Autocratic Group Atmospheres. Iowa Studies in Child Wellfare. Studies in Topological and Vector Psychology. 1940, Vol. 16, 3, 43-195.

Lippitt, R. & R. White: The "social climate" of childrens groups. i: *Barker, Kuonin & Wright:* Child Behavior and Developement. New York, 1943.

Lippitt, R. and White, R.K.: An Experimental Study of Leadership and Group Life. i: *Swanssin, Newcomb & Hartley:* Readings in Social Psychology. N.Y. 1952.

Luchins, Abraham, S., & Luchin, Edith H.: On conformity with judgements of a majority or an authority. J. Soc. Psychol. 1961, 53, 303-316.

Maier, N.R.F.: Principles of Human Relations. N.Y. 1952.

Maier, N.R.F. and Solem, A.R.: The contribution of Discussion leader to the Quality of group thinking: the effective use of minority thinking. Hum. Relat. 1952, 5, 277-288.

Mayo, Elton: The Social Problems of an Industrial Civilization. Harvard University. Boston 1945.

Mayo, Elton: The Human Problems of an Industrial Civilization. Harvard University. Boston 1946.

McNeil, John: An experimental effort to improve instruction through visual feedback. J. Educ. Res. 1962, 5, 283-285.

Mc. Keachie, W.J.: Individual conformity to attitudes of classroom groups. J. Abn. Soc. Ps. 1954, 49, 282-289.

Medalia, N.Z.: Unit size and leadership perception. Sociometry, 1954, 19, 64-67.
Merei, Franc: Group leadership and institutionalization. Hum. Relat. 1949, 2, 23-39.
Merton, Robert, K.: Social Theory and Social Structure. Glencoe, Illinois, 1957.
Mintz, A.: Non-adaptive Group Behavior. J. Abn. Soc. Ps. 1951, 46, 150-159.
Moede, W.: Die Richtlinien der Leistungs-Psychologie. Industrial Psychotechnick, 1927, 4, 193-209.
Moreno, J.L.: Contributons of sociometry to research methodology in sociology. Amer. Social Rev. 1947, 12, 287-292.
Moreno, J.L.: Who shall survive? A new approach to the problem of human relations. Washington 1934.
Mowrer, O.H.: Learning Theory and Personality Dynamics. N.Y. 1950.
Murphy, L.B.: Social Behavior and Child Personality. N.Y. 1937.

Newcomb, T.M.: Social Psychology. N.Y. 1950.
Newcomb, T.M.: Personality an Social Change. New York 1943.
Newcomb, T.M.: Attitude development as a function of reference groups: The Bennington study. i: *Maccoby, Newcomb, Hartley:* Reading of Social Psychology. New York 1958.
Nordland, Eva: Sammenhaeng mellem sosial atferd og oppdragelse (med en studie av foreldreholdningen som saerskilt faktor). Oslo 1955.
Northway, M.E.: Outsiders. A study of the personality patterns of children least acceptable to their age group. Sociometry, 1944, 7, 10-25.

Olsson, Gertrud: Gruppeliv i Børnehavealderen, en fordel eller en ulempe. Nogle overvejelser over børnehavens betydning for børnenes sociale udvikling. Manuskript u.å.

Parsons, T.: The social system. London 1951.
Patridge, E.D.: Leadership among adolescent boys. Teach. Coll., Columbia University. Contrib. Educ. 1934, No. 608.
Pepitone, A. and Kleiner, R.: The effect of threat and frustration on group cohesiveness. J. Abn. Soc. Ps. 1957, 54, 192-199.
Perkins, H.V. Jr.: The effects of climate and curriculum on group learning. J. Educ. Res. 1950, 44, 269-286.
Philips, B.N. og D'Amico, L.A.: Effects of Cooperation and Competition on the Cohesiveness of Small Face-to-Face Groups. J. Educ. Psychol. 1956, 47, 65-70.
Piaget, J.: The moral judgement of the child. London 1932.
Pikas, A.: Barn och föräldraauktoritet (Resultat av en attitydundersökning under utviklingsskedet 11-15 år). Stockholm 1961.

Powell, J.P.: Experimentation and teaching in higher education. Educ. Res., 1964, 6, 179-191.

Pryer, M.W. and Bass, B.M.: Some effects of feedback on behavior in groups. Sociometry, 1959, 22, 56-63.

Rasmussen, H.C. og Andersen, G.: Klassens sociale liv. Psykologiske studier 2, Nr. 9 Kbh. 1950.

Raven, Bertram H. og Eachus, H. Todd: Cooperation and competition in means-interdependent trials. J. Abn. Soc. Ps. 1963, 67, 307-316.

Reese, Hayne W.: Relationship between self-acceptance and sociometric choices. J. Abn. Soc. Ps. 1961, 62, 472-474.

Roby, T.B., Nicol, E.H., and Farrell, F.M.: Group problem solving under two types of executive structure. J. Abn. Soc. Ps. 1963, 67, 550-556.

Rose, Arnold M.: Alienation and participation: A comparison of group leaders and the "mass". Amer. sociol. Rev. 1962, 27, 834-838.

Rosentahl, F.: Some relationships between sociometric position and language structure of young children. J. Educ. Ps. 1957, 48, 483-496.

Ross Ashby, W.: Design for a Brain. The Origin of Adaptive Behavior. London 1960.

Schachter, Stanley: Deviation, Rejection, and Communication. J. Abn. Soc. Ps. 1951, 46, 190-207.

Schjelderup-Ebbe, Th.: Beiträge zur Sozialpsychologie des Haushuhns. Zeitschr. Psychol. 1922, 88, 225-252.

Sears, Pauline S.: Levels of Aspiration in Academically Successful and Unsuccessful Children. J. Abn. Soc. Ps. 1940, 35, 498-536.

Seeman, M.: Role conflict and ambivalence in leadership. Amer. Sociol. Rev. 1953, 18, 373-380.

Sherif, Muzafer: A Study of Some Social Factors in Perception. Arch. Psychol. 1935, No. 187.

Sherif, Muzafer: The Psychology of Social Norms. N.Y. 1936.

Sherif, M.: The Concept of Reference Groups in Human Relations. i: *Sherif M., and Wilson, M.O. (eds.):* Group Relations at the Crossroads. New York 1953.

Sherif, M.: Intergrating field work and laboratory in small group research. Amer. Social. Rev. 1954, 19, 759-771.

Sherif, M. and Cantril, H.: Psychology of Ego-Involvements, Social Attitudes, and Identifications. N.Y. 1947.

Sherif, M. & Sherif, C.W.: Groups in Harmony and tension. N.Y. 1953.

Sherif, M. & Sherif, C.W.: An outline of social psychology. N.Y. 1956.

Sherif, M., White, B.J. & Harvey, O.J.: Status in experimentally produced groups. Amer. J. Social. 1955, 60, 370-379.

Simmel, G.: The number of members as determining the sociological form of the group. Amer. J. Sociol. 1902-03, 8, 1-46 og 158-196.

Sjølund, Arne: Nivelleringstendenser under gruppetestning. Manuskript, 1958.

Skemp, Richard R.: Two Kinds of Authority. The University of Leads, Institute of Education. Researches and Studies. No. 22. Dec. 1961.

Smith, Donald: Fit Teaching Methods to Personality Structures. High School Journal, 1955, 39, 167-171.

Snoek, J. Diedrick: Some effects of rejection upon attraction to a group. J. Abn. Soc. Ps. 1962, 64, 175-182.

Steinzor, Bernard: The spatial factor in face to face discussion groups. J. Abn. Soc. Ps. 1950, 45, 52-55.

Stendler, C., Damrin, D. & Haines, A.C.: Studies in cooperation and competition: I. The effects of working for group and individual rewards on the social climate of children's groups. J. Genet. Psychol. 1951, 79, 173-197.

Stensåsen, Svein: Sosiale relasjoner i klasserommet. i: Forskning og Danning nr. 7. Oslo 1962.

Stephan, F.F. and Mishler, E.G.: The distribution of participation in small groups: An Exponential Approximation. Amer. Sociol. Rev. 1952, 17, 598-608.

Stogdill, R.M.: Personal factors associated with leadership: A survey of the literature. J. Psychol. 1948, 25, 35-71.

Stogdill, R.M. & Coons, A.E.: Leader Behavior. Its Description and Measurement. Columbus: Ohio State Un. 1957.

Strang, Ruth: The Adolescent Views Himself. London 1957.

Sutherland, E.H. & Cressey, D.R.: Principles of Criminology. N.Y. 1955.

Swansson, Guy, E.: Determinants of the Individual's Defenses against Inner Conflict: Review and Reformulation. i: *Glidewell* (ed.): Parental Attitudes and Child Behavior. 1961.

Taylor, M., Crook, R. and Dropkin, S.: Assessing Emerging Leadership Behavior in Small Discussion Group. J. Educ. Psychol. 1961, 52, 12-18.

Taylor, D.W. and Faust, W.L.: Twenty questions: efficiency in problem solving as a function of size of group. J. Exp. Ps. 1952, 44, 360-368.

Thelen, H.A.: Group dynamics in instruction: Principles of least group size. School Rev. 1949, 57, 139-148.

Thelen, H.A. & Withall, John: Three Frames of Reference: A Study of Climate. Hum. Relat. 1949, 2, 159-176.

Thibaut, J.W.: An experimental study of the cohesiveness of under-privileged groups. Hum Relat. 1950, 3, 251-278.

Thibaut, J.W. & Coules, J.: The role of communication in the reduction of interpersonal hostility. J. Abn. Soc. Ps. 1952, 47, 770-777.

Thompson, G.L.: The social and emotional development of preschool children under two types of educational program. Psychol. Monogr. 1944, 56, No. 5.

Torrance, E. Paul: Methods of conducting critiques of group problemsolving performance. J. Appl. Ps. 1953, 37, 394-398.

Tredgold, R.F.: Human relations in modern industry. N.Y. Internat. Univer. 1950.

Trow, D.B.: Autonomy and job satisfaction in task-oriented groups. J. Abn. Soc. Ps. 1957, 54, 204-209.

White, R.K.: An analysis of conversation in autocratic and democratic atmospheres. Psychol. Bull. 1940, 37, 476.

White &Lippitt: Autocracy and Democracy: An experimental inquiry. N.Y. 1960.

Whyte, W.F.: Street corner society: The social structure of an Italian slum. University of Chicago Press 1943.

Whyte, W.F.: The social structure of the restaurant. Amer. J. Sociol. 1949, 54, 302-310.

Whyte, W.F.: Small groups and large organizations. i: *Rohrer & Sherif:* Social psychology at the crossroads. The University of Oklahoma lectures in social psychology. New York, 1951.

Whyte, W.F.: Leadership and Group participation. New York, 1953.

Wiener, Norbert: Cybernetics or Control and Communication in the Animal and the Machine. N.Y. 1948.

Wischmeyer, R.R.: Group-centered and leader-centered leadership: an experimental study. Speech Monogr. 1955, 22, 43-48.

Withall, J.: The development of a technique for the measurement of social-emotional climate in classrooms. J. Exp. Educt. 1949, 17, 347-361.

Withall, J.: The development of the climate index. J. Educ. Res. 1951, 45, 96-98.

Withall, J.: Assessmant of the Social-Emotional Climates Experienced by an Group of seventh-graders as They Moved from Class to Class. Educ. and Psychol. Measurem. 1952, 12, 440-451.

Zander, Alvin: Resistance to Change - Its Analysis and Prevention. Adv. Management 1950, 15, 9-12.

Zeleny, L.D.: Characteristics of group leaders. Sociol. Soc. Res. 1939, 24, 140-149.

Ziller, Robert C.: The newcomer's acceptance in open and closed groups. Personnel Administration, 1962, 25 (5), 24-31.

Zimet, C.N. and Fine, H.J.: Personality changes with a group therapeutic experience in a human relations seminar. J. Abn. Soc. Ps. 1955, 51, 68-73.

NACHTRAG

Die Kleingruppe im Unterricht

Ergänzende Forschungsergebnisse

(Stand 1973)

Das wachsende Interesse an empirischen Untersuchungen über die Wirkungen, Beziehungen und Bedingungen der Kleingruppenarbeit in der Schule kann durch die zunehmende "Sozialisierung" der menschlichen Umweltbedingungen erklärt werden, die soziale Lern- und Arbeitsformen im Unterricht notwendigerweise zur Folge hat. Es ist eine Suchbewegung nach neuen effizienten Möglichkeiten des *gemeinsamen* Lernens, unter der Fragestellung, inwieweit die ermöglichten sozialen und emotionalen Bindungen und Strebungen den Lernprozeß erleichtern, stören oder hindern.

I. *Die schulische Kleingruppenarbeit als Interaktionsprozeß*

Von den zahlreichen Fallstudien und Untersuchungen werden zunächst nur solche ausgewählt, die unter bestimmten Aspekten den Prozeß in der Kleingruppe selbst untersuchen. Es geht in diesem ergänzenden Kurzbericht nicht um die genaue Darstellung von Versuchsanordnungen und Hypothesen, - sondern um die Mitteilung der Resultate, die als Argumentationshilfen für die Realisierung von Kleingruppenarbeiten in der Schule von besonderer Bedeutung sein können.

In zahlreichen Arbeiten hat THELEN [1] (1954) den Zusammenhang untersucht, der zwischen Individuum, Kleingruppe und Großgruppe besteht. Unter der Voraussetzung, daß die für eine bestimmte Lernaktivität erforderlichen Skills (achievement skills *und* socialisation skills) entwickelt und trainiert werden (vgl. BECKER [2] 1972), kann dieser Zusammenhang wie folgt belegt werden:

1. Je kleiner die Gruppe, desto größer ist der Zeitanteil des Einzelnen, um seine Ideen offen darlegen zu können und beurteilen zu lassen.

2. Je kleiner die Gruppe, desto größer ist für den Einzelnen die Verpflichtung mitzuarbeiten und desto offensichtlicher wird seine Nichtteilnahme.

3. Je kleiner die Gruppe, desto leichter ist es für den Einzelnen, seine geheimen und privaten Gedanken und Meinungen auszudrücken.

4. Je kleiner die Gruppe, desto größer ist der Einfluß der Einzelnen, zu denen auch Bremser (blockers) und Zerstörer (wreckers) gehören.

198

5. Je klarer die Vorstellungen der Großgruppe im Bezug auf ein
gegebenes Problem sind, desto stärker wird sich die Kleingruppe bei der Problemlösung engagieren.

Wie sehr es dabei auf den Schwierigkeitsgrad des jeweiligen Problems und auf den Aufgabentypus ankommt, zeigt MEYER 3) (1954,
1970) in einer Reihe von Fallstudien. Er zeigt dabei auf, daß
sich für die Kleingruppenarbeit im Unterricht besonders drei Auf-
gabentypen eignen:

1. Aufgaben, die eine Analyse von Gegenständen, Bildern, Situationen usw. erfordern,

2. Aufgaben, die zur Konstruktion, zum Gestalten anreizen,

3. Aufgaben, die das Training von Lerndefiziten ermöglichen.

Die Ergebnisse seiner Studien gewinnt MEYER 4) (1972) aus zahlreichen Interaktionsanalysen in Labor- und Realsituationen mit
Hilfe von Tonband- und Videoaufzeichnungen in Verbindung mit Ka-
tegoriensystemen, die eine Erfassung der Denkvorgänge im Inter-
aktionsprozeß ermöglichen. Als erste Ergebnisse konnten registriert
werden:

1. Die Zahl der Interaktionen verteilt sich auf die einzelnen Gruppenmitglieder nicht gleichmäßig. Ein Teilnehmer ragt mit seinen
   Interaktionen über die anderen hinaus.

2. Beim Durchschnitt aller Gruppen ergibt sich eine fast gleich-
   maßig abfallende Kurve vom aktivsten zum am wenigsten aktiven
   Gruppenmitglied. Das Ranggefälle ist bei allen Gruppen verschieden. Es zeigen sich im wesentlichen 4 Möglichkeiten des Gefälles:
   Flaches Ranggefälle mit 1 Wortführer, flaches Ranggefälle mit
   2 Wortführern, starkes Ranggefälle mit 1 Wortführer, starkes
   Ranggefälle mit 2 Wortführern.

3. Beim Vergleich mit der festgestellten Denkleistung ergibt sich:
   Die Gruppen mit flachem Ranggefälle und 2 Wortführern erzielen
   in der Regel eine hohe Denkleistung. Die Gruppen mit flachem
   Ranggefälle und 1 Wortführer erzielen eine hohe bis mittlere
   Denkleistung. Die Gruppen mit starkem Ranggefälle und 2 Wort-
   führern erzielen eine mittlere Denkleistung. Die Gruppen mit
   starkem Ranggefälle und 1 Wortführer erzielen eine schwache
   Denkleistung.

4. Vergleicht man die gleichgeschlechtlichen Gruppen mit den gemischten Gruppen, so ergibt sich, daß das Leistungsniveau bei
   gemischten Gruppen im Durchschnitt höher liegt.

5. Zwischen bestimmten Interaktionsarten und der Denkleistung zeich-

nen sich eindeutige Korrelationen ab:

a) Gruppen, in denen häufig zugestimmt wird, leisten etwas mehr, als Gruppen, in denen wenig zugestimmt wird,
b) Gruppen mit einer hohen Zahl von Vorschlägen erzielen in der Regel eine hohe oder mittlere Leistung,
c) Gruppen, die eine hohe Zahl der Kategorie Antagonismus aufweisen, haben durchweg eine niedrige Leistung.

Das Problem der Leistungsgruppierung, das in diesen Fallstudien mit angesprochen wird, ist immer wieder mit den verschiedensten Methoden angegangen worden, wobei feststeht:
Die Frage nach homogener oder heteogener Leistungsgruppierung kann nicht eindeutig beantwortet werden.

FRANSETH [5] (1966) weist in einem kritischen Überblick zur Gruppierung nach Leistungskriterien darauf hin, daß einige Untersuchungen der homogenen und andere wiederum der heterogenen Gruppierung einen größeren Lernzuwachs zuschreiben. Ein ebenso großer Teil dieser Studien scheint keine großen Unterschiede zwischen diesen beiden Gruppierungsarten nachweisen zu können, so daß FRANSETH folgert: Die Gruppierungspraktiken homogen/heterogen sind flexibel zu handhaben, d.h. sie sollten den jeweiligen spezifischen, sich ändernden Anforderungen gerecht werden.
Diese Konsequenz ergibt sich auch aus der sehr differenzierten Studie von AMARIA [6] (1967). Sie sah die Problematik Homogenität/Heterogenität in Abhängigkeit von Persönlichkeitsvariablen wie Ängstlichkeit, Intro-bzw. Extravertiertheit und wies signifikante Wechselwirkungen zwischen diesen Variablen nach, u.a.:

1. Ängstliche, extravertierte Schüler erzielen bessere Lernleistungen, wenn sie mit Partnern zusammenarbeiten, die ein anderes Intelligenzniveau besitzen als sie selbst,

2. eine homogene Gruppierung wirkt sich bei ängstlich-introvertierten Schülern positiv auf den Lernzuwachs aus.

Als entscheidende Variable bei der Erklärung der bis jetzt dargestellten Zusammenhänge erweist sich die Kohäsion. (Siehe auch Seite 78.) Sie kann als die Gruppeneigenschaft definiert werden, die durch die Anzahl und Stärke der gegenseitigen positiven Einstellunge der Gruppenglieder bedingt ist. Der Grad der Kohäsion korreliert positiv mit dem Ausmaß an Interaktion in einer Gruppe und der Neigung der Gruppenglieder, mit einer dominanten Gruppenmeinung übereinzustimmen. Das Ergebnis der Untersuchungen von LOTT und LOTT [7] (1966) weist in folgende Richtung:

1. Schüler schneiden dann besser ab, wenn sie in der Gruppe mit hoher Kohäsion und hoher Intelligenz, nicht aber in der Gruppe

mit niedriger Kohäsion und hoher Intelligenz lernen,

2. Kinder mit niedriger Intelligenz zeigen in Gruppen mit niedriger Kohäsion eine nicht signifikante Tendenz zu besserem Lernerfolg als diejenigen in hoch kohäsiven Gruppen.

Inwiefern individuell maßgebenes Verhalten (prominent behavior) die Effektivität beim Problemlösen und die Zufriedenheit der Mitglieder in einer Gruppe beeinflußt, wird in einem Experiment von SHAW 8) (1959) analysiert. Unter "prominent behavior" wird eine Klasse von Persönlichkeitsvariablen verstanden, die, mit dem Verhalten eines Individuums korreliert, aus einer Gruppe herausragen und unabhängig von den anderen ein persönliches Ziel erreichen.

Zwei verschiedene Gruppenstrukturen wurden als unabhängige Versuchsvariablen eingeführt: eine undifferenzierte Machtstruktur, bei der die Entscheidung für die Annahme einer Lösung durch Gruppendiskussion herbeigeführt wird, und eine differenzierte Machtstruktur, bei der von vornherein ein Gruppenmitglied bestimmt wird, die endgültige Lösung auszuwählen. Das Ergebnis stellt sich wie folgt dar:

1. In der unstrukturierten Situation machen die individuell Prominenten mehr Vorschläge, die von der Gruppe akzeptiert werden. Sie werden von den anderen als diejenigen bezeichnet, die den größten Einfluß auf die Entscheidungen der Gruppe ausüben. Ausserdem korreliert der Mittelwert des "prominent behavior" negativ mit der Gruppenleistung.

2. In der strukturierten Gruppe machen diejenigen, die zum Führer bestimmt werden, signifikant mehr Vorschläge und sind weitaus aktiver als die übrigen Gruppenmitglieder. Die Leistungsfähigkeit der bestimmten Führer ist jedoch geringer, je höher der Mittelwert des maßgebenden Verhaltens in der Gruppe ist. Es besteht keine Korrelation zwischen prominentem Verhalten und Gruppenleistung.

Zur mathematischen Erfassung von Gruppenstrukturen wurde eine Reihe von Untersuchungen durch die Kybernetik durchgeführt. 9) (1963, 1967, 1967, 1971). Als Maß für soziale Gruppenstrukturen wird das informationstheoretische Maß der Entropie benutzt. Dieses Maß baut auf den soziometrischen Begriffen und Untersuchungen MORENOS 10) (1954) zur Beschreibung von Gruppenstrukturen auf, deren Ausgangspunkt der soziometrische Test darstellt. (Siehe Seite 44ff.). Ein Vorzug der Gruppenentropie liegt in der Tatsache, daß ihr Zahlenwert mit zunehmender Abweichung der Strukturen von der Struktur der Gleichverteilung der Wahlen monoton abnimmt. Die stärker differenzierten Strukturen haben demnach einen kleineren Wert als die weniger stark differenzierten. Auf diese Weise kann also die Gruppenentropie die

Ordnung innerhalb einer Gruppe messen und relativ feine Unterschiede erfassen. Es konnten z.B. folgende Thesen durch solche Messungen exakt bestätigt werden:

1. Die Ablehnungen innerhalb einer Gruppe sind wesentlich stärker differenziert als die positiven Wahlen,

2, Die Differenzierung nimmt mit dem Alter und im wesentlichen auch mit dem Bildungsgrad zu.

3. Je häufiger und bezüglich der Einzelentscheidungen intensiver die Anforderungen sind, umso mehr strukturiert sind die Gruppen.

4. Bei der Bildung sind vor allem drei Faktoren wirksam: Tendenz zur Kommunikationsverdichtung, Tendenz zur Kommunikationsauflösung, Tendenz zur Absonderung von Spezialisten.

5. Leistungskriterien führen durchweg zu einer stärkeren Differenzierung der sozialen Strukturen.

6. Die Tendenz zur Gleichverteilung der Wahlen steigt mit der Anzahl der vorhandenen Motive.

7. Die Entscheidung bei der Partnerwahl fällt in der Regel danach, inwieweit der andere geeigneter erscheint, gemeinsam gestellte Aufgaben erfolgreich zu Ende zu führen.

8. Die Wahlen bei einer gemeinsamen Aufgabenbewältigung fallen in der Regel auf andere Personen als bei persönlichen Beziehungen, die nicht unter einem solchen Aspekt zustande kommen.

Neuere soziometrische Untersuchungen beschäftigen sich mit der Wirkung der Umgruppierung von Schülern entsprechend den soziometrischen Wahlen zu untersuchen und dadurch den Einfluß verschiedener Faktoren in den Formen der Wahlverwirklichung auf die Abweichung und Stabilität der Schülerwahlen mit den Ergebnissen späterer soziometrischer Wiederholungsexperimente zu vergleichen. JOHANNESSON 11) (1972) kann exakt belegen:
> Die Konsistenz der Schülerwahlen in späteren Tests ist umso grösser, je weniger Veränderungen in der Form von Umgruppierungen der Schüler nach einer soziometrischen Untersuchung vorgenommen werden.

Weitere Teilergebnisse stützen weitgehend die Theorie:
> Die Verwirklichung der Schülerwahlen durch verschiedene Formen der Gruppenbildung erhöht die Erfahrung der Schüler mit ihren Mitschülern und fördert die soziale Wertschätzung füreinander.

II. Unterricht mit Kleingruppen im Vergleich zu Unterricht ohne Kleingruppen

In der Diskusssion mit praktizierenden Lehrern über die Realisierung der Kleingruppenarbeit im Unterricht können die oft skeptischen Einwände nicht überhört werden, die vor allem auf die Lernresultate bei den üblichen Klassenstärken abheben. Es wird häufig bezweifelt, daß die in Laboruntersuchungen nachgewiesene höhere Lerneffizienz isoliert arbeitender Kleingruppen auch im großen Klassenverband mit den oft nicht übersehbaren schwierigen Randbedingungen ebenfalls erzielt werden könnte. Die Ergebnisse frontalunterrichtlicher Arbeitsweisen werden generell höher eingeschätzt. Erste Vergleiche in der Schulrealität wurden von MEYER [12] (1954, 1972) durchgeführt. Die Fallstudie, die einen auf Behalten und Rechtschreiben gerichteten Leistungsvergleich in Parallelklassen (8. Klassen, Hauptschule) mit unterschiedlicher Arbeitsweise (Projektgruppenarbeit/ Frontalunterricht) in gleicher Arbeitszeit zum Ziel hatte, führte zu folgendem Testergebnis:

Die Behaltens- und Rechtschreibleistung liegt in den Klassen mit Projektgruppenarbeit um ca 25% höher als in den frontal geführten Klassen.

Vergleichsstudien ähnlicher Art führte BARTECKI [13] (1958) in Warschau durch, die in größerem Umfange durch OKON [14] (1969) fortgesetzt wurden. In den Vor- und Schlußuntersuchungen wurde nicht nur der Kenntnisstand der Schüler in bestimmten Bereichen geprüft, sondern in gleichem Grad die Selbständigkeit des Denkens und die Verbindung der Theorie mit der Praxis.

Das Thema eines drei Monate dauernden Physikunterrichts war die Ausarbeitung des magnetischen Feldes sowie der elektromagnetischen Induktion. Die Ergebnisse in 4 Versuchsklassen (Problemmethode ohne Gruppenarbeit), in 3 Kontrollklassen, (traditioneller Frontalunterricht) können wie folgt zusammengefaßt werden:

1. Die Versuchsklassen, die in den Voruntersuchungen die niedrigsten Positionen eingenommen hatten, rückten unter den Einfluß der Problem- und Gruppenmethode in der Schlußuntersuchung auf den ersten Platz.

2. In den Halbversuchsklassen, in denen Problemunterricht ohne Gruppenarbeit erteilt wurde, waren die Ergebnisse durchschnittlich um die Hälfte schlechter.

3. Die Kontrollklassen mit traditionellem Frontalunterricht schnitten viermal schlechter ab.

DIETRICH [15]) untersuchte in einem breiten empirisch- statistischen Experiment die Bildungswirkungen des Gruppenunterrichts im Vergleich zu frontalunterrichtlich ausgeprägten Verfahrensweisen. Die Ergebnisse seiner gründlichen Analyse geben eine evidente Antwort nach dem "Warum" der Gruppenarbeit in der Schule:

1. Der Unterricht mit Kleingruppenarbeit ist einem Unterricht ohne Kleingruppenarbeit sowohl in der Reproduktion von Wissen als auch in der Beherrschung geistiger Arbeitstechniken weit überlegen. Das erworbene Wissen haftet nachhaltiger.

2. Die Überlegenheit zeigt sich ebenfalls hinsichtlich der Ausprägung sozialer Verhaltensweisen der Schüler. Neben einer engen und beständigen Kontaktstruktur ist auch ein kooperativeres, kohäsiveres und diszipliniereres Verhalten nachweisbar.

3. Weiterhin zeigt sich eine Überlegenheit hinsichtlich persönlichkeitsformender Faktoren. Die Leistungspersönlichkeit, d.h. Aktivität und Produktivität, Arbeitsintelligenz und Verhaltenssteuerung werden ebenso gesteigert wie die Sozialpersönlichkeit, d.h. Kontaktverhalten und Sozialaktivität.

Mit der Frage der Entwicklung zu einer Sozialpersönlichkeit, d.h. der sozialen Reifung, beschäftigt sich WALZ [16]) mit Beobachtungsstudien in der Schulwirklichkeit. Sie protokollierte den Unterricht bei einem entschiedenen Gruppenpädagogen, beim ersten Ansatz von Gruppenarbeit, bei einem autokratisch in frontaler Arbeitsweise Unterrichtenden, bei der Umstellung von autoritären auf den demokratischen Unterrichtsstil. Sie beschreibt und interpretiert die sozialerzieherischen Vorgänge und versucht die Ein- und Umstellung des Verhaltens des einzelnen und der Gruppe auf mitverantwortliches Verhalten zu erfassen und zu erkennen. Einige Grundeinsichten, die sich aus dieser Studie ergeben, lassen sich wie folgt zusammenfassen:

1. Ausschlaggebend für die Sozialerziehung in der Schule ist der Unterrichtsstil des Lehrers. Er ist eine aus Einsicht, Interessen und Strebungen integrierte und aufgebaute innere Haltung, zu der man sich durch Selbstkontrolle und -analyse selbst erziehen kann.

2. Gruppenarbeit bietet ganz von selbst, d.h. durch die situativen Nötigungen (z.B. als Lehrer zurückzutreten, zwischen Gruppen zu vermitteln,u.ä.) eine Fülle von pädagogischen Chancen, sich demokratisch, abwartend, diskussionsbereit zu verhalten.

3. Gruppenarbeit gibt den Schülern einen ständigen Anreiz zu eigenen und gemeinsamen Regelungen ihrer Angelegenheiten.

4. Das Zusammenarbeiten aller mit allen ist seelisch gesünder. Das erzieherische Klima wird gedeihlicher, hinterläßt weniger Enttäuschungen, fordert jeden auf seine Weise, läßt mehr Rollen erproben. Es bestehen mehr Erfolgsmöglichkeiten für jede Art von Begabung.

Die Beobachtungen von WALZ in verschiedenartig unterrichteten Klassen stellen einige Vorteile des Gruppenlernens unter Berücksichtigung sozialer und emotionaler Faktoren heraus. Empirisch nachweisbare Aussagen über positive Effekte der Kleingruppe im Vergleich zum Einzellernen sind damit noch nicht gegeben. SCHELL 17) (1972) versucht - im Anschluß an HIRZEL 18) (1969) - die Wirkung des Wechsels von Einzel- und Kleingruppenarbeit (speziell Partnerarbeit) auf den gesamten Lernerfolg präzise zu erforschen. Aufgrund der statistischen Daten können folgende Befunde als gesichert betrachtet werden:

1. Alternanz von Einzel- und Kleingruppenarbeit wirkt sich im Vergleich zu ausschließlicher Einzelarbeit positiv aus.

2. Der Grad der Sozialität muß als einflußreicher Faktor bei Lernleistungen, die die Fähigkeit zum Transfer voraussetzen, berücksichtigt werden.

3. Der Art der Leistungsgruppierung (homogen oder heterogen) kann kein leistungsbestimmender Effekt zugeordnet werden.

4. Werden die Aufgaben in solche mit durchschnittlich hohem und durchschnittlich niedrigem Schwierigkeitsgrad differenziert, zeigt sich, daß Schüler mit kooperativer Lernerfahrung den individuell Lernenden bei schwierigen Aufgaben überlegen sind, während bei einfachen Aufgaben keine Unterschiede auftreten.

5. Vorausgegangene Lernerfahrungen beeinflussen die Einstellung gegenüber Einzel- und Partnerarbeit.

6. Es besteht die Tendenz zu einer Abhängigkeit der Lernleistung von der Einstellung gegenüber einer bestimmten Arbeitsform.

7. Der Nachweis, daß zunehmende Kooperation eine Homogenisierung der Lernleistung von Partnern bewirkt, kann nicht erbracht werden.

III. *Die Rolle der Kleingruppenarbeit im Schul- und Hochschulunterricht*

Die durchweg positiven Ergebnisse der verschiedenen Fallstudien und Untersuchungen könnten zu der Erwartung führen, daß eine soziale Interaktionsform, wie die Kleingruppenarbeit, eine außerordentlich bedeutsame Rolle in der heutigen Schule spielt, nicht zuletzt, weil dadurch ihre eminent gesellschaftspolitische Bedeutung zumindest in ersten Ansätzen erkennbar ist. Unterricht ohne Kleingruppenarbeit ist häufig charakterisiert durch eine im allgemeinen überwiegend strikte Lenkung der Schüler sowie durch ein überwiegend hierarchisches, abhängiges Beziehungsverhältnis. Eine auf Emanzipation zielende Erziehungsstrategie müßte dagegen einen Unterricht mit Kleingruppenarbeit zum Durchbruch verhelfen. Zu der Frage, wie es in der Schulrealität bezüglich dieser Problemlage aussieht, haben TAUSCH und TAUSCH 19) Untersuchungen in der Bundesrepublik Deutschland durchgeführt. Ihre inzwischen sehr bekannt gewordenen Befunde können verkürzt auf unsere Fragestellung wie folgt interpretiert werden:

Unterricht ohne Kleingruppenarbeit wird in der BRD etwa zu 95 % durchgeführt (Belege: Führung und Dominanz der Lehrer in der Sprachkommunikation, autokratisches Verhalten bei Konfliktsituationen, Irreversibilität der Lehreräußerungen).

TAUSCH 20) (1970) weist mit Recht darauf hin, daß diese Tatbestände nicht den Lehrern zur Last gelegt werden können. Es muß zunächst gefragt werden, ob die Lehrer überhaupt Möglichkeiten eines spezifischen Verhaltenstrainings in ihrer Berufsausbildung und -fortbildung erhalten. Mit dieser Frage beschäftigten sich KYÖSTIÖ und KURKIALA in Finnland. 21) (1963). Die Auswertung ihrer Erhebung beweist:

1. Die Dozenten für pädagogische Fächer in der Lehrerausbildung berücksichtigen in ihrem Unterricht einigermaßen die Theorie des Gruppenunterrichts.

2. Das Umsetzen in die Praxis unterbleibt durchweg, denn die Übungsschullehrer und Studenten wenden Kleingruppenarbeit durchschnittlich nur einmal in der Woche an.

3. Etwa die Hälfte der Studenten wenden Kleingruppenarbeit nicht ein einziges Mal bei ihren Lehrversuchen an.

4. Die Anwendung der Kleingruppenarbeit bei den Übungsschullehrern beschränkt sich im wesentlichen auf die Fächer Erdkunde, Muttersprache, Geschichte, Mathematik, Heimatkunde.

In der Bundesrepublik Deutschland wurde eine ähnliche Untersuchung mit differenzierteren Fragestellungen von MEYER 22) (1970) durchgeführt. Sie führte zu ähnlichen Resultaten wie in Finnland. Darüber hinaus konnte festgestellt werden:

1. Hochschullehrer, die niemals an der Volksschule unterrichtet haben, behandeln weit weniger die Theorie der Gruppe als diejenigen, die längere Zeit in dieser Schulart gearbeitet haben. Allerdings trifft dies nur für die erste Zeit der Tätigkeit in der Lehrerbildung zu. Die Aktivität hinsichtlich der Theorie der Gruppe wird späterhin größer.

2. Die Durchführung der Kleingruppenarbeit an der Hochschule hängt nicht vom Alter der Hochschullehrer ab, dagegen zeigt sich bei den Mentoren eindeutig, daß sie mit zunehmendem Alter weniger Kleingruppenarbeiten durchführen. Wenn diese Lern- und Arbeits-

form mit fortschreitendem Alter und längerer Lehrtätigkeit dennoch ihren Platz im Unterricht hat, dann wird weniger eine freie und selbständige Gruppierung der Schüler zugelassen. Die Neigung zu einem Kleingruppenunterricht, bei dem der Lehrer die Gruppen mehr autoritär organisiert, nimmt zu.

3. Die Frage, in welchem Ausmaße die Lehrerstudenten Versuche mit Kleingruppenarbeit in der Schule durchführen können, läßt sich eindeutig beantworten: Das Hauptübungsfeld ist das 5. bis 9. Schuljahr, da die Mentoren nach ihren Angaben hier am häufigsten diese Lern- und Arbeitsform zulassen, und zwar am meisten in Erdkunde, am wenigsten in Religion.

1) *Thelen, H.A.:* Group Dynamics in instruction: Principle of Least group size. School Rev. 1949,57,139-148; Dynamics of groups at Work. Chicago 1954
2) *Becker, G.E.:* Optimierung schulischer Gruppenprozesse durch situatives Lehrtraining. Heidelberg 1973
3) *Meyer, E.:* Gruppenunterricht - Grundlegung und Beispiel. Oberursel 1972[6], (1.Aufl.Worms 1954); Didaktische Kommentare zum Gruppenunterricht. In: Die Gruppe im Lehr- und Lernprozeß. Hg. v. E. Meyer, Frankfurt 1970
4) *Meyer, E.:* Schulpraktikum. Bochum 1972[3] (1.Aufl.o.J.)
5) *Franseth, J.:* Does grouping make a difference in pupil learning ? In: Morgenstern, A(Hrsg.) Grouping in the Elementary School. New York 1966
6) *Amaria, R.P.:* Learning in pairs. In: Tobin, M.J.(Hg.) Problems and methods in programmed Learning. Birmingham 1967
7) *Lott, A.J./Lott, B.E.:* Group cohesioness and individual Learning. J.educ. Psych. 1966, 61-73
8) *Shaw, M.E.:* Some effects of individuelly prominent behavior upon group effectiveness and member satisfaction. J.abu.soc. Psychol. 1959, 382-386;
9) *Siehe insb. Cube, F.v. und Gunzenhäuser, R.:* Über die Entropie von Gruppen. Quickborn 1963 und 1967;
   Vorwerg, M. (Hg.): Die Struktur des Kollektivs in sozialpsychologischer Sicht. Berlin 1971;
   Vorwerg, M.: Sozialpsychologische Strukturanalysen des Kollektivs. Berlin 1966
10) *Moreno, J.L.:* Die Grundlage der Soziometrie. Köln/Opladen 1954
11) *Johannesson, J.:* Gruppenbildung und Soziometrie. In: Gruppenpädagogik zwischen Moskau und New York. Hg.v.E.Meyer, Heidelberg 1972
12) *Meyer, E.:* Gruppenunterricht - Grundlegung und Beispiel. Oberursel 1972[6] (1.Aufl. Worms 1954)

13) *Bartecki, J.:* Aktivierung des Lehrprozesses durch Schülergruppen. Warschau 1958

14) *Okoń, W.:* Der Kollektivunterricht in der polnischen Schule. In: Sozialerziehung und Gruppenunterricht - international gesehen. Hg. v. E. Meyer. Stuttgart 1963

15) *Dietrich, G.:* Bildungswirkungen des Gruppenunterrichts. München 1969.
Dietrich, G.: Der Einfluß der Unterrichtsform auf Leistung und Leistungspersönlichkeit des Volksschulkindes. In: Die Gruppe im Lehr- und Lernprozeß. Hg. v. E. Meyer. Frankfurt 1970

16) *Walz, U.:* Soziale Reifung in der Schule. Hannover o.J.

17) *Schell, Ch.:* Partnerarbeit im Unterricht. Psychologische und pädagogische Voraussetzungen. München/Basel 1972

18) *Hirzel, M.:* Partnerarbeit im programmierten Unterricht. Stuttgart 1969

19) *Tausch, R./Tausch, A.:* Erziehungspsychologie. Göttingen 1965[2]

20) *Tausch, R.:* Wesentliche Verhaltensdimensionen und Zusammenhänge der sozialen Interaktion in Erziehung und Unterricht. In: Die Gruppe im Lehr- und Lernprozeß. Hg. v. E. Meyer. Frankfurt 1970

21) *Kyöstiö, O.K./Kurkiala, J.:* Die Rolle des Gruppenunterrichts an finnischen Volksschulen. Von der Lehrerbildung her betrachtet. In: Sozialerziehung und Gruppenunterricht - international gesehen. Hg. v. E. Meyer, Stuttgart 1963

22) *Meyer, E.:* Die Rolle der Kleingruppenarbeit im Studium westdeutscher Lehrer. In: Individualisierung und Sozialisierung im Unterricht. Didaktische Studien, hg. v. E. Meyer, Stuttgart, 1970

Ernst Meyer

Training zur Gruppenfähigkeit

Psychische Abwehr gegen Gruppenarbeit

Wenn man in einer Lehrergruppe auf die Tatsache hinweist, daß auch heute noch in den meisten Klassenzimmern so gut wie keinerlei Gruppenarbeit praktiziert würde, so folgt als Reaktion oft ein Schwall von Rechtfertigungen, warum Gruppenarbeit in der Schule so schwierig ist (z.B. TAUSCH & TAUSCH, 1971).

Es ist, als ob sich durch diesen Hinweis jeder einzelne Lehrer der Gruppe persönlich angegriffen fühlte und die eigene Person verteidigen müßte. Diese Interpretation der Situation erweist sich in der weiteren Diskussion meist auch als richtig: auf der einen Seite sehen viele Lehrer heute die Gruppenarbeit rational als eine sehr wichtige neue Unterrichtsmethode an; auf der anderen Seite aber praktizieren sie dennoch überraschend selten in ihren Klassen Gruppenarbeit. Dieser Widerspruch zwischen rationaler Einsicht und praktischem Verhalten wird als inneres Unbehagen (sog. kognitive Dissonanz) und rational durch Rechtfertigungen abzubauen versucht.

Diese psychodynamische Betrachtung obigen Gruppengeschehens weist auf einen wichtigen psychischen (Abwehr-) Mechanismus hin, sich gegen praktische Veränderungen zur Wehr zu setzen: Ergibt sich als Konsequenz aus neuen Erkenntnissen die Notwendigkeit, sein Verhalten zu ändern, so wird man extrem verunsichert, denn man muß sein eingeschliffenes, mühsam perfektioniertes Verhalten (hier: Frontalunterrichtung) ablegen und gegen ein neues weitgehend unbekanntes, kaum geübtes Verhaltensrepertoire (hier: demokratisches Unterrichtsverhalten mit Gruppenarbeit) eintauschen. Diese Angst vor neuen Situationen, genauer vor der eigenen Unperfektheit in neuen Situationen, macht den Blick besonders scharf für alle Argumente, die gegen das geforderte neue, verunsichernde Verhalten sprechen, bzw. dieses unter den bestehenden äußeren Bedingungen als kaum möglich erscheinen lassen. Anders gesagt: Wir haben in uns die Tendenz, die Welt durch eine Brille zu sehen, die hauptsächlich solche Dinge durchläßt, die unsere innere Harmonie wieder herstellen bzw. keine Disharmonie entstehen lassen (die 'rosarote Harmonisierungsbrille').

Wollen wir die Gruppenarbeit in der Schule stärker zur Geltung bringen, so müssen wir von den hier beschriebenen psychischen Barrieren gegen Veränderung ausgehen und diese durch systematisches Training zu überwinden versuchen.

Im folgenden sollen deshalb wesentliche Barrieren gegen die Durchführung von Gruppenarbeit zusammengestellt und Hinweise zu deren Überwindung gegeben werden.

Die gruppenarbeitsverhindernden Barrieren lassen sich unter vier Aspekten einordnen.

1. Fehlende rationale Argumente für Gruppenarbeit und/oder die Schwierigkeit, Argumente gegen Gruppenarbeit zu entkräften.

Es muß die Frage geklärt werden:
Ist *Gruppenarbeit begründbar?*

2. Die äußeren Bedingungen der Schule behindern die Durchführung von Gruppenarbeit.
   Frage: *Ist Gruppenarbeit unter den gegebenen Bedingungen möglich?*

3. Egoistische Interessen und innere Unsicherheit, Angst, stehen neuen Unterrichtsformen, wie Gruppenarbeit, entgegen.
   Frage: Können die *emotionalen Barrieren gegen Gruppenarbeit abgebaut* werden?

4. Sozialverhaltensdefizite bei der Durchführung von Gruppenarbeit.
   Frage: Sind wir *fähig zur Gruppenarbeit?*

Nach der kurzen Diskussion dieser Barrieren sollen dann noch einige zusammenfassende Hinweise für

5. *Trainingsmöglichkeiten zur Förderung der Gruppenfähigkeit* gegeben werden.

Ist Gruppenarbeit begründbar?

Für systematische Gruppenarbeit in der Schule spricht u.a.:
 Wir leben in einer demokratischen Gesellschaftsform, in der angestrebt wird, daß diese von einer Mehrheit 'mündiger Bürger' durch Mitbestimmung und Mitverantwortung getragen wird. Dazu müssen möglichst alle Individuen die Möglichkeit erhalten, demokratische Fähigkeiten zu erwerben und Verhaltensweisen zu üben. Die Arbeit in Gruppen in der Schule fordert von jedem Gruppenmitglied unter allen Lehrmethoden die meisten demokratischen Verhaltensweisen: Erkennen und Verbalisieren der eigenen Interessen und die anderer, Mitverantwortung, Mit-Führung, gewaltlose Konfliktregelung u.a. . Gruppenarbeit macht für die Mitglieder die Probleme und Möglichkeiten demokratischer Entscheidungsprozesse erlebbar, sie ist praktizierte *Demokratie im Kleinen*.
 Wir alle leben die meiste Zeit unseres Lebens in Gruppen: Familie, Freundeskreis, Arbeitsgruppe (z.B. Schulklasse, Lehrerkollegium). In jeder dieser Gruppen laufen bestimmte, für Gruppen charakteristische Prozesse (sog. gruppendynamische Prozesse) ab. Damit diese Prozesse sich nicht negativ auf die jeweiligen gemeinsamen Aufgaben oder die emotionale Befindlichkeit der Gruppenmitglieder auswirken, sondern möglichst positiv, ist es wichtig, zu lernen, wie man die Gefahren von Gruppenarbeit erkennen und verhindern und die positiven Möglichkeiten und Chancen von Gruppen verbessern kann. Hierzu ist praktische Gruppenarbeit mit nachträglicher Analyse der abgelaufenen Gruppenprozesse notwendig.

Die Gruppe ist dem Einzelnen in vielen Leistungsaspekten überlegen:
- beim Heben und Tragen ("4 Arme heben mehr als 2")
- beim Suchen ("4 Augen sehen mehr als 2")
- beim Lösen komplexer Aufgaben, insbesondere bei denen verschiedene Spezialfähigkeiten und Wissensgebiete eingehen und koordiniert
  werden müssen
- neuere empirische Untersuchungen in Schulen zeigen, daß Gruppenarbeit der Frontalunterrichtung auch bei der Vermittlung von Wissen und anderen kognitiven Fähigkeiten nicht nur nicht unterlegen
  ist, sondern überlegen sein kann (s. DIETRICH, 1969; BÖDIKER,
  LANGER, TAUSCH, 1972). Insbesondere kann Gruppenarbeit eine effektive Lern-(Nach-)Hilfe für die weniger guten Gruppenmitglieder
  sein bei gleichzeitiger Förderung der Lehrfähigkeit und sozialen
  Verantwortung der besseren Mitglieder.

Der arbeitsteilige Produktionsprozeß und die verstärkte Selbstver-
waltung und Mitbestimmung erfordert in immer höherem Maße die Fähigkeit zur Zusammenarbeit.- Die *Gesamtschulen* erfordern von Lehrern und Schülern ebenso in verstärktem Maße kooperative Fähigkeiten.

Für sozial schwächere und benachteiligte Individuen besteht meist
in solidarischem Gruppenverhalten und Interessenvertretung die einzige Möglichkeit, ihre Interessen gegenüber mächtigeren Einzelin-
teressen wirkungsvoll zu vertreten (s. die Geschichte des Arbeits-
kampfes).

Für Individuen mit persönlichen Schwierigkeiten kann die Gruppe
oft Hilfe und Unterstützung geben. Diese emotional unterstützende
und therapeutische Funktion von Gruppen wird systematisch in Grup-
pentherapien genutzt.

Der Großgruppenleiter (hier: Lehrer) wird bei der Durchführung von
(themengleicher) Kleingruppenarbeit frei, sich um die spezifischen
Probleme einzelner Schüler oder um übergeordnete Aufgaben zu kümmern
(z.B. Vorbereitung der Koordination der Gruppenergebnisse im Plenum,
Beschaffung von Anschauungsmaterialien, Strukturierung der laufen-
den Arbeit:'Zwischenbilanz' ziehen).

Eine sehr ausführliche Zusammenstellung wichtiger Argumente für
themengleiche Kleingruppenarbeit in der Unterrichtung ist bei TAUSCH
und TAUSCH: 'Erziehungspsychologie' (1971, S. 234ff.) zu finden.

Gruppenarbeit - unter den gegebenen Bedingungen

Als wichtige Argumente gegen Gruppenarbeit in der Schule werden oft
die schlechten äußeren Bedingungen im Bereich Schule genannt:
- die räumlichen Gegebenheiten (fehlende Gruppenräume, zu kleine
  Klassenräume, ungünstige Möbilierung) verhindern Gruppenarbeit
  und Team Teaching;
- Lehrpläne und entsprechend vorhandene Lehrmaterialien sind auf
  Frontalunterricht und Schülereinzelarbeit ausgerichtet;
- die Lehrpläne fordern fast ausschließlich das Erreichen kogniti-

ver Lernziele und enthalten nur vage Andeutungen zu emotionalen
und sozialen Lernzielen, so daß Gruppenarbeit in der Schule kaum
legitimiert ist;
- Lehrermangel, fehlende Großklassenräume, autoritäre Stundenplan-
organisation verhindern Teamarbeit der Lehrer.
Diese objektiv die Gruppenarbeit behindernden Bedingungen führen
bei vielen Lehrern zur Resignation. Auf der anderen Seite aber wäre es naiv, diese Hemmnisse zu übergehen. Vielmehr muß jeder Lehrer,
der die Notwendigkeit von Gruppenarbeit sieht, diese äußeren Barrieren bei seinen praktischen Bemühungen um Gruppenarbeit in der Schule berücksichtigen, damit nicht durch ein unrealistisch hohes An-
spruchsniveau der Mißerfolg gleich mit eingeplant wird. Diese Kon-
zessionen an die unzureichende Praxis sollte den Lehrern aber umso
deutlicher die Notwendigkeit zeigen, daß darüber hinaus die *Interessen der Lernenden und Lehrenden* durch solidarisches Verhalten auch
politisch vertreten werden müssen.
Welche Möglichkeiten hat nun der Lehrer trotz schlechter äußerer
Bedingungen Gruppenarbeit zu praktizieren?
Für eine fast voraussetzungsfreie und unter allen Bedingungen praktizierbare Form von Gruppenarbeit in der Schule ist gerade in jüng-
ster Zeit deren hohe Lerneffektivität nachgewiesen worden (BÖDIKER,
LANGER, TAUSCH, 1972): Die Verwirklichung von kurzzeitiger (ca. 20
Minuten) themengleicher Kleingruppenarbeit (2-4 Schüler) innerhalb
der sonst üblichen Unterrichtung führt zu besseren Arbeitsleistungen und größerer emotional-sozialer Zufriedenheit verglichen mit
Einzelarbeit und reinem Frontalunterricht bei verschiedenen Problem-
löseaufgaben. Diese Form der Gruppenarbeit hat folgende Vorteile:
Die k u r z z e i t i g e Gruppenarbeit gestaltet ein hohes Ausmaß an Flexibilität während der Unterrichtung. Bei spontan auftre-
tenden Problemen (wie Begriffsunklarheiten, Unklarheiten über weiteren Unterrichtsverlauf oder die möglichen Lösungswege) kann der
Lehrer die Schüler für 3-5 Minuten bitten, das Problem mit den übrigen Gruppenmitgliedern zu diskutieren. Für die Lösung von vorausplan-
baren Problemen kann der Lehrer bei der Unterrichtsvorbereitung ca.
2 x 10 Minuten vorsehen.
Die t h e m e n g l e i c h e Gruppenarbeit erfordert vom Lehrer
kaum mehr Unterrichtsvorbereitung als der Frontalunterricht, während
die arbeitsteilige Gruppenarbeit deutlich mehr Vorbereitung verlangt
und damit den Lehrer oft rein zeitlich überfordert. Ferner scheitert
bei arbeitsteiliger Gruppenarbeit oft die Übermittlung des gruppen-
spezifischen Wissens an die übrigen Gruppen wegen der geringen Routine der Schüler, was den Lehrer dann wieder zu verstärkten Frontal-
aktivitäten zwingt.
Falls in den Gruppen die Informationen aus vorangegangener Einzelarbeit verarbeitet werden sollen, ist es allerdings wichtig, daß die
Lehrtexte sehr gut verständlich sind. Für den Fall schlechter Lehrtexte dürfte eine verständliche Lehrerzusammenfassung effektiver sein
als Gruppenarbeit. Ein effektives Selbsttrainingsprogramm zur Verbes-

serung der Verständlichkeit bei der Wissensvermittlung liegt vor
(s. SCHULZ VON THUN ET AL., 1972).

Diese Form der *K l e i n gruppenarbeit* führt zu einer weitge-
henden Unabhängigkeit von den räumlichen Voraussetzungen und den
Sitzordnungen im Klassenzimmer: bei Frontalsitzordnung kann mit
dem jeweiligen Nachbarn in Zweiergruppen gearbeitet werden, bei
Kreissitzordnung können ohne Schwierigkeit auch Dreiergruppen gebildet werden, bei Gruppentischsitzordnung arbeitet die Vierergruppe zusammen. Die empfohlene Gruppengröße 2-4 berücksichtigt
die Beobachtungen, daß sich schon Gruppen der Größe 6-7 oft während der Diskussion spontan in Untergruppen der Größe 2-4 auftei-
len, um ohne hemmende Wortmeldungslisten engagiert und zielstre-
big diskutieren zu können.

Die eben geschilderte einfachste Form praktizierbarer Gruppenarbeit setzt allerdings einen Lehrer voraus, der bereit ist, im Rahmen seiner Eigenverantwortlichkeit die veralteten Lehrpläne entsprechend zu interpretieren und zeitgemäß zu modifizieren. In der
Regel besteht darüberhinaus auch heute an den meisten Schulen die
Möglichkeit, für die Lehrer, die parallele Klassen zu unterrichten
haben, sich im Team auf den Unterricht vorzubereiten. In solchen
Teams könnten jüngere Lehrer von dem praktischen Erfahrungsschatz
älterer Lehrer profitieren und die älteren Kollegen könnten sich
mit den neuen Unterrichtskonzepten der Lehrerausbildungsstätten aus-
einandersetzen. Diese gegenseitige Lernchance in heterogenen Gruppen dürfte wegen der bestehenden emotionalen Barrieren gegen Gruppenarbeit allerdings deutlich reduziert sein. Heute dürfte die Teamvorbereitung bei Lehrern mit ähnlich positiver Einstellung gegenüber Gruppenarbeit kein besonderes Problem darstellen und (nach einer Eingewöhnungsphase) als deutlich hilfreich empfunden werden.

Können die emotionalen Barrieren gegen Gruppenarbeit abgebaut werden?

In sehr vertrauensvollen Gruppengesprächen (in sog. 'Basic-Encoun-
ter-Gruppen') mit Lehrern kann man erfahren, welche emotionalen Widerstände die Einführung neuer Lernformen, insbesondere Gruppenarbeit, oft erschweren: es ist der häufig geäußerte innere Anspruch,
vor den anderen und vor sich selbst möglichst perfekt zu erscheinen,
besser als die anderen zu sein, sozial möglichst anerkannt zu sein.
Dieser oft ehrgeizige Wunsch nach persönlichem Erfolg ist einerseits
als Ausdruck der Wettbewerbsnormen unseres Gesellschaftssystems zu
verstehen, andererseits aber auch als Bestreben des Individuums, ein
fehlendes Selbstwertgefühl zu kompensieren und fehlende innere Sicherheit und Ausgeglichenheit durch äußere Erfolge auszugleichen. Als
weiteres Zeichen für innere Unsicherheit werden von Lehrern öfter
starke Abwehrgefühle gegen Schüler genannt, wenn diese andere Meinungen als der Lehrer vertreten, seinen Vorschlägen nicht folgen oder
gar vom Lehrplan abweichen wollen: man empfindet innere Spannungen,
Ärger, Wut, Aggressionen, fühlt sich persönlich angegriffen, innerlich verunsichert und hat Angst. Aus dieser geringen Fähigkeit, unter-

schiedliche Standpunkte und Interessen zu akzeptieren, folgt oft intolerantes Verhalten.

Die hier genannten, oft verborgenen und unklaren Gefühle sind offensichtlich gruppenfeindlich:

- Will man erfolgreicher als die Kollegen sein, so wird man ihnen gute eigene Ideen egoistisch vorenthalten, wird einem Kollegen bei Schwierigkeiten nicht helfen, sondern schadenfroh sein und die Schwächen des anderen für sich ausnutzen, Teamvorbereitung und Team Teaching werden gemieden, weil die anderen sonst zu viel profitieren könnten.
- Will man möglichst perfekt erscheinen, so wird man die Teamarbeit mit Kollegen vermeiden, damit diese nicht die eigenen fachlichen und persönlichen Schwächen entdecken.
- Will man sozial möglichst anerkannt sein, so wird man kaum Gruppenarbeit mit den Schülern durchführen, weil man sich dann nicht wie ein Professor in Frontalposition fühlen und selbstdarstellen kann. Ferner würden die Schüler durch Gruppenarbeit auch selbstsicherer und oft leistungsstärker, so daß die soziale Distanz zu den Schülern geringer würde.
- Will man innere Verunsicherung und Ärger durch abweichende Auffassungen vermeiden, so wird man Gruppenarbeit vermeiden, weil diese den Schülern einen vergleichsweise großen Spielraum läßt, eigene Meinungen zu entwickeln und zu vertreten.
- Will man Gruppenarbeit in der Schule fördern, so sollten diese emotionalen Barrieren ernst genommen werden, weil diese oft verhaltensbestimmend sind und wie hier angedeutet, die Gruppenarbeit zwischen den Lehrern und mit den Schülern verhindern.

Die Lehrer sollten deshalb in ihrer Ausbildung Trainingsmöglichkeiten erhalten, sich klar zu werden über ihre versteckten, oft unsozialen, Gefühle, Wünsche, Motive, zu lernen, diese in Gruppen offen und ohne rationale Verkleidung auszusprechen und als einen Teil ihrer Person zu akzeptieren. Nur so kann gelernt werden, daß die anderen ähnliche Probleme haben und man nicht allein 'schlecht' ist, daß man dazu fähig ist, Schwächen zuzugeben, ohne dafür von den anderen verachtet zu werden, daß man sich innerlich entspannter fühlt, weil man den anderen gegenüber nicht mehr ständig perfekt erscheinen muß und die eigenen Gefühle nicht mehr zugunsten einer Idealfassade verdrängen muß.

Diese Ablehnung der Rolle des fertigen Lehrers durch Offenheit gegenüber eigener Unperfektheit und der damit eröffneten Möglichkeit, wieder neu zu lernen, ist eine wichtige Voraussetzung, sich neuen Lernformen, wie Gruppenarbeit, zuzuwenden.

Gleichzeitig aber sollten Lehrer und Lehrerausbilder sehen, daß sie psychisch angewiesen sind auf einen gewissen Erfolg im Unterricht. Deshalb sollten sie sich nicht selbst bei der Einführung von Gruppenarbeit überfordern. Der vorgeschlagene Weg der häufigeren Einführung von kurzzeitiger, themengleicher Kleingruppenarbeit im normalen Unterricht stellt eine günstige Selbst-Trainingsmöglichkeit für die meisten Lehrer dar, in kleinen Schritten vom Frontallehrstil zum gruppenzentrierten Lehrstil zu kommen, ohne sich selbst zu überfordern.

Sind wir fähig zur Gruppenarbeit?

Nicht nur die fehlende rationale Überzeugung, Gruppenarbeit sei notwendig oder/und die schlechten äußeren Bedingungen oder/und die gruppenfeindlichen Emotionen erschweren oder verhindern Gruppenarbeit, sondern auch die fehlenden, nicht erlernten, 'gruppenfreundlichen' sozialen Verhaltensweisen, sowie die statt dessen oft erlernten 'gruppenfeindlichen' Verhaltensmuster.

Welche Verhaltensweisen sind 'gruppenfeindlich' - und welche 'gruppenfreundlich'?

'Gruppenfeindliche' Verhaltensweisen sind solche, die verhindern oder erschweren, daß *die Gruppe* ihr Ziel erreicht;

'gruppenfreundliche' Verhaltensweisen ermöglichen oder erleichtern *der Gruppe* die Erreichung ihres Ziels.

Zunächst die 'Feinde der Gruppe'. Aus eigenen Erfahrungen in Gruppen wird man den in der Literatur, (siehe u.a. BROCHER, 1967, S. 140ff., ANTONS, 1973, S. 227ff.) angegebenen gruppenarbeitsstörenden Verhaltensweisen ('dysfunktionale Rollen') zustimmen können.

Gemeinsam an diesen ist das Bestreben des Einzelnen, seine persönlichen Interessen auf Kosten der übrigen Gruppenmitglieder und des gemeinsamen Gruppenziels zum Mittelpunkt der Gruppenaktivität zu machen. Ein solches egozentrisches Verhalten ist Ergebnis eines Sozialisationsprozesses, der Lebensprinzipien (Normen, Verhaltensstrategien) vermittelt hat, wie: 'Eigennutz geht vor Gemeinwohl', 'Ich muß besser sein als die anderen', 'Nur der Stärkste überlebt'. Solche (sozialdarwinistischen) Prinzipien führen im Extrem zum Kampf jedes gegen jeden und würden ein Zusammenleben unmöglich machen. Sie werden gefordert und gefördert von einem Wirtschaftssystem, das extremen Wettbewerb, Konkurrenzdruck und private (nicht soziale!) Gewinnmaximierung als oberstes Ziel hat, obwohl auch hier die Grenzen deutlich werden: Umweltverschmutzung, unwohnliche Städte, Fehlentwicklungen und Produktivitätseinbußen durch selbstherrlich-autoritären Führungsstil und durch 'Aufstiegsgerangel und Intrigen'.

Die 'gruppenfreundlichen' Verhaltensweisen ('funktionale Rollen'), die in der Literatur zusammengefaßt sind (u.a. BROCHER, 1967, S. 137ff., ANTONS, 1973, S. 226ff.; s. auch SPANGENBERG, 1969, S. 26ff.). kann ebenfalls jeder aufgrund seiner eigenen Gruppenerfahrungen bestätigen.

Gemeinsam an ihnen ist das Bestreben des Einzelnen, aktiv den Zielen der Gruppe zu dienen und der Gruppe zum Erfolg zu verhelfen durch Förderung der inhaltlichen Arbeit und des sozial-emotionalen, die Motivation bestimmenden, Gruppenklimas.

Ein solches Verhalten, das sowohl die Leistungsnotwendigkeit der Gesellschaft gegenüber, als auch den Leistungswunsch und die emotional-

215

sozialen Bedürfnisse des Einzelnen berücksichtigt, haben die meisten
gar nicht oder nur unzureichend im Laufe ihrer Sozialisation gelernt
Entsprechend fehlt den meisten ein gruppenfreundliches Verhaltensrepertoire. Die Einsicht, daß man sich nicht gruppenfeindlich, sondern gruppenfreundlich, wie oben beschrieben, verhalten soll, und
auch das ernste Bestreben, sich entsprechend zu verhalten, können
diese 'Repertoiremängel' nicht ersetzen. Gruppenfeindliche Verhaltensweisen müssen vielmehr überflüssig gemacht werden durch systematisches Training von gruppenfreundlichen Verhaltensweisen. Die Dur
führung von Gruppenarbeit allein auf der Basis von Einsicht und gute
Willen ohne systematisches Training ist meist zum Scheitern verurte
Denn die überwiegend vorhandenen egoistischen, gruppenfeindlichen Ve
haltensweisen bestimmen dann notwendig die Gruppeninteraktion. Das
führt zum Kampf in der Gruppe, Entscheidungsunfähigkeit, endlosen Di
kussionen, erheblichen Frustrationen bei den Teilnehmern und schlie
lich zur scheinbar logischen Konsequenz: 'Gruppenarbeit funktioniert
nicht. Es geht eben doch nur autoritär!' - Diese Konsequenz ist natürlich falsch:

Es hat sich lediglich gezeigt, daß man an Aufgaben fast zwangsläu-
fig scheitert, wenn man die zur Bewältigung notwendigen Voraussetzun
gen nicht gelernt hat. Kein Lehrer würde ernsthaft auf die Idee kommen, aus der Tatsache, daß Schüler bestimmte Physikaufgaben nicht lö
sen können, den Schluß zu ziehen: 'Physik taugt nichts. Wir verzichten darauf!'

- Wir müssen Gruppenarbeit praktisch lernen ('learning by doing') un
das ist, wie bei allem Neuen, am Anfang recht mühselig.

Im folgenden sollen eine Reihe von Trainingsmöglichkeiten zur Grup
penarbeit kurz dargestellt werden.

Trainingsmöglichkeiten zur Verbesserung der Gruppenfähigkeit

Vorbemerkungen: Hier könnten nun fast alle vorliegenden Verfahren da
gestellt werden, die in die Rubrik 'gruppendynamisches Training' fal
len. Denn alle gruppendynamischen Trainingsmethoden haben mehr oder
weniger deutlich zum Ziel, die Gruppenfähigkeit des Einzelnen zu ver
bessern durch Erfahrbarmachung der wesentlichen Verhaltensgesetzmäßi
keiten in Gruppen. Das kann im Rahmen dieses Nachtrags nicht geleist
werden - und braucht es auch nicht, denn es liegen einige Bücher vor
die einen recht guten Überblick über gruppendynamische Trainingsmethoden vermitteln (s. SPANGENBERG, 1969; ANTONS, 1973).

Hier soll auf einige wichtige Phasen und Prinzipien von Training z
Gruppenfähigkeit hingewiesen werden, die es Lehrern und Erziehern er
leichtern können, in Formen des S e l b s t t r a i n i n g s ihre
Gruppenfähigkeit zu verbessern. Die Notwendigkeit zur Selbstorganisa
tion ergibt sich aus den geringen Aus- und Weiterbildungsmöglichkei-
ten in diesem Bereich heute, (einige Erfahrungsberichte hierzu liege
vor, s. PRIOR, 1970; LUTZ und RONELLENFITSCH, 1971; VOGEL, 1972; GENS
ET.AL., 1972; PROSE, 1972), aber auch aus der Einsicht, daß die Veränderung des Unterrichtsstils durch kurze Trainings mit Lehrern zwar

angeregt werden kann, der Veränderungsprozeß dann aber in der Praxis von allen Betroffenen getragen und selbsttätig weiterentwickelt werden muß. Wenn im folgenden von Trainingsgruppe oder Gruppe die Rede ist, so sind in erster Linie Lehrer und Schüler einer Schulklasse oder Lehrer eines Lehrerkollegiums gemeint, die durch gemeinsames Lernen ihre Gruppenfähigkeit verbessern wollen.

Die Planung, Organisation, Koordination, Moderation der Trainingseinheiten, die sonst von den Trainern wahrgenommen wird, erfolgt durch wechselnde Planungs*gruppen*. Jeder Trainingsteilnehmer sollte mindestens einer Planungsgruppe angehören. In diesen Gruppen können die Probleme kooperativer Planung, Entscheidung und Verantwortlichkeit hautnah erlebt werden. Diese aufgetretenen Probleme können dann zum Lerngegenstand der Trainingsgruppe gemacht werden.

Bei allen Trainingsphasen sollte berücksichtigt werden, daß Kommunikation und Lernen immer mindestens auf zwei Ebenen gleichzeitig stattfindet: auf der Inhaltsebene und der Beziehungsebene (s. WATZLAWICK ET AL., 1972). Die I n h a l t s e b e n e umfaßt die Ziele, Inhalte, das "Was" des Lernens und spricht primär die kognitiven, rationalen Persönlichkeitsprozesse an. (Die Barrieren und Defizite in diesem Bereich wurden oben erörtert.) Die B e z i e h u n g s e b e n e umfaßt das "Wie" des Lernprozesses und spricht primär über das Sozialverhalten die emotional-sozialen Persönlichkeitsprozesse an. (Die Lern-Barrieren und Defizite in diesem Bereich wurden kurz behandelt: emotionale und Sozialverhaltensdefizite.) Die Vernachlässigung einer Lernebene führt in der Regel zu Hemmungen auf der anderen Ebene: motivational-emotionale Sperren vermindern die Aufnahmebereitschaft wichtiger Inhalte, die wegen des fehlenden Verhaltensrepertoires nicht handlungswirksam werden können. Lernziele, Inhalte, Methoden, Sozialverhalten sollten untereinander verträglich sein: die Gruppenfähigkeit muß gleichzeitig rational, emotional und im Sozialverhalten gefördert werden.

Trainingsmöglichkeiten

Folgende vier Phasen sollten bei Trainings zur Verbesserung der Gruppenfähigkeit durchlaufen werden:

A. Abbau von Ängsten und Erhöhung des Vertrauens bei den Trainingsteilnehmern;

B. Erfahrbarmachung der Vorteile von Gruppenarbeit;

C. Selbsterfahrung der eigenen gruppenfeindlichen und gruppenfreundlichen Verhaltensweisen und Analyse der Ursachen;

D. Systematisches Training zur Verbesserung der Gruppenfähigkeit.

A. *Abbau von Ängsten und Erhöhung des Vertrauens*

Zu Beginn jeder neuartigen sozialen Lernsituation verhindern oft
Ängste, Mißtrauen, Unsicherheiten wesentliche Lernerfahrungen. Auch
bei Trainingsgruppen, die sich aus der fachlichen Arbeit gut kennen,
wie Lehrerkollegien oder Schulklassen, hemmen diese meist unausgesprochen emotionalen Lernbarrieren die Lernbereitschaft und erzeu-
gen bei den Teilnehmern Widerstände gegen das Lernangebot: "Hoffent-
lich entdeckt keiner meine Schwächen", "Ich befürchte, daß ich mich
vor den anderen blamiere", "Ich will kein schlechtes Bild abgeben",
"Die anderen nutzen vielleicht später meine Schwächen gegen mich
aus", "Ich bin unsicher, was ich sagen und tun soll". - Damit diese Gefühle möglichst schnell überwunden werden können, sollte die
Planungsgruppe für die erste Trainingsphase deshalb gleich zu Beginn des Trainings darauf hingewiesen werden, daß es für eine gute Zusammenarbeit wichtig ist, sich untereinander etwas besser kennenzulernen und sich einigermaßen wohl zu fühlen in der Gruppe. Dazu können sog. 'Kennenlernübungen', Vertrauensübungen' und andere
'Nonverbale Kommunikationsübungen' durchgeführt werden, die das "Wir"-
Gefühl der Gruppe erhöhen.

Kennenlern-Übungen: Die Gruppenmitglieder setzen sich im Kreis auf
den Fußboden: jeder erzählt sein Hobby oder was ihm Spaß macht. Modifikation: jeder stellt sein Hobby pantomimisch dar.
oder: "Jeder sagt kurz, was er vom Training erwartet."
oder: "Jeder sucht sich einen Gesprächspartner, den er vorher noch
        nicht kannte, und spricht mit ihm darüber, wie er sich im Mo-
        ment fühlt." (ANTONS, S. 23ff.)

Vertrauens-Übungen: z.B. Suche (stumm) einen Partner. Schließe die
Augen, laß dich durch den Raum führen. Haltet nur mit den Fingerspitzen
Kontakt: Derjenige, der führt, achtet darauf, daß sein 'blinder' Partner nirgendwo anstößt. Variationen: Der 'blinde' Partner wird an Gegenstände, Mitspieler usw. herangeführt, die er ertasten und erraten
soll.

Nonverbale Kommunikations-Übungen: z.B.
- Entspannungsübung zu zweit: Einer legt sich mit geschlossenen Augen
  auf den Rücken, der andere hebt sehr, sehr langsam nacheinander die
  Arme, die Beine, den Kopf.
- Gefühlssolidarisierung: Sagt zunächst nichts. Bewegt Euch alle durch
  den Raum. Stellt dabei ohne Worte ein Gefühl dar. Wenn ihr einen mit
  einem ähnlichen Gefühl trefft, geht zusammen mit ihm weiter. Wenn einer keinen Gefühlspartner gefunden hat, schließt er sich der Gefühlsgruppe an, die seinem Gefühl am nächsten kommt. Wenn sich alle ge-
  fühlssolidarischen Gruppen gebildet haben, bilden sich im Raum kleine Kreise, setzen sich hin und jeder sagt erst jetzt, welches Gefühl
  er dargestellt hat und vergleicht, ob er zu dieser Gefühlsgruppe gehört.

Diese Übungen (sie sind z.T. dem Heft 'Interaktionsspiele', 1972, ent-
nommen, siehe auch hierzu: W.C. SCHÜTZ: 'Freude', 1973) haben gemein-

sam, daß die Teilnehmer in für sie ungewöhnliche Situationen gebracht
werden, in denen die normalen sozialen Bewertungskriterien nur noch
schwer anwendbar sind und fast alle Gruppenmitglieder gleichermaßen
ungeübt sind. Das führt zu einem Gefühl eines 'schwierigen gemeinsamen Schicksals' und zur Verringerung des Perfektheitsanspruchs und
des Konkurrenzdenkens und damit zu einem stärkeren Gefühl der Solidarität in der Trainingsgruppe.

B. *Erfahrbarmachung der Vorteile von Gruppenarbeit*

Damit man eher bereit ist, in Gruppen zu arbeiten, muß man selbst möglichst erlebnisnah die Vorteile von Gruppenarbeit erfahren haben und
genügend Argumente haben, um die Notwendigkeit von Gruppenarbeit gegenüber reiner Einzelarbeit oder Frontalunterrichtung begründen und
vertreten zu können.

a) Die Vorteile von Gruppenarbeit bei der Lösung sachlicher Probleme werden für jeden einzelnen am deutlichsten erfahrbar bei komplexen,
mehrdimensionalen Entscheidungssituationen. Hierzu können mehr oder
weniger praxisnahe Übungen durchgeführt werden, die von der Planungsgruppe vorbereitet werden müssen.

Ein bekannt gewordenes Beispiel ist die sog. NASA-Übung (s. ANTONS,
1973, S. 155ff.).

1. Jedes Gruppenmitglied wird zunächst (als Mitglied einer Raumfahrer-
gruppe) vor eine *individuelle Entscheidungssituation* gestellt: Bei
einer Notlandung (auf der erleuchteten Seite des Mondes) in ca.
300 km Entfernung vom Mutterschiff ist vieles von der Bordausrüstung
zerstört worden. Das Überleben hängt davon ab, daß man das Mutterschiff zu Fuß erreicht und dazu nur die lebenswichtigsten Dinge mit-
nimmt. Die unzerstört gebliebenen Dinge (ca. 15: u.a. Streichhölzer,
Sauerstofftank, Wasser, Magnetkompaß) sollen deshalb nach ihrer Wichtigkeit in eine Rangordnung gebracht werden.
2. Nach der individuellen Entscheidung folgt eine *Kleingruppenphase*.
Die Teilnehmer werden gebeten, sich in Raumfahrerteams (Gruppengrös-
se 3-5) aufzuteilen. Die Aufgabe der Gruppen ist es, möglichst ein-
stimmig eine Gruppenrangreihe aufzustellen. Dazu ist es günstig,
die Gruppenmitglieder auf generell beachtenswerte *Kooperationsricht-
linien* hinzuweisen.
Vermeide, Deine persönliche Entscheidung den anderen aufzuzwingen.
Argumente mit Logik.
Vermeide nachzugeben, bloß um Einstimmigkeit zu erzielen oder Konflikten auszuweichen. Unterstütze nur dann andere Ansichten, wenn sie mit
Deinen wenigstens teilweise übereinstimmen.
Vermeide Konfliktauslösungstechniken, wie Mehrheitswahl, Mittelwerts-
berechnung oder 'Kuhhandel' (wenn Du mir, dann ich Dir).
Betrachte abweichende Meinungen eher als einen nützlichen Beitrag,
statt sie als störend zu empfinden.
3. Event. können jetzt noch die einzelnen Gruppen Vertreter benennen,
die sich in einer *Delegiertenkonferenz* vor dem *Plenum* auf eine Groß-
gruppenrangreihe einigen.

4. In der folgenden *Auswertungsphase* sollen die Gruppenleistungen mit den Einzelleistungen verglichen und bewertet werden. Dazu werden die Individual- und Gruppenrangreihen mit der sachlich richtigen Rangreihe, die ein Planungsteammitglied jetzt bekannt geben muß: u.a. Rang 1, d.h. am wichtigsten: Sauerstoff, Rang 2: Wasser; Rang 14: Magnetkompaß; Rang 15: Streichhölzer). Je kleiner die Abweichung zur richtigen Rangreihe ist, desto besser ist die Leistung. (Dazu wird bei jedem Gegenstand die Differenz gebildet zwischen richtigem und festgelegtem Rangplatz. Diese Differenzen werden quadriert und aufsummiert. Als beste Leistung ergibt sich dann ein Fehlerpunktwert von 0, als schlechteste Leistung (bei 15 Rangplätzen) einer von 1120 (wenn die festgelegte Rangreihe genau entgegengesetzt zur richtigen verläuft).

Die Auswertung kann analog zu den 3 Arbeitsphasen erfolgen: 1. Jeder bewertet seine eigene Entscheidung, 2. die Kleingruppen bewerten ihre Entscheidung und vergleichen diese mit den Einzelentscheidungen der Gruppenmitglieder, 3. die Delegiertenentscheidung wird bewertet und mit den Gruppenergebnissen verglichen.

Erwartete Ergebnisse: die Delegiertenrangreihe ist besser als die Kleingruppenrangreihe und diese sind wiederum besser als die Individualrangreihen, entsprechend zur Informationsmenge, die in die Entscheidung eingeflossen ist. - Durch diese oder ähnliche Übungen läßt sich so recht eindrucksvoll demonstrieren, daß durch Gruppenentscheidungen bei komplexen Problemen und einem angemessenen Gruppenentscheidungsprozeß in der Regel weniger Fehler gemacht werden als bei Individualentscheidungen. Vorsichtig kann hieraus auch der Vorteil *demokratischer Entscheidungsprozesse* gegenüber "einsamen" Entscheidungen von oben abgeleitet werden. (Genaue Instruktionen und Auswertungsbögen sind bei ANTONS (1973, S. 155ff.) zusammengestellt; Hinweise für weitere Übungen finden sich ebenfalls dort.)

b) Im Anschluß an die eben beschriebene Übung können recht gut die Vorteile des darin benutzten *unterrichtsmethodischen Dreierschritts:* *1. Individualarbeit, 2. themengleiche Kleingruppenarbeit, 3. Plenumsarbeit* herausgewertet werden:

1. Jeder schreibt die Vorteile dieses Dreierschritts auf (z.B. "in der Individualphase muß jeder persönlich Stellung nehmen und sich engagieren: in der Kleingruppenphase können im kleinen Kreis die eigenen Stellungnahmen mit denen anderer verglichen und die eigenen Unsicherheiten abgebaut werden, im Plenum können dann die verschiedenen Gesichtspunkte koordiniert werden, ohne daß von vornherein einzelne, insbesondere der Lehrer, alle anderen dominieren, und dadurch die bekannte Plenumsfrustration auftritt").

2. Es werden dann kleine Arbeitsgruppen gebildet, in denen jeweils die Einzelgesichtspunkte gesammelt, korrigiert und zusammengefaßt werden, (z.B. würde zum obigen Standpunkt ergänzt werden, daß man

220

in Kleingruppen spontaner diskutiert, weil die Kontrolle des Lehrers hier nicht so stark wirkt und man dann auch eher einen solidarischen Standpunkt entwickeln kann und daß die unterschiedlichen Einzelgesichtspunkte zu einer besseren Gesamtlösung führen und daß in Kleingruppen jeder mal zu Wort kommt und lernt, seine Gedanken auszusprechen, und daß nach Kleingruppenarbeit die Beteiligung im Plenum besser ist usw. (s. hierzu TAUSCH & TAUSCH, 1971, S. 234ff.).

3. Im Plenum werden dann die Gruppenergebnisse am besten schriftlich zusammengestellt und strukturiert.
Die hier beschriebene Übereinstimmung zwischen Trainingsinhalt und Methode sollte so oft wie möglich praktiziert werden.

c) Um den Trainingsteilnehmern eine bessere *Argumentationsbasis* für die Durchführung von Gruppenarbeit zu vermitteln, kann außerdem in folgender Weise vorgegangen werden: Die Gesamtgruppe wird in zwei Hälften geteilt. Die eine Hälfte erarbeitet in Kleingruppen Argumente "Pro"-Gruppenarbeit, die andere Hälfte "Contra"-Gruppenarbeit. Nach dieser Vorbereitungsphase könnten dann die Delegierten der Kleingruppen in einer *'Podiumsdiskussion'* oder einer *'Debatte amerikanischen Stils'* die erarbeiteten Argumente der Großgruppe (Plenum) vorstellen (s. SADER, 1970, S. 170ff.).

C. *Selbsterfahrung der eigenen gruppenfeindlichen und gruppenfreundlichen Verhaltensweisen*

Nach dieser eher persönlichkeitsdistanzierten, kognitiven Erfahrbarmachung von Problemen der Gruppenarbeit sollte die Trainingsgruppe sich nun mehr den spezifischen Verhaltensproblemen der einzelnen Trainingsteilnehmer in Gruppen möglichst hautnah zuwenden. Jeder Teilnehmer sollte dazu in möglichst unterschiedlicher Art mit seinem Verhalten in Gruppen und dessen Auswirkungen konfrontiert werden.

Diese Rückmeldungen *(Feedbacks)* über das eigene Verhalten sind für das soziale Lernen von besonderer Bedeutung: Viele haben in ihrem Verhaltensrepertoire als einzige Möglichkeiten sozialen Feedbacks verschieden krasse Formen von destruktiv wirkender Kritik, die die ganze Person des anderen abwertet und fast ausschließlich gegenüber Schwächeren praktiziert wird. Vor dieser Form des Feedbacks haben wir Angst, dagegen setzen wir uns zur Wehr. Wir sind überempfindlich gegenüber jeder Form von Kritik und vermeiden oft gegenüber Gleich- oder Höhergestellten übervorsichtig jegliche Kritik, um nicht selbst Zielscheibe von Kritik zu werden. Die Folge ist, daß kaum jemand lernwirksame soziale Feedbacks erhält. Dieser Feedbackmangel muß im Training überwunden werden. Dazu müssen wir angemessene Formen des sozialen Feedbacks lernen und offener werden für die Feedbacks von anderen. ANTONS (1973, S. 110) faßt diese Regeln für wirksames Feedback wie folgt zusammen:

221

a) Für den, der Feedback erteilt:
- Beziehe dich auf konkrete Einzelheiten, auf Material (Verhalten, Gefühle) der Hier- und Jetzt-Situation!
- Unterwerfe deine Beobachtung der Nachprüfung durch andere!
- Gib deine Information auf eine Weise, die wirklich hilft! (denke z.B. daran, daß für den anderen positive Informationen ein wesentlicher Bestandteil des Feedbacks sind!)
- Gib sie sobald als möglich!
- Vermeide moralische Bewertungen und Interpretationen!
- Biete deine Information an, zwinge sie nicht auf, dränge dich nicht auf!
- Sei offen und ehrlich!
- Gib zu, daß du dich möglicherweise irrst (und es sich um deinen subjektiven Eindruck handelt)!

b) Für den, der Feedback erhält:
- Nicht argumentieren und verteidigen!
- Nur zuhören, nachfragen und klären!

Eine solche Selbsterfahrungsphase durch angemessenes Feedback erfordert Trainingsschritte:

I. Praxissimulation (von Gruppenarbeit),
II. simulante Verhaltensregistrierung (durch Video-Recorder, Tonbandgerät, Beobachter),
III. Feedback (an die 'Akteure').

I. Praxissimulation

Damit die Teilnehmer wesentliche Erfahrungen über sich machen können in Bezug auf ihre Gruppenfähigkeit, müssen sie Gruppensituationen simulieren, die im Laufe des Trainings zunehmend praxisnäher werden sollten, damit die Übertragbarkeit *(Transfer)* der Lernerfahrungen auf die Praxis leicht fällt. Als günstig haben sich u.a. folgende Übungen erwiesen:

a) *Kooperation unter Wettbewerbsbedingungen:*
Die Gesamtgruppe wird in Untergruppen aufgeteilt, jede Gruppe soll in bestimmter Zeit eine möglichst gute Leistung erbringen, die danach von einer Jury bewertet und mit den Leistungen der übrigen Gruppen verglichen wird. Die Gruppenarbeit steht also unter realitätsnahen Zwängen: Zeitdruck, Leistungs- und Konkurrenzdruck, deren Auswirkungen sollten in der Feedbackphase kritisch diskutiert werden.
Als eine "außerordentlich beliebte und erfolgreiche Übung" gilt die sog. "Turmbau-Übung" (genaue Instruktionen etc. s. ANTONS, 1973, S. 131ff.). Jede Gruppe soll bei Einhaltung bestimmter Bauanweisungen aus Pappbögen mit Hilfe einer Schere, einer Klebetube, eines Lineals in ca. 1 Std. einen Turm bauen, der drei Kriterien erfüllen soll: er soll hoch, standfest und schön bzw. originell sein. - Nach der Konstruktions- und Bauzeit werden die Grup-

penprodukte von der Jury bewertet und danach erfolgt in den Arbeitsgruppen und im Plenum die Reflexion der Gruppenarbeit (Feedback).
Entsprechend können den Gruppen andere schwierige Aufgaben gestellt werden: z.B. Planung einer interessanten Trainingseinheit
für eine der nächsten Trainingssitzungen zur Förderung der Gruppenfähigkeit; oder: Entwurf einer Satzung, die den Schülern (Lehrern, Eltern) möglichst viel real praktizierbare Mitbestimmung
in der Schule erlauben soll; oder Durchführung eines *Planspiels*:
Die Teilnehmer ordnen sich den unterschiedlichen Interessengruppen einer möglichst aktuellen Konfliktsituation zu mit dem Ziel,
diese in vorgegebener Zeit zu regeln (z.B. ein sog. progressiver,
bei den Kollegen und Eltern umstrittener, bei den Schülern beliebter Lehrer X soll versetzt werden; als Interessengruppen treten auf: kleine progressiv-liberale Pro-X-Kollegengruppe, grössere konservative Contra-X-Lehrergruppe (Schulleiter und Stellvertreter), Pro-X-Elterngruppe, Contra-X-Elterngruppe, Schulbehördenvertreter, Schülergruppe). Die Kommunikation zwischen Gruppen läuft nach bestimmten Regeln ab und sollte nachprüfbar, d.h.
möglichst schriftlich, erfolgen (s. ANTONS, 1973, S. 135ff.).

b) *Gruppendiskussion mit fluktuierender Gruppenleitung:*

Die eben beschriebenen Gruppensituationen erlauben die Beobachtung der Entwicklung von Gruppenstrukturen, während des Gruppenarbeitsprozesses. Die Gruppe beginnt ihre Arbeit formal ohne Leiter. In Arbeitsgruppen der Praxis sind in der Regel solche Leitungspositionen formal vorhanden und werden mit einem bestimmten
Leiterverhalten durch den jeweiligen Rollenträger ausgefüllt. Die
Gesamtheit des Verhaltens eines Gruppenleiters bezeichnet man als
seinen *Führungsstil*. Er kann recht unterschiedlich sein und hat
entsprechend unterschiedliche Auswirkungen auf die übrigen Gruppenmitglieder. Um das eigene Gruppenleitungsverhalten zum Lerngegenstand zu machen, kann man in folgender Weise die Praxis simulieren: Die Teilnehmer werden in Gruppen mit ca. acht Mitgliedern
aufgeteilt. Jedes Gruppenmitglied erhält eine Liste mit Kurzbeschreibungen beruflicher Konfliktsituationen der Trainingsgruppe,
die in einer früheren Trainingssitzung erhoben worden sind. In
einer kurzen Lesephase macht sich jeder mit den vorliegenden Konfliktfällen vertraut. Dann wird jedem Gruppenmitglied folgende
Instruktion schriftlich gegeben (s. FITTKAU, 1972, S. 264).
"Die Hauptaspekte von jedem der folgenden 8 Punkte sollten von
der Gruppe in einem ersten Arbeitsdurchgang innerhalb von jeweils
ca. 8 Min. bearbeitet werden. Als Zeichen klingelt nach 7 Min.
ein Wecker. Nach jeweils 8 Min. sollte die Gruppenleitung wechseln, sodaß jeder Teilnehmer einmal formal die Gruppenleitungsfunktion innehat:

Acht Arbeitsschritte:

1. Einigen Sie sich bitte in der Gruppe auf einen der von Ihnen vor-
geschlagenen Konfliktfälle, an dem sich wesentliche Aspekte der
Konfliktproblematik konkretisieren lassen (s. Punkt 2-7)!
2. Analysieren Sie bitte die Konfliktanlässe und 'oberflächlichen'
Konfliktursachen!
3. Welche 'tieferliegenden' (sog. system-, gesellschaftsimmanenten)
Konfliktursachen liegen dem Konflikt zugrunde?
4. Welche kurzfristigen Konfliktregelungsmöglichkeiten sehen Sie?
5. Planen Sie bitte ein oder mehrere Rollenspiele, in denen diese
kurzfristigen Konfliktregelungsversuche praktisch erprobt werden
können! (Dabei sollten möglichst alle Gruppenmitglieder beteiligt werden).
6. Führen Sie bitte diese Rollenspiele durch!
7. Was müßte man längerfristig tun, um solche Konflikte zu vermeiden?
8. Kritische Selbstreflexion ('Bilanz') der abgelaufenen Gruppenarbeit:
Wer oder was hat die Gruppenarbeit positiv und negativ beeinflußt?

In der Feedback-Phase wird dann jeder der acht Arbeitsschritte inhalt
lich und bezogen auf das Gruppenleistungsverhalten kritisch analysiert.
Leicht modifiziert kann der obige Arbeitsauftrag auch als Grundlage
einer Gruppendiskussion ohne formale Führung benutzt werden (sog.
'leaderless-group-discussion').

II. Simultane Verhaltensregistrierung

Damit die Teilnehmer ein angemessenes Feedback über ihr in der Gruppe gezeigtes Verhalten bekommen können, muß ihr Verhalten möglichst
objektiv registriert werden. Nach dem Ausmaß der gespeicherten Information und damit der Objektivität lassen sich mindestens vier
praktikable Registriermethoden unterscheiden:

a) *Video-Aufzeichnung* b) *Tonaufnahmen* c) *Beobachter-Protokoll des
Gruppenprozesses* d) *Beobachter- und/oder Teilnehmer-Einschätzung
des Gruppenprozesses.*

a) Die *Video-Aufzeichnung* ist fraglos die beste, wenn auch aufwendig-
ste Form der Verhaltensregistrierung. Bei hinreichender Aufnahmequa-
lität kann das Material beliebig häufigen und detaillierten Analysen
im Feedback und Gruppenforschungsprozeß unterzogen werden: man kann
später genau ermitteln, wann wer was wie mit welcher Wirkung kommuniziert hat. Auch die *Nicht-verbale-Kommunikation* kann erfaßt werden.

b) *Tonaufnahmen* enthalten zwar fast alle verbalen Gruppenaktivitäten,
erlauben aber später nur sehr schwierig die jeweiligen Sender und
Empfänger eindeutig zu identifizieren. Für eine *Inhaltsanalyse* der
Gruppenarbeit , zur Analyse des Führungsverhaltens und zur globalen
Einschätzung der Gruppeninteraktion sind Tonaufnahmen sehr gut geeig-
net.

c) *Beobachter-Protokolle des Gruppenprozesses* sind weniger stark
durch die subjektive Brille und das Beobachtungs- und Registrier-
tempo des Beobachters gefärbt. Diese Beobachterfehler lassen sich
durch mehrere unabhängig arbeitende, vorher trainierte und mit
standardisierten Kategorien arbeitende Beobachter vermindern und
kontrollieren. Ein wesentlicher Nachteil bleibt: das Feedback an
die Gruppe erfolgt gefiltert durch den Wahrnehmungsapparat und die
vieldeutige Sprache der Beobachter. Der Hauptvorteil dieses Verfah-
rens liegt in der größeren Ökonomie. Die Möglichkeit, gleichzeitig
mit der Aufgabe der Gruppenbeobachtung in effektiver Weise die *Sen-
sivität und Diskriminierungsfähigkeit* in der sozialen Wahrnehmung
bei den Beobachtern zu erhöhen, kann und sollte bei Video-Speiche-
rung nachträglich ebenfalls genutzt werden.

Zur Registrierung der Interaktionen in der Gruppe sind verschiedene Kategoriensysteme entworfen worden. Das bekannteste und ge-
bräuchlichste ist das von Bales, nach dem Beobachter nach kurzer
Einweisung pro Gruppenmitglied oder für die Gruppe insgesamt alle
Zustimmungen, Fragen, Vorschläge, Ablehnungen usw. signieren können
(s. Seite 96 in diesem Band!).

Mit dem folgenden Beobachtungs- und Einschätzungsbogen können Beobachter für wesentliche Aspekte der Gruppenarbeit sensitiviert werden:

Hinweise zur Beobachtung und Einschätzung von Gruppendiskussionen

1) Waren die Gruppenmitglieder gleichstark an der Diskussion beteiligt?
   Gab es 'Vielredner' und 'Schweiger'?
   Trage dazu die Namen der Gruppenmitglieder unter a) bis .... ein
   und mache bei jedem Beitrag einen Strich auf die Linie hinter dem
   jeweiligen Namen:

   a) ....: _____   Gesamtzahl der Diskussions-
                                             beiträge:
   b) ....: _____

   c) ....: _____

   d) ....: _____

   e) ....: _____

2) Haben die Teilnehmer versucht, bei ihrem Beitrag auf die Beiträge
   der Vorredner einzugehen oder versuchten sie überwiegend bezug-
   los ihre Meinung einzubringen?
   ....

3a) Haben die Gruppenmitglieder versucht, das Gespräch zu strukturie-
    ren (Zielfestlegung, Reihenfolge der Arbeitsschritte festlegen,
    Zwischenzusammenfassungen versuchen, Verdeutlichung der unterschied-
    lichen und gemeinsamen Standpunkte, etc.)?
    ....

 b) Welche Teilnehmer haben sich am meisten um Strukturierung bemüht?
    ....

4) Gab es Rivalitäten zwischen den Gruppenmitgliedern (um die Führung)?
   Wer rivalisierte mit wem?......................................
5) Wurde die Diskussion engagiert oder eher lahm geführt? Woran lag das?
   ....
6) Wer war das
   a) ... ideenreichste: ....,
   b) ... dominanteste: ....,
   c) ... verständnisvollste: ....,
   d) ... ungeduldigste: ....,
   e) ... am verständlichsten sprechende: ....Gruppenmitglied?

d) *Beobachter- und/oder Teilnehmer-Einschätzung des Gruppenprozesses*

Die Einschätzungen sind Ausdruck der Auswirkung des Gruppengeschehens auf den Einschätzenden. Sie beinhalten also immer gleichzeitig zwei Komponenten: das objektive Gruppengeschehen und den subjektiven Erfahrungshintergrund des Beobachters. Insofern können Einschätzverfahren manchmal mehr über den Beurteiler als über das Gruppengeschehen aussagen. Die objektive Bedeutung einer Einschätzung nimmt dabei in dem Maße zu, wie diese mit den Einschätzungen anderer Beurteiler übereinstimmt.

Die Beobachter und/oder Teilnehmer können auf Einschätzskalen verschiedene subjektiv relevante Wahrnehmungen aus der Gruppe wiedergeben:

aa) Persönliche Bewertung des Gruppengeschehens zu verschiedenen Zeitpunkten des Trainings, so daß der *Gruppenprozeß* objektiviert werden kann: Das kann z.B. durch Beantwortung u.a. folgender Fragen erfolgen:
   "Wie fühle ich mich in dieser Gruppe?"
   1. Sehr unbehaglich und gespannt, 2. ...., 7. völlig wohl.
   "War die Diskussion sachfremd oder sachbezogen?"
   1. Völlig sachfremd, 2. ...., 7. völlig sachbezogen.
   (Eine vollständige Fragenliste findet man bei BROCHER, 1967, Seite 228 und ANTONS, 1973, Seite 200ff.)

bb) Einschätzung des gruppenfeindlichen und gruppenfreundlichen Verhaltens der Gruppenteilnehmer, (siehe ANTONS, 1973, S. 210) oder nach wichtigen Grundmerkmalen emotional-sozialen Verhaltens: Wertschätzung vs. Geringschätzung; Aktivität vs. Passivität; dirigierende Aktivität vs. anregende Aktivität; Echtheit vs. Unechtheit (s. FITTKAU, 1972, S. 264).

cc) Angabe der sozial-emotionalen Beziehungen zu anderen Gruppenmitgliedern durch Beantwortung von Fragen wie:
   "Wer ist mir am sympathischsten?""Wen möchte ich noch am ehesten als Vorgesetzten haben?"

Die Beantwortung jeder solchen Frage kann graphisch zu einem
Soziogramm zusammengefaßt werden, das in der Feedbackphase diskutiert werden sollte (s. ANTONS, 1973, S. 205ff.).

III. Feedback

Praxissimulation und Verhaltensregistrierung dienen hauptsächlich
dazu, den Trainingsteilnehmern selbst erfahrbar zu machen, wie ihr
Verhalten in Gruppen ist und wie es auf die anderen wirkt. Diese für
jedes Lernen wesentliche Rückmeldung (Feedback) sollte sich möglichst
unmittelbar an jede Praxissimulation anschließen, da die Aufgeschlossenheit der Teilnehmer dann am größten zu sein scheint (siehe auch
S. 163ff.!).

Das feedback hat eine *motivationserzeugende* und *-steuernde* Funktion:
Ein Teilnehmer erfährt z.B. von den anderen Gruppenteilnehmern über-
einstimmend, daß sein Verhalten von den anderen als stark dominant
und eher mitarbeitsverhindernd erlebt wurde. Er hatte in seiner Selbstwahrnehmung sein eigenes Verhalten lediglich als sehr interessiert
und engagiert empfunden; ferner möchte er durch seine Arbeit andere
mitreißen und ihnen ebenfalls Spaß an der Arbeit vermitteln. Durch das
Feedback werden ihm zwei (Soll-Ist-)Diskrepanzen deutlich: 1. seine
Selbstwahrnehmung ist anders, besser als die *Fremdwahrnehmung* (Ist-
Wert) und orientiert sich eventuell zu sehr am eigenen Wunsch- oder
Idealbild (Soll-Wert); 2. die realen Verhaltensauswirkungen (Ist-Wert)
entsprechen nicht den eigenen Verhaltenszielen (Soll-Wert). Diese erlebten Soll-Ist-Diskrepanzen sind deshalb so wichtig, weil sie die
motivationelle Grundlage jedes Lernprozesses darstellen: Unser Teilnehmer wird - Lernbereitschaft vorausgesetzt - in Zukunft eher um ein
gruppenfreundlicheres Verhalten bemüht sein, das ihm nach und nach besser gelingt. Er wird wieder lernoffener, was sich oft in Feedback-
Wünschen äußert.

Wie sieht nun die Feedbackphase aus, die sich jeder Praxissimulation
anschließt?

Im Prinzip wird den Gruppen-Akteuren zunächst nur das jeweils regi-
strierte Verhalten dargestellt, es wird ihnen 'ein Spiegel vorgehalten'.
Diese Rückmeldung ist, je nach der angewandten Verhaltensregistrier-
methode, mehr oder weniger objektiv:

a) *Video-Feedback:* Den Akteuren (oder auch der Gesamtgruppe) wird die
Video-Aufzeichnung über einen Monitor vorgeführt (Playback). Die Teilnehmer können dann die oben kurz beschriebenen Beobachtungsmethoden
auf ihr eigenes Verhalten anwenden. Nach unseren Erfahrungen führt diese direkte *Konfrontation der Teilnehmer mit sich selbst* zu einer sehr
hohen emotionalen Beteiligung und Feedback-Offenheit und -Sensitivität.
Ein wesentlicher Grund hierfür dürfte sein, daß man sich jetzt in einer ähnlichen Situation befindet, wie sonst nur die anderen Gruppenmitglieder; man spürt am eigenen Leib, welche Auswirkungen das gezeig-
te Sozialverhalten auf andere hat. Hieraus dürfte sich eine hohe Bereitschaft zur gruppenfreundlicheren Verhaltensänderung ergeben. -

Gleichzeitig bietet sich so eine recht motivierende Form des
Beobachtungs- bzw. *Diskriminationstrainings*.

b) Das Ton-Feedback wird entsprechend durchgeführt.

c) Feedback durch die Beobachter-Protokolle: Die Beobachter teilen
in einem Feedback-Gespräch den Akteuren die Ergebnisse ihres Beo-
bachtungsprotokolls mit. Diese Wahrnehmungen sollten mit den Selbst-
wahrnehmungen der Gruppenteilnehmer verglichen werden. Jeder einzelne sollte für sich Verhaltenskonsequenzen ableiten.

d) Feedback durch Einschätzungsurteile. Die verschiedenen Einschätzungen können in folgender Weise in der Feedbackphase bearbeitet werden:

aa) Die Auswertung der Fragen zur persönlichen Bewertung des Gruppenprozesses können in der Gruppe gemeinsam besprochen werden und
   evtl. graphisch zusammengefaßt werden (Auswertungshinweise AN-
   TONS, 1973, S. 201 und 204). Diese Phase eines *(metakommunikato-
   rischen)* Rückblicks auf die Gruppenprozesse kann auch als um-
   strukturiertes Feedback-Gespräch die Trainingssitzungen abschlies-
   sen oder als *Prozeßanalysen* zu Beginn einer neuen Trainingssitzung an die vorangegangene anknüpfen.
bb) Die Bögen mit den Einschätzungen des gruppenfeindlichen und gruppenfreundlichen Verhaltens jedes Teilnehmers durch die übrigen
   Gruppenmitglieder und Beobachter werden (anonym, d. h. ohne Namen des Senders) dem jeweiligen Empfänger übergeben. Günstig ist,
   wenn vorher während der Einschätzphase jeder Teilnehmer zusätzlich einen Bogen so ausfüllt, wie er erwartet, daß die Gruppe
   ihn durchschnittlich einschätzt *(erwartetes Fremdbild).* Jedes
   Gruppenmitglied sollte sich dann zunächst einen Überblick über
   die Fremdeinschätzungen verschaffen, indem es die Einzeleinschät-
   zung auf einem weiteren Bogen zusammenfaßt *(reales Fremdbild).*
   Dann sollte er der Gruppe mitteilen, in welchen Aspekten die erwartete Einschätzung von der realen Einschätzung besonders stark
   abgewichen ist und um Klärung dieser Wahrnehmungsdiskrepanz bitten.
cc) Die Soziogramm-Auswertung kann in entsprechender Weise von der
   Gruppe gemeinsam durchgeführt werden, wenn die Beantwortung der
   Soziogrammfragen anonym erfolgt. Es kann dann die Anzahl der er-
   warteten Wahlen mit den tatsächlich erhaltenen verglichen werden und eine Rangreihe der Beliebtheit der Gruppenmitglieder aufgestellt werden. Man kann dann unter Heranziehen der Verhaltens-
   einschätzungen, welche Verhaltensmuster in Gruppen als besonders
   beliebt und unbeliebt erscheinen.

So wichtig diese Erkenntnis über gruppenfreundliches und -feindliches
Verhalten ist, so sind die Einschätzverfahren bb) und cc) in Trainings nicht unproblematisch: Es ist für viele im ersten Moment ein
schwerer Schock, zu erfahren, daß sie z.B. zu den unbeliebtesten in

der Gruppe zählen. Es nützt dann auch wenig, zu erfahren, daß sich die momentane Beliebtheitsstruktur in Gruppen sehr schnell ändern kann oder daß der Tüchtige eben nicht beliebt sein kann. Solche Aussagen wirken bestenfalls als gutgemeinte Abschwächungsversuche und Rationalisierungen. Damit solche persönlichen Feedbacks keine destruktiven Auswirkungen haben, müssen alle Gruppenmitglieder bereit und fähig sein, sich gegenseitig echt zu helfen, ihre Probleme in Gruppen zu verringern. Diese soziale Hilfsbereitschaft ist nach unseren Erfahrungen oft nicht ausreichend gegeben, so daß Feedbacks über schriftlich gegebene Einschätzungen nur sehr behutsam eingesetzt werden sollten.

Nach solchen Feedback-Phasen ist bei den meisten Trainingsteilnehmern die Motivation relativ stark, sich klarer darüber zu werden, warum man so viele gruppenfeindliche Emotionen und Verhaltensweisen in sich hat. Hier sollten sich die Teilnehmer über die verschiedenen Beschreibungs- und Erklärungsversuche der individuellen Entwicklung während des Sozialisationsprozesses in unserer Gesellschaft informieren. Wichtig ist, daß die Komplexität des Sozialisationsprozesses deutlich wird: Aktiviert durch primäre physiologische Bedürfnisse entwickelt sich der Mensch innerhalb eines erbmäßig begrenzten Rahmens durch aktive Auseinandersetzung mit seiner materiellen und sozialen - von den gesellschaftlichen Grundprinzipien geprägten - Umwelt, die ihrerseits durch Ausnutzen verschiedener Lernprinzipien die Aktivitätsinhalte und Richtungen formen. Erbbiologische, physiologische, psychoanalytische, lernpsychologische, sozialpsychologische, soziologische, pädagogische, gesellschaftspolitische Erkenntnisse müssen bei einer umfassenden Betrachtung der Entwicklung und Determination menschlichen Verhaltens eingehen (s. u.a. BROCHER, 1967, insbes.: S. 12-43; TAUSCH & TAUSCH, 1971, insbes.: S. 5-138; LÜDTKE, 1971; HIEBSCH & VORWERG, 1972, insbes.: S. 57-74; JAEGGI, 1973, insbes.: S. 206-316).

Man wird bei dieser Betrachtung nicht um die Feststellung herumkommen, daß wesentliche Prinzipien unseres Gesellschaftssystems der Entwicklung von Gruppenfähigkeiten und zwischenmenschlicher Kooperation zuwiderlaufen, wie ausschließlich individuelle Leistungsbelohnung, extremer Konkurrenzkampf, Konsumzwang. - Gruppenarbeit verlangt nach Veränderung bestehender Gesellschaftsprinzipien!

D. *Systematisches Praxis-Training*

Nach dem Abbau lernhemmender Ängste (A), der Demonstration von Vorteilen von Gruppenarbeit (B) und Schaffung der Motivation für die Verbesserung der eigenen Gruppenfähigkeit (C), sollte die Trainingsgruppe jetzt für alle Teilnehmer ein stetiges und systematisches Weitertraining insbesondere direkt in der Praxis organisieren.

Die praxisbegleitenden Trainingssitzungen sollten die Möglichkeit geben, Gruppenprobleme des einzelnen gemeinsam zu lösen und systematisch wesentliche gruppenfreundliche Verhaltensweisen zu lernen und zu vertiefen.

229

Bei jedem Trainingsschritt sollten die lernnotwendigen Feedback-phasen eingeplant werden, damit jeder Trainierende seine eigenen Lernfortschritte selbst kontrollieren kann. Die für das Feedback notwendige Verhaltensregistrierung kann durch einzelne Schüler oder hospitierende Kollegen (oder Eltern) direkt im Unterricht erfolgen oder durch eine Tonaufnahme, die der Lehrer selbst, einzelne "Feedback-Schüler" oder die Klasse gemeinsam auswertet (z. B. nach den vorn angegebenen Beobachtungs- und Einschätzverfahren).

a) *Gruppentraining in der schulischen Praxis*

Drei relativ leicht praktizierbare Trainingsmöglichkeiten bieten sich im Schulbereich an:

aa) *Teamvorbereitung der Lehrer* auf den Unterricht:
Lehrer, die in vergleichbaren Klassenstufen das gleiche Unterrichtsfach unterrichten, sollten kleine Fachteams bilden und den Unterricht gemeinsam planen und vorbereiten. Jüngere Kollegen könnten so von den Erfahrungen der älteren profitieren. Durch entsprechende Stundenplanabstimmung wäre dann eventuell sogar die Möglichkeit von *Team Teaching* möglich.

bb) *Teamvorbereitung der Schüler* auf den Unterricht:
Auch die Schüler sollten angeregt werden, sich in Arbeitsgruppen auf den Unterricht vorzubereiten. Die Hausaufgaben würden dann als Gruppenaufgaben gestellt werden. Eine systematische *Fluktuation* der Gruppenzusammensetzungen würde zu einem besseren Kennenlernen der Schüler untereinander und zum Abbau von Vorurteilen und Cliquenbildung beitragen.

cc) *Gruppenarbeit während des Unterrichts:*
Insbesondere eignet sich der vorn öfter erwähnte (s. S. 199) *unterrichtsmethodische Dreierschritt: 1. Individualarbeit* (z.B. Lesen eines Lehrtextes, Bearbeitung einer Aufgabe, Perzeption eines Lehrer- oder Schüler-Vortrags oder Lehrfilms oder Schulfunksendung), 2. kurzzeitige *themengleiche Kleingruppenarbeit* (z.B. Diskussion der wichtigsten Aspekte aus dem Lehrtext, Vergleich und event. Modifikation der Aufgabenbeantwortungen, Zusammenstellung der wesentlichen Punkte des dargebotenen Lehrstoffes und Kritik), 3. *Plenumsarbeit* (z.B. Plenumsdiskussion (evt.) der Delegierten aus den Arbeitsgruppen, zentrale Zusammenfassung durch den Protokollanten der jeweiligen Stunde, Ergänzungen und event. notwendige Strukturierung der Ergebnisse durch den Lehrer).

b) *Gruppentrainierung in unterrichtsbegleitenden Trainingssitzungen*

Neben den unter den Punkten A, B und C beschriebenen Trainingsmöglichkeiten, die durch analoge Aufgabenstellungen beliebig erweitert werden können, soll hier noch kurz auf einige weitere Trainingsmethoden hingewiesen werden, die die Gruppenfähigkeit der Trainingsteilnehmer fördern:

aa) *Modell-Filme oder Videobänder* können sehr gut demonstrieren,
wann und wie man im Unterricht erfolgreich welche Form von Gruppenarbeit durchführen kann. Das Sehen solcher Beispiele regt
sehr stark zum *imitieren* an, weil man sieht: wenn es so gemacht
wird, dann funktioniert es. (Film- und Video-Material hierzu
wird von Ernst Meyer an der PH Heidelberg erstellt, u.a. die
Serie "Die Kleingruppe im Unterricht", Verleih: Institut für
Film und Bild in Wissenschaft und Unterricht, GRÜNWALD 1973).

bb) *Übungen in partnerzentrierter Kommunikation.* Gruppenarbeit
wird oft dadurch erschwert, daß man den anderen zu wenig zuhört, weil man zu sehr ichzentriert wahrnimmt und denkt. Das
kann durch den sog. *'Kontrollierten Dialog'* deutlich gemacht
und abgebaut werden: Jeweils Paare unter Beobachtung eines Dritten diskutieren unter folgender Regel:"Du darfst dein (Gegen-)
Argument erst dann anbringen, nachdem du das Argument deines
Gesprächspartners in deiner Sprache zusammenfassend wiederholt
hast und er sich verstanden fühlt." (Genaue Erläuterung: s. AN-
TONS, 1973, S. 87ff.) Durch das Bemühen, auf die Argumente der
anderen Gruppenmitglieder einzugehen, wird vermittelt: "Eure
Beiträge, eure Mitarbeit, ihr selbst seid wichtig für die Gruppe!", was für die Motivation des einzelnen in der Gruppe sehr
wichtig ist.

cc) *Entscheidungstraining:* Das Treffen von angemessenen Gruppenentscheidungen ist eine wesentliche Voraussetzung für effektive
Mitbestimmung. Wichtige Analysekategorien zur Bewertung von Ent-
scheidungsprozessen in Gruppen, die möglichst video-gespeichert
vorliegen sollten, gibt ANTONS (1973, S. 163ff.) an.
Die Gruppe, insbesondere der Gruppenleiter, sollte versuchen,
sich bei Entscheidungen der Gruppe an die als günstig empfoh-
lenen Schritte im Entscheidungsprozeß zu halten (s. S. 171ff.),
um die Konkretisierung lernen und die Vorteile (und Probleme)
erfahren zu können:
1. Beschreibung und Analyse des Problems und Definition des
Ziels, 2. Motivierung der Beteiligten, 3. Aufstellen von Lösungsmöglichkeiten und Alternativen, 4. Entscheidung, 5. Handeln (Reflexion der Handlungskonsequenzen für die Beteiligten), 6. Bewertung (der Entscheidung), 7. Wünsche und Interessen (die bei
der Entscheidung nicht berücksichtigt wurden, reflektieren).

dd) *Training nach den Regeln der sog. 'Themenzentrierten interaktionellen Methode' (von RUTH C. COHN):* Um eine sachbezogene,
gleichberechtigte, die emotionalen Bedürfnisse der Gruppenmitglieder möglichst gut berücksichtigende Gruppendiskussion zu
ermöglichen, hat R.C. COHN wesentliche"Spielregeln"zusammengestellt. Durch entsprechendes Training in den Gruppen sollte jedes Gruppenmitglied versuchen, diese Regeln verhaltensmäßig zu
integrieren:

- "Sei dein eigener Chairman" (bestimme, wann du reden oder schwei-
  gen willst, richte dich nach deinen Bedürfnissen, im Blick auf
  das Thema)

231

- "Sprich nicht per 'man' oder 'wir', sondern per 'ich'"

- "Persönliche Aussagen sind normalerweise besser als unechte Fragen. (Versuche möglichst mitzuteilen, was die Frage für dich bedeutet)"

- "Wenn mehrere Gruppenmitglieder sprechen bzw. sprechen wollen, ist es empfehlenswert, eine Einigung über den Gesprächsverlauf herbeizuführen."

- "Es darf nur einer auf einmal reden"

- "Vermeide nach Möglichkeit Seitengespräche. (Wenn es einmal der Fall ist, versuche, die Gruppe hinterher dran zu beteiligen.)"

- "Wenn du nicht wirklich dabei sein kannst, d.h. wenn due gelangweilt oder ärgerlich bist oder aus einem anderen Grund dich nicht konzentrieren kannst, unterbrich das Gespräch"

- "Versuche zu sagen, was du wirklich willst, nicht was du möglicherweise sagen solltest, weil es von dir erwartet wird."

- "Vermeide nach Möglichkeit Interpretationen anderer und teile statt dessen lieber deine persönliche Reaktion mit."

- "Beachte Signale aus deinem Organismus und beobachte ähnliche Signale bei anderen Gruppenmitgliedern."
  (Ausführliche Erläuterungen s. CENSER ET.AL., 1972, S. 11ff.)

ee) *Training durch Rollenspiel:* Auf schwierige Situationen in Gruppen (wie Konflikte mit Gruppenmitgliedern, gruppenfeindliches Verhalten, Außenseiterprobleme) können wir meist nicht angemessen reagieren, sodaß wir durch unser Verhalten die Situation ehe erschweren als erleichtern. Um solche schwierigen Gruppensituationen in der Praxis bewältigen zu können, ist es günstig, sie schon öfter vorher in einer weniger ernsten Situation praktisch durchgespielt zu haben. Zum besseren Verständnis des (Konflikt-)Partners ist es überdies gut, sich einmal in dessen "Haut" zu begeben und seine Rolle zu spielen. Insgesamt erweist es sich als sehr hilfreich, schwierige schulische Gruppensituationen mehrere Male mit häufigem Rollenwechsel durchzuspielen: Lehrer können sich so praxisnah auf Lehrerkonferenzen vorbereiten oder ein aggressionsfreies Konfliktregelungsverhalten gegen Schüler einüben oder Schüler können formal nicht zurückweisbare Arten der Kritik an Erwachsenen einüben usw..

ff) *Klärung der individuellen Ängste und geheimen Wünsche:*
Um mehr Verständnis für die innerpsychischen Ursachen bestimmter Formen gruppenfeindlichen Kommunikationsverhaltens anderer Gruppenmitglieder zu gewinnen, ist es manchmal günstig, wenn die Gruppenteilnehmer offen über ihre Ängste, Unsicherheiten, geheimen Wünsche usw. sprechen und sich gegenseitig bei der Deut-

232

lichmachung und Klärung dieser inneren Probleme helfen. Das Aussprechen solcher persönlichen 'Schwächen' ist aus folgendem Grund wichtig: Jedes Individuum hat sich im Laufe seiner Entwicklung zur Bewältigung solcher 'Schwächen' mehr oder weniger starke Abwehrmechanismen aufgebaut. Wenn in einer Gruppensituation ein schwacher Punkt eines Mitglieds, ohne daß es die anderen wissen können, tangiert wird, reagiert es mit Abwehr. Diese Abwehr stört in der Regel die Gruppenarbeit, weil sie vom Thema wegführt. Einige wichtige Abwehrmechanismen sind: Rationalisierung bzw. Intellektualisierung (z.B. aus Angst, im Rollenspiel nicht perfekt zu erscheinen, wird oft versucht, den Sinn von Rollenspielen 'rational zu hinterfragen' und anzuzweifeln), Projektion (z.B. für Probleme und negative Gefühle, die man selbst hat, ist man bei anderen besonders sensitiv; hieraus resultieren in Gruppen oft aggressionserzeugende Interpretationen und Unterstellungen), Narzißmuß (z.B. der geheime, aber überstarke Wunsch nach Anerkennung bzw. die Befürchtung, nicht genügend anerkannt zu werden, führt in Gruppen oft zu Dauerreden, die weniger der Sache als der Selbstdarstellung dienen).(S. hierzu auch ANTONS, 1973, S. 196ff.)
Wenn die Gruppe nur die persönlichen 'Schwächen' (Ängste, starke Anerkennungswünsche, u.a.) kennt, kann man eher auf die arbeitsstörenden Abwehrmechanismen verzichten, was eine effektive Gruppenarbeit ermöglicht.

Antons, K.: Praxis der Gruppendynamik. Göttingen 1973
Bödiker, M., Langer, I., Tausch, R.: Effekte kurzzeitiger themengleicher Kleingruppenarbeit bei Schülern und Studenten. Vortragsmanuskript vom 22. Kongreß der DGFP, Saarbrücken 1972
Brocher, T.: Gruppendynamik und Erwachsenenbildung. Braunschweig 1967
Fittkau, B.: Kommunikations- und Verhaltenstraining für Erzieher. In: Gruppendynamik, 3/1972, 252-274.
Genser, B., Vopel, K.W., Buttgereit, P., Heinze, B.: Lernen in der Gruppe: Theorie und Praxis der themenzentrierten interaktionellen Methode. (Ruth C. Cohn), Blickpunkt Hochschuldidaktik, Heft 25, 1972
Hiebsch, H., Vorwerg, M.: Einführung in die marxistische Sozialpsychologie. Berlin 1968[3]
Interaktionsspiele, Interaktionstraining, Beiheft zum "Spielkreis"-Landesarbeitsgemeinschaft für Spiel und Amateurtheater im Land NRW. 1972
Jaeggi, U.: Kapital und Arbeit in der Bundesrepublik. Frankfurt 1973
Lüdtke, H.: Soziale Schichtung, Familienstruktur und Sozialisation. In: Familienerziehung, Sozialschicht und Schulerfolg. Weinheim 1971

Lutz, M., Ronellenfitsch, W.: Gruppendynamisches Training in der Lehrerbildung. Ulm 1971

Prior, H. (Hrg.): Gruppendynamik in der Seminararbeit. Blickpunkt Hochschuldidaktik, Heft 11, 1970

Prose, F.: Gruppendynamisches Training für Lehrer an Gesamtschulen. In: Gruppendynamik, 3/1972, S. 275-296

Sader, M., Clemens-Lodde, B., Keil-Specht, H., Weingarten, A.: Kleine Fibel zum Hochschulunterricht. München 1970

Schulz von Thun, F., Langer, I., Tausch, R.: Trainingsprogramm für Pädagogen zur Förderung der Verständlichkeit bei der Wissensvermittlung. Landesverband der Volkshochschulen Schleswig-Holsteins e.V., Kiel 1972

Schutz, W.C.: Freude- Gruppentherapie, Sensitivitytraining, Ich-Erweiterung. Reinbek b. Hamburg 1973

Spangenberg, K.: Chancen der Gruppenpädagogik. Weinheim 1969

Tausch, R., Tausch, A.-M.: Erziehungspsychologie. Göttigen 1971

Vopel, K.W. (Hg.): Gruppendynamische Experimente im Hochschulbereich. Blickpunkt: Hochschuldidaktik, Heft 24, 1972

Watzlawick, P., Beavin, J.H., Jackson, D.D.: Menschliche Kommunikation. Bern 1969

Bernd Fittkau

NEUERE DEUTSCHSPRACHIGE LITERATUR ZU WEITERFÜHRENDEN STUDIEN (Stand 1973)

Argyle, M.: Soziale Interaktion. Köln 1972
Backman/Secord: Sozialpsychologie der Schule. Weinheim 1972
Bastin, G.: Die soziometrischen Methoden. Bern 1967
Battegay, R.: Der Mensch in der Gruppe. I-III. Bern 1970
Berg/Höchstetter/Jander/Schorb: Gruppe-Kollektiv. Starnberg 1973
Bühl, W.L. (Hg.): Konflikt und Konfliktstrategie. München 1972
Cappel, W.: Das Kind in der Schulklasse. Weinheim 1973[6]
Graumann, C.F., (Hg.): Sozialpsychologie. Göttingen 1969
Hagener, C.u.a. (Hg.): Diagnose sozialen Verhaltens. Ein Kurs im Medienverbund Fernsehen-Handbuch-Seminare. Hamburg 1972
Hartley/Hartley: Die Grundlagen der Sozialpsychologie. Berlin 1955
Hiebsch, H.: Sozialpsychologische Grundlagen der Persönlichkeits-formung. Berlin 1971[5]
Hiebsch/Vorwerg: Einführung in die marxistische Sozialpsychologie. Berlin 1968[3]
Hofstätter, P.R.: Gruppendynamik. Hamburg 1971[12]
Hofstätter, P.R.: Einführung in die Sozialpsychologie. Stuttgart 1963[3]
Hofstätter, P.R.: Sozialpsychologie. Berlin 1967[3]
Holzkamp, K.: Kritische Psychologie. Frankfurt 1972
Homans, G.C.: Elementarformen sozialen Verhaltens. Opladen 1972[2]
Horn, K.: Gruppendynamik. Frankfurt 1972
Langner, K./Vorkauf, H.: Soziale Koedukation in der Förderstufe - Hoffnung und Realität. Weinheim 1970
Lersch, Ph.: Der Mensch als soziales Wesen - Eine Einführung in die Sozialpsychologie. München 1965[2]
Lindgren, H.C.: Einführung in die Sozialpsychologie. Weinheim 1973
Luft, J.: Einführung in die Gruppendynamik. Stuttgart 1971
Mann, L.: Sozialpsychologie. Weinheim 1972
Meyer, E. (Hg.): Die Gruppe im Lehr- und Lernprozeß. Frankfurt 1970
Meyer, E. (Hg.): Gruppenpädagogik zwischen Moskau und New York. Heidelberg 1972
Meyer, E.(Hg.): Team Teaching - Versuch und Kontrolle. Heidelberg 1971
Parsons, T.: Sozialstruktur und Persönlichkeit. Frankfurt 1968
Röhm, H.: Kindliche Aggressivität. Theorie und Praxis konflikt-lösender Erziehung. Starnberg 1972
Ruppert, J.P.: Die seelischen Grundlagen der sozialen Erziehung. Bd. II: Sozialpsychologie im Raum der Schule. Weinheim 1969[6]
Sehringer, W.: Konfliktanalyse im Unterricht. Stuttgart 1973

Stendenbach, F.J.: Soziale Interaktion und Lernprozesse. Köln 1963
Ulich, D./Mertens, W.: Urteile über Schüler. Zur Sozialpsychologie
pädagogischer Diagnostik. Weinheim 1973
Warwick, D.: Team Teaching - Grundlegung und Beispiel. Heidelberg 1973

Gruppenpädagogik – Gruppendynamik

Schriftenreihe der International Society for Group Activity in Education. Herausgegeben von Ernst Meyer

Georg E. Becker: Optimierung schulischer Gruppenprozesse durch situatives Lehrtraining. Mit Studienmaterialien und Trainingsunterlagen. 18o Seiten, DM 19,5o (Band 3)

David Warwick: Team Teaching. Grundlegung und Modelle. Aus dem Englischen übersetzt und bearbeitet von Rainer Winkel. 148 Seiten, DM 19,- (Band 5)

Hartwig Weber: Projektgruppen im Religionsunterricht. Grundlegung und Modelle. 125 Seiten, DM 19,5o (Band 6)

Börje Forsberg/Ernst Meyer (Hrsg.): Einführung in die Praxis der schulischen Gruppenarbeit. Materialien für Lehrer, Schüler und Eltern, 18o Seiten, DM 17,8o (Band 8)

Franz Zöchbauer/Henk Hoekstra: Kommunikationstraining. Ein Erfahrungsbericht. 155 Seiten, DM 18,5o (Band 11)

Harm Prior/Jürgen Oelkers: Sozialpädagogisches Training mit Lehrern. Kursprogramm und Materialien. 2o7 Seiten, DM 18,- (Band 15)

Jürgen Fritz: Gruppendynamisches Training in der Schule. Zur Theorie und Praxis der Interaktionspädagogik und des sozialen Lernens. 232 Seiten, DM 19,5o (Band 16)

Quelle & Meyer Heidelberg

Gruppenpädagogik – Gruppendynamik

Jörg Fengler: Verhaltensänderungen in Gruppen
prozessen. Eine theoretische und empirische Studie.
131 Seiten, DM 16,8o (Band 17)

Rolf Prim/Herbert Reckmann: Das Planspiel als
gruppendynamische Methode außerschulischer
politischer Bildung. Versuch einer adressatenspezi-
fischen Methodenbewertung. VIII/276 Seiten, DM 19,8o
(Band 18)

Ursula Geißner/Marina Lewkowicz: Emanzipato-
rische Familienbildung. Ein gruppendynamischer
Versuch. 125 Seiten, DM 13,8o (Band 19)

Joachim Sikora: Handbuch der Kreativ-Methoden
213 Seiten, DM 19,5o (Band 2o)

Peter AW Figge: Lernen durch Spielen. Praktische
Dramapädagogik und Dramatherapie. 176 Seiten, mit Ab-
bildungen und 24 Comics von Klaus Goede, DM 19,5o
(Band 21)

Inge Christine Schwerdtfeger: Gruppenarbeit
im Fremdsprachenunterricht. Ein adaptives Konzept.
192 Seiten, DM 16,8o (Band 22)

Ernst Meyer (Hrsg.): Handbuch Gruppenpädagogik
Gruppendynamik. Unter Mitarbeit von Ursula Walz und
Klaus W. Vopel. 256 Seiten, DM 21,- (Band 23)

Gangolf Gohla: Theorie und Praxis der Gruppenarbeit. Ein Lern- und Arbeitsprogramm für gruppensozio-
logische Studien. 121 Seiten, DM 12,8o (Band 24)

Peter Huberich/Ulla Huberich: Spiele für die
Gruppe. 188 Seiten, DM 18,- (Band 25)

Quelle & Meyer Heidelberg